ANNA LANGE · MALIN KNODEL

ZWEI MÄDELS EIN BOOT KEIN PLAN

auf der Reise ihres Lebens

POLYGLOTT

→ INHALT ←

Alle Schilderungen in diesem Buch basieren auf subjektiven Erinnerungen. Die Dialoge geben nicht wortwörtlich, sondern sinngemäß vergangene Gespräche wieder.

DAS ABENTEUER BEGINNT
19. JULI 2020 – 31. AUGUST 2020

NORWEGEN IN SICHT
1. SEPTEMBER 2020 – 17. NOVEMBER 2020

WINTER AUF DER HEVANDELLI
18. NOVEMBER 2020 – 4. MÄRZ 2021

BIS ZUM ERSTEN MEILENSTEIN
15. MÄRZ 2021 – ANNA, 7. JUNI 2021

SCHIFF AHOI

VORWORT

Dies ist ein Buch über eine Geschichte. Unsere Geschichte. Die Geschichte unseres Abenteuers, zweier junger Frauen, die ihren Alltag eingetauscht haben. Die die Leinen losgeschmissen haben, bevor sie überhaupt irgendwo auf dieser Welt wirklich festgemacht wurden. Um diese inspirierende Erde zu erkunden, fremde Länder kennenzulernen, interessante Menschen zu treffen und die Freiheit unseres Lebens zu genießen. Die ihren Alltag eingetauscht haben gegen das Ungewisse.

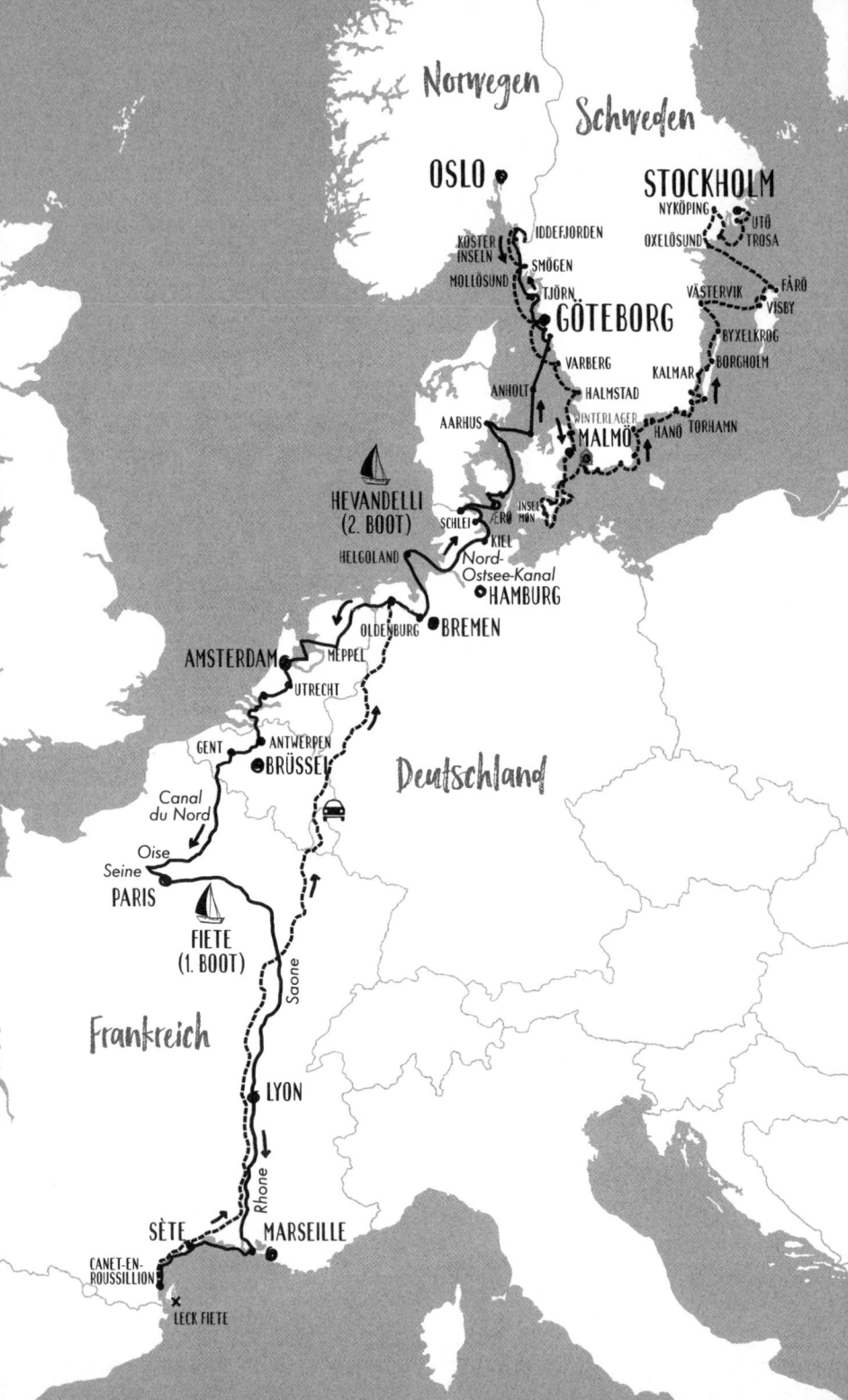

Anna und Malin, das sind wir. Anfangs Mitschülerinnen und nun unzertrennlich, als Team, als Freundinnen, als Familie, als Partnerinnen, als Segelcrew mit einer gemeinsamen Vision: diese wunderbare Welt vom Wasser aus zu bereisen. Mit der Kraft des Windes. Sie nicht nur zu sehen, sondern auch zu spüren und zu entdecken und dadurch langsam und nachhaltig zu reisen.

Wir sind zwei Mädels, die unterschiedlicher nicht sein können. Malin – sportlich, blond, eher klein. Ehrgeizig, positiv und immer gut gelaunt. Die Stimmungsmacherin auf jeder Party und für jeden Quatsch zu haben. Anna – groß, schlank, eher unsportlich, brünett. Impulsiv, ordentlich und dickköpfig. Die Entschlossene, die ihre spontanen Einfälle durchzieht, komme, was wolle. Doch irgendwie und tief im Inneren sind unsere Seelen sich doch sehr ähnlich oder durch das enge Beisammensein sich ähnlich geworden. Und trotzdem nehmen wir viele Dinge noch immer unterschiedlich wahr.

Unser Buch ist eines übers Reisen, über Mut, das Fernweh, das Leben und die Freiheit. Was auch immer diese Begriffe für dich bedeuten. Wir erzählen dir hier, wie sie Teil unserer Geschichte wurden. Und all das, was uns auf unserer Reise berührt und bewegt hat. All die kleinen und großen Abenteuer. Aber vor allem soll unser Buch daran erinnern, wie es sich anfühlt, frei zu sein.

Es ist die Reise unseres Lebens, sie begann sehr spontan und ohne Plan. Wir kauften uns nach unseren beendeten Ausbildungen gemeinsam ein kleines Segelboot aus Stahl, das wir Fiete tauften, fuhren damit durch die Flüsse und Kanäle Europas bis ins Mittelmeer. Mussten unser schwimmendes Zuhause dort schweren Herzens zurücklassen und starteten unser Segelabenteuer von Deutschland aus erneut. Diesmal gemeinsam mit Annas Opa Heiko, welcher uns sein Schiff, die Hevandelli, nach der Trennung von Fiete im Mittelmeer großzügig überließ. Er begleitete uns anderthalb Monate und brachte uns so viel wie möglich über das Schiff und das Segeln bei, bis er uns in Kiel allein ins unendliche Blau lossegeln ließ. Und von dort aus nehmen wir dich mit auf unsere Reise. Eine Reise, bei der noch lange kein Ende in Sicht ist, aber aus der, auch mit offenem Ende, schon eine eigene Geschichte geworden ist. Denn Geschichten brauchen kein Ende, um geschrieben zu werden. Sie brauchen bloß einen Anfang.

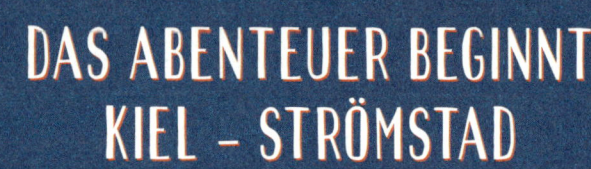

DAS ABENTEUER BEGINNT
KIEL – STRÖMSTAD

Das Abenteuer beginnt: Wir starten unsere Reise 2.0, und Opa Heiko, der uns in den letzten Monaten viel beigebracht hat, überlässt uns sein Schiff. Häufig denken wir an unsere erste Segeltour mit Fiete, die nicht gerade glücklich endete. Das wird uns aber nicht mehr passieren! In Kiel brechen wir auf, segeln über die Ostsee gen Norden. Wir werden von Tag zu Tag mutiger und begegnen tollen Menschen.

ANNA, 19. JULI 2020 – KIEL

Ich blicke mich um, neben mir Malin, mit Tränen in den Augen. Ich kann nicht begreifen, was hier gerade passiert. Kann mich mal jemand kneifen? Ich will laut schreien, gleichzeitig weinen und laut loslachen. Aber nichts kommt aus mir heraus. Und so stehen wir bestimmt zehn Minuten einfach da. Nebeneinander. Überwältigt von unseren Gefühlen. In meiner rechten Hand halte ich die Pinne und steuere das Schiff. Der Rest meines Körpers ist wie erstarrt, dabei will ich tanzen, springen, rennen. Wie bin ich nur hier gelandet, auf diesem Schiff, mit Malin, mitten auf der Kieler Förde? Die Segel stehen und der Wind drückt uns geradewegs hinaus auf die Ostsee, nur unendliches Blau voraus. Umgeben von etlichen anderen Segelbooten gleitet der Rumpf unseres schwimmenden Untersatzes durchs Wasser. Die Wellen plätschern und die Sonne brennt auf der Haut. Es ist Hochsommer in Deutschland an diesem Sonntag, und heute hält er, was er verspricht. Mir ist warm. Warm vor Glück und Freude. Ein wenig Angst ist ebenfalls dabei. Ich bekomme Gänsehaut.

Tränen laufen an meinen Wangen herunter, sie kühlen mein Gesicht. Ich drehe mich zu Malin, auch ihre Wangen sind nass, gepaart mit dem breitesten Grinsen, das ich je zuvor an ihr gesehen habe. Es steht ihr. »Ist das zu fassen, ab heute sind wir allein unterwegs, ohne meinen Opa«, flüstere ich. Ich erwarte keine Antwort, sie fühlt genau wie ich, da bin ich mir sicher. Dann umarmen wir uns.

Würde uns jemand beobachten, würde derjenige wahrscheinlich total verwirrt von unserem Anblick sein und könnte nicht einordnen, was mit uns los ist. Zwei Mädels, die dort mitten auf einem Boot stehen und aufs offene Meer hinaussegeln. Hätte mir jemand nach meinem Abitur 2015 gesagt, dass ich fünf Jahre später in genau dieser Situation sein würde, ich hätte ihn vermutlich für verrückt erklärt. Doch nun bin ich genau in diesem Ausnahmezustand. Es scheint, als stünde mir die ganze Welt offen. Als könnte ich alles schaffen.

Nur ein einziges Mal hatte ich ähnliche intensive Gefühle, und das war zu Anfang dieses wahnsinnigen Abenteuers. 2019, heute vor fast genau einem Jahr, haben Malin und ich den Motor unseres kleinen Acht-Meter-Schiffs namens Fiete erstmals angeschmissen. Leinen los und abhauen ins Ungewisse, ohne viel Ahnung zu haben oder einen ausgeklügelten Plan, wie es werden würde. Seitdem ist viel passiert. Es war ein Jahr voller Ups und Downs. Ein Jahr, in dem ich eine Menge über mich selbst gelernt habe, vor allen Dingen war es ein Jahr großer Freiheit. Was hatte uns nur geritten, einfach ein Boot zu kaufen und damit loszufahren?

Im Nachhinein kam mir das ein bisschen unüberlegt und leichtsinnig vor. Waren wir naive Träumerinnen gewesen? Nein. Wir sind es auch jetzt nicht. Allerdings würde ich rückblickend einiges anders machen. Damals hatte unsere Ahnungslosigkeit dazu geführt, dass wir mit unserem Boot fast im Mittelmeer untergingen. Aber das ist eine andere Geschichte. Nun, beim heutigen Neustart unseres Abenteuers, mit dem zweiten Schiff, der Hevandelli, haben wir einen Plan. Wir wollen die Erde unter Segeln entdecken, nicht erst durch tausend schmale und breite Flüsse und Kanäle motoren. Deshalb entscheiden wir uns zunächst, in der Ostsee zu starten, um richtig segeln zu lernen. Der Winter im Süden muss zunächst warten.

Mehr Planung braucht es für uns nicht, um loszuziehen.

Aus einer Idee wurde eine Geschichte, die sich aus vielen kleinen und großen Puzzleteilen zusammensetzt. Das erste Teil des Puzzles ist wohl Malin. Unsere Wege kreuzten sich in der fünften Klasse, als wir auf dieselbe Schule kamen. Richtig kennengelernt haben wir uns erst während der Oberstufe, und im Sommer 2015 wurden wir als stolze Abiturienten in eine Welt voller Möglichkeiten entlassen. Während unserer Ausbildung bezogen wir eine kleine Zweizimmerwohnung in Bremen. Dort entwickelte sich nach und nach der Gedanke einer großen Reise.

Ich löse mich aus unserer Umarmung, überreiche Malin das Steuer, verschwinde im Inneren unseres Schiffs und klettere im Bikini wieder heraus. Das Leben kann kommen. Juuuuhu! Immer noch etwas neben der Spur segeln wir die deutsche Ostseeküste entlang, zuallererst Richtung Norden. Wir wollen uns einen geschützten Ankerplatz suchen, um am nächsten Tag so schnell wie möglich unser Heimatland zu verlassen.

MALIN, 19. JULI 2020 – KIEL

Es ist ein trauriger Abschied mit Tränen. Und als wäre so ein Abschied auf ungewisse Zeit nicht schon genug, entscheiden wir uns, unter Segeln abzulegen. Das machen nicht einmal erfahrene Segler, aber wir wollen Annas Großvater Heiko nach all der gemeinsamen Zeit auf dem Schiff beweisen, dass wir jetzt segeln können. Wir möchten ihm damit versichern, dass er beruhigt von Bord gehen und uns auf große Fahrt schicken kann. So segeln wir mit viel Stress und Hektik, die er vom Anleger aus hoffentlich nicht mitbekommt, aus der Box hinaus und kreuzen gegen den Wind aus der engen Ankerbucht auf die Kieler Förde.

Jetzt ist es nach einiger Anstrengung geschafft, und in Gedanken bin ich schon bei dem morgigen Törn. Es sind fünf Windstärken vorhergesagt, und bislang sind Anna und ich noch nie wirklich zu zweit segeln gewesen. Nun liegt die Verantwortung bei uns. Fürs Schiff und für unsere Sicherheit.

Auf der offenen Ostsee segeln wir in Richtung Schlei, ein kleiner Fjord zwanzig Seemeilen nördlich von der Kieler Förde. Hier soll es einen ruhigen Ankerplatz geben, ein optimaler Ausgangspunkt für die Überfahrt nach Dänemark. Da der Wind unerwartet stärker wird, verkleinern wir beide Segel, reffen sie, denn das ist es, was uns Opa Heiko in den letzten zwei Monaten beigebracht hat.

»Wenn der Wind zunimmt und ihr ans Reffen denkt, dann refft!«, sagte er immer wieder. Das tun wir jetzt.

»Wie war das noch mal?«, frage ich. »Welche Leine muss ich jetzt zuerst losmachen, welche festziehen? Und kann dabei eigentlich das Vorsegel stehen bleiben?«

Es ist das erste Mal, dass ich diese Fragen an Anna richte. Richten muss. Wir sind nun auf uns allein gestellt. Und nachdem die Segel gerefft sind und wir weiter Kurs auf die Schlei setzen, hake ich noch mal nach, ob die Segel so richtig stehen.

»Passt schon, wir segeln ja, wir kommen ja voran«, sagt Anna.

Im Gegensatz zu ihr, die die ganze Zeit davon schwärmt, dass das Abenteuer erst jetzt richtig losgehe, wie schön der Sommer werden würde und wir endlich zu zweit unterwegs sind, mache ich mir Gedanken, ob wir abermals reffen müssen, ob es mit der Einfahrt in die Schlei klappen und der Anker heute Nacht halten wird. Auch kreist in meinem Kopf, ob wir wirklich morgen schon nach Dänemark segeln sollten. Haben wir uns da nicht zu viel vorgenommen? Anna will von meinen Bedenken nichts wissen. »Hey, Malin, wir können jetzt machen, was wir wollen. Wie krass ist das denn?«

Recht hat sie, überlege ich, und auch, dass ich mir in den nächsten Monaten bestimmt noch wünschen werde, dass Annas Opa Heiko, unser Segellehrer, dabei wäre und mir Sicherheit gibt und die Verantwortung übernimmt, wenn es brenzlig wird. Aber ich gestehe mir ein, dass wir dann nicht über uns hinauswachsen können. Nach dieser Feststellung fühlt sich auf einmal alles richtig an. Das, was wir hier gerade machen. An einem Sonntagnachmittag auf der Ostsee, bei 25 Grad Celsius und strahlend blauem Himmel, an der wunderschönen Küste entlang zu segeln und nicht einmal zu wissen, wo wir übermorgen sind, geschweige denn in fünf Monaten. Ich fühle mich frei wie ein Vogel, besser gesagt wie ein Fisch, der alle Ozeane der Welt bereisen kann, wenn er sich nur traut. Ist das Freiheit? Ich weiß es nicht, ich werde es hoffentlich noch herausfinden. Es fühlt sich auf jeden Fall unfassbar und überwältigend an.

Dank Annas Leichtigkeit freue ich mich jetzt auf den schönen Abend vor Anker. Über den morgigen Segeltörn mache ich mir jedoch immer noch Sorgen.

ANNA, 20. JULI 2020 – VON DER SCHLEI NACH DÄNEMARK

6:30 Uhr. Der Wecker klingelt. Ich muss mich nicht aus der Koje quälen. Ich habe ohnehin nicht sonderlich gut geschlafen, denn die Aufregung, was der heutige Tag bringen wird, ist riesig. Werden wir es packen, nach Dänemark zu segeln und dort einen geeigneten Platz für die Nacht zu finden? Es ist das erste Mal, dass wir einen Segeltörn von dieser Strecke alleine durchziehen. Bis gestern war Opa Heiko noch als Schiffsführer und Segellehrer mit dabei gewesen. Meine Freiheit auf dem Wasser beginnt mit großer Ungewissheit. Dennoch habe ich diesem Moment entgegengefiebert. Das Dreivierteljahr, seitdem wir vom Mittelmeer ohne Fiete zurückgekehrt waren und uns auf den Neustart mit Hevandelli vorbereiteten, fiel mir nicht leicht. Es war ein regelrechtes Warten darauf, endlich wieder unterwegs zu sein. Nicht zu wissen, wo wir am Ende eines Tages mit unserem mobilen Zuhause übernachten werden, habe ich sehr vermisst.

Die Ankerkette rattert, wir setzen die Segel und gleiten langsam dahin. Es läuft perfekt, fast zu schön, um wahr zu sein. Heute können wir endlich die erste Gastlandflagge setzen. Die dänische. Dazu gibt es am Mast eine Extraleine, an dem eine kleine Flagge des jeweiligen Lands, in dem man sich gerade befindet, hoch in den Mast gezogen werden kann. Das ist Pflicht. Ebenfalls sind wir dazu verpflichtet, eine etwas größere Flagge des Heimatlands am Heck zu führen, am hinteren Teil des Schiffs. Eine veraltete Tradition, wie ich finde, aber auch praktisch, da man die vorbeifahrenden Schiffe dann gleich zuordnen kann. Irgendwie schon toll, auf der Ostsee eine spanische oder eine neuseeländische Flagge zu sehen. Das zeugt meistens von sehr erfahrenen Seglern, die schon weit gereist sind. Ich knote also die rot-weiße Flagge an die Leine und ziehe sie nach oben. Da weht sie nun munter vor sich hin. Kurz hinter der dänischen Insel Ærø lassen wir nach einem traumhaften Segeltörn den Anker fallen. Ich atme auf. Geschafft. Wir haben Deutschland verlassen und sind bereit für ein neues Land, mit neuen Leuten und einer neuen Kultur.

Abends will ich von unserer Badeleiter ins Wasser springen. Kurzerhand ziehe ich mich bis auf die nackte Haut aus. Hier kennt mich sowieso keiner. Ich bin frei und so will ich mich auch fühlen, und hüpfe ins kühle Nass. Herrlich, diese Erfrischung. Nicht von dieser Welt.

Vor lauter Dankbarkeit denke ich an Opa Heiko.
Wie es ihm wohl geht?

Seit gestern ist Opa Heiko wieder zu Hause in Niedersachsen, genauer gesagt in Oldenburg. Seiner, Malins und ja auch meiner Heimatstadt. In Kiel hatte er uns mit Tränen in den Augen verabschiedet. Ich stelle mir vor, wie er im Hinterhof seines Hauses sitzt, auf dem Gartenstuhl neben der Garage, und genüsslich raucht. Unter uns Enkelkindern hat er den Spitznamen »Kamin«, weil immer dann, wenn es irgendwo nach Rauch riecht oder man eine kleine Wolke sieht, jeder weiß, dass Opa nicht fern ist. Würde er das herausfinden, würde er bestimmt schmunzeln. Aber pst – nichts verraten! Von seinem Stammplatz aus hat er einen Blick auf das Haus meiner Eltern. Dort bin ich aufgewachsen. Ein Hauch von Heimweh überkommt mich.

Anna als kleines Mädchen mit ihrem Opa Heiko

Was wird Opa Heiko fühlen, jetzt, wo es eine abgeschlossene Sache ist und es kein Zurück mehr gibt? Vermissen wird er sein Schiff sicherlich manchmal, doch was er sich in den Kopf gesetzt hat, wird durchgezogen. Ohne Wenn und Aber. Denn er hat mir, seiner Enkeltochter, sein Ein und Alles überlassen. Sein Schiff. Seit vorgestern ist es mein Schiff, auch wenn ich es noch immer nicht glauben kann.

Ich klettere über die Badeleiter zurück aufs Boot, trockne mich ab, blicke noch einmal zur untergehenden Sonne am Horizont und husche in die Koje. Seit langer Zeit bin ich nicht mehr so schnell und glücklich eingeschlafen.

ANNA, 21. JULI 2020 – TROENSE BEI SVENDBORG

Nach einem entspannten sonnigen Morgen mit ausgiebigem Frühstück machen wir uns auf den Weg quer durch die dänische Südsee Richtung Svendborg. Das Segeln kann nicht besser laufen. Ich komme mir vor wie in einem Bilderbuch. Rechts und links Segelboote. Ausgelassenes Rüberwinken. Nach dem Passieren des Svendborgsunds landen wir vor Troense in einer ziemlich überfüllten Ankerbucht – eine Empfehlung von Erik. Erik ist ein treuer Verfolger unseres Abenteuers in den Sozialen Medien, in denen wir unsere Reise täglich dokumentieren. Auch er hat heute den Weg nach Troense gewählt. Erik ist Mitte zwanzig und segelt Einhand, also allein, ein kleines nordisches Folkeboot von 1959. Folkeboote sind traditionelle Segelboote aus Holz, die speziell für die Ostsee gefertigt wurden. Als Erik mit seinem Schiff in die Bucht segelt, erinnert er mich an einen Wikinger. Hellblonde Haare, kräftig gebaut, Vollbart. Er macht bei uns auf einen Kaffee Halt, dazu gibt es dänisches Gebäck und wir quatschen über den herrlichen Tag auf See.

Genau diese Begegnungen werden hoffentlich unsere gesamte Reise ausmachen.

Denn die Begegnungen sind, was das Reisen mit Leben füllt. Und weil es für diesen Tag noch nicht genug ist, segeln wir mit dem Folkeboot und unserem Schlauchboot im Schlepptau zu dritt quer durch die Ankerbucht zu einem Zweimaster namens Scarlett. Bewohnt von Toni und Paul. Die beiden sind um die dreißig, haben sich eine einjährige Auszeit genommen und waren wie wir zuvor in den französischen Kanälen unterwegs gewesen. Diesen Sommer genießen sie auf der dänischen Ostsee. Übers Internet hatten wir uns für heute zum Abendessen verabredet.

»Wir waren im Winter mit dem Schiff eingefroren, selbst die Schleusen konnten nicht mehr geöffnet werden«, lausche ich Toni, die von ihren Erlebnissen auf den Kanälen erzählt. Toni stammt aus Kiel, hat lange dunkle Haare und eine sehr offene Art. Für mich sieht sie mit ihrer Brille aus wie eine Studentin. Auch Paul habe ich sofort ins Herz geschlossen. Er ist groß und schlank und trägt wie seine Freundin eine Brille. Von Anfang an ist es so, als würden wir uns schon länger kennen. »Wir steckten dort fast einen Monat lang fest, es gab kein Vor und kein Zurück«, höre ich Paul sagen, während ich an Fiete denke. Im letzten Jahr hatten wir dieselbe Strecke gewählt. Über die großen Flüsse wie die Saône und die Rhône bis ins Mittelmeer. Dort entdeckten wir unsere Segel-Leidenschaft, uns war klar geworden dass wir weiter auf einem Boot leben wollen, wenn auch auf einem anderen. Denn Fietes Substanz war mehr Rost als Stahl, das hat ein altes Schiff, was keine

Pflege genossen hat, manchmal leider an sich. Und so kam es, dass wir kurz vor der spanischen Mittelmeerküste einen Wassereinbruch hatten und Fiete samt uns und unserem Hab und Guts fast gesunken wäre. Wir konnten das Schlimmste verhindern. Nach angefangenen Reparaturen und wildem Pläneschmieden hatten wir jedoch auf unseren Verstand gehört und uns dazu entschieden, Fiete nicht weiter zu behalten, kein Geld mehr in ein Rennen gegen die Zeit zu stecken und unsere Zelte am Mittelmeer abzubrechen und zurückzukehren nach Deutschland. Ohne unser Schiff.

»Wie seid ihr überhaupt dazu gekommen zu segeln?«, höre ich Paul fragen.

Malin beginnt zu erzählen: »Annas Familie war wohl unsere ursprüngliche Inspiration, ohne sie hätten wir das vermutlich gar nicht in Erwägung gezogen.«

Das ist richtig, meine Großeltern segeln, seitdem ich denken kann. In meinen Schulferien war ich oft bei ihnen an Bord gewesen. Aber das Segeln an sich hatte mich nie wirklich interessiert, mehr gefiel mir das Keschern von Krebsen und kleinen Fischen im Hafenbecken oder das Sandburgenbauen mit Oma am Strand. Meine Mutter hat als Kind ebenfalls viel Zeit auf dem Boot verbracht. Wenn sie davon erzählt, hat man das Gefühl, es muss jede freie Minute gewesen sein. Nicht unbedingt, weil sie es wollte, sondern weil es alternativlos war. Vielleicht einer der Gründe, warum sie heute nicht mehr segelt. Als sie sechzehn war, nahmen sich meine Großeltern eine Auszeit und reisten mit der gesamten Familie ein ganzes Jahr mit dem Schiff durch Westeuropa und quer durchs Mittelmeer. Für die damalige Zeit eine Seltenheit. Meinen Onkel, ihr jüngstes Kind, mussten sie dafür sogar aus der Schule nehmen. Und die Geschichte, dass der Schulleiter das nicht genehmigte und sie trotzdem die Leinen losgeschmissen hatten, höre ich heute noch gern.

Langzeitreisen sind inzwischen schon längst nicht mehr nur bei frisch gebackenen Rentnern geschätzt, sondern werden in jeder Altersklasse immer beliebter. Und möglich. So wie bei Malin und mir. Opa Heiko, der in diesem Punkt ein großes Vorbild für mich ist, segelte 1972 ganz allein über den Atlantik. Über 3000 Seemeilen auf einem kleinen, 8,50 Meter langem Schiff. Sechsundvierzig Tage auf dem offenen

Meer der Natur ausgesetzt, kein Land in Sicht, mehrere tausend Meter dunkle, unerforschte Tiefe unterm Schiff. Eine bewundernswerte Leistung, nicht nur heute, aber ganz besonders in den Siebzigern. Ohne jegliche Technik an Bord. Wie die frühen Seefahrer orientierte er sich an den Sternen, um zu navigieren. Wenn das keine Anregung für uns ist, ein Abenteuer auf dem Wasser zu starten.

Die Uhr zeigt inzwischen kurz vor eins. Zum Abschied machen wir noch ein Polaroid mit Tonis Kamera. Schade, noch so viel länger hätte ich mit diesen Menschen reden können. Für heute soll es reichen. Erik macht sich auf den Weg in den Hafen und wir paddeln im Dunkeln zurück zu unserem Ankerplatz. Was für eine tolle Begegnung. Ohne einen Schluck Alkohol oder eine sonstige Droge fühle ich mich wie beflügelt. Ein Gefühl, das wir High of Life nennen werden. Dabei heißt es im Englischen ja eigentlich »High on Life«, doch irgendwie haben wir es von Anfang an so gesagt, um einen vollkommenen Moment zu beschreiben.

MALIN, 24. JULI 2020 – MUSHOLM

Entschlossen lichten wir den Anker, den wir gestern hier vor der dänischen Hafenstadt Nyborg fest eingefahren haben. Es weht ein schöner Wind, das heißt für uns beide, dass er mit höchstens vier Beaufort weht. Ab fünf Beaufort wird's stressig, alles ab sechs Beaufort haben wir bisher nur mit Annas Opa Heiko zusammen erlebt, und ich brauche es nicht noch mal. Zumindest nicht zu diesem Zeitpunkt, an dem uns auch bei schönen Windverhältnissen die vielen Leinen, die riesigen Segel, der schwere Anker samt Kette und das Steuern des Schiffs genug herausfordern.

Wir wissen, dass der Wind heute von vorne kommt. Logisch, dass man nicht gegen den Wind segeln kann, also kreuzt man, um voranzukommen. Zunächst segelt man in die eine Richtung, mit einem Winkel zum Wind, dass der gerade noch so in die Segel pustet und das Schiff vorantreibt, dann dreht man das Schiff durch den Wind und lässt ihn von der anderen Seite in die Segel pusten. Das nennt man »hoch am Wind« segeln, denn man versucht so hoch an den von vorn kommenden Wind zu fahren. Probiert man noch mehr gegen den Wind zu segeln, bläst der Wind nicht mehr ins Segel, das Schiff verliert dann an

Fahrt und treibt sogar zurück. Man segelt also einen Zickzackkurs und verlängert auf diese Weise die Strecke um zirka das Doppelte. Hört sich anstrengend und kompliziert an, ist es auch.

Kommt der Wind von vorne, kommt es die Welle in den meisten Fällen auch. Und genau das jagt uns Angst ein, denn bei jeder Welle taucht der Bug ins Wasser, es spritzt übers Deck bis ins Cockpit. Windiger als vorhergesagt ist es außerdem, und so ändern wir den Kurs. In den letzten Wochen haben wir gelernt, dass das Segeln vor dem Wind, sprich: wenn der Wind und die Welle von hinten kommt, ein fast gegensätzliches Segeln im Vergleich zum Segeln hoch am Wind ist. Das kann ein Unterschied wie Tag und Nacht sein. Da wir nicht zurückfahren wollen – das würde sich anfühlen wie verlieren –, steuern wir so, dass der Wind von der Seite bläst. Das nennt man halben Wind, und es ist schon deutlich angenehmer. Aber die dunkelgrauen Wellen mit ihren weißen Schaumkronen beunruhigen mich immer noch. Okay, ich habe Angst. Ich habe richtig Schiss. Der Wind wird mehr und mehr. Wir reffen das Großsegel dreimal. Ich hatte gedacht, das macht man erst bei Sturm. Puh.

Jetzt einen rauchenden und tiefenentspannten Opa Heiko in Schlappen neben mir zu haben, der mir zumindest sagen könnte, ob wir gerade das Richtige tun, das wäre was.

Da wir mitten im Großen Belt segeln, befindet sich rechts und links von uns Land. Durch den Nieselregen sehen wir es zwar nicht, allerdings gibt uns das die Möglichkeit, in jede Richtung zu steuern und anzukommen. Irgendwo anzukommen. Wo, ist mir heute wirklich egal. Mitten auf dem Atlantik kann man nicht einfach sagen: »Komm, wir segeln jetzt statt nach Westen Richtung Norden, weil der Wind plötzlich von vorne kommt«, dann landet man auf Grönland statt in der Karibik. Gut, dass wir erst mal nur im Großen Belt unterwegs sind.

Auf dem Plotter, unserem Navigationsgerät, schaue ich, wo wir mit dem angenehmeren, immer noch angsteinflößenden Kurs ankommen würden.

»Musholm«, sage ich laut. »Die Insel sieht sehr klein aus, aber es ist ein Anker eingetragen. Das heißt doch sicher, dass sich der Meeresboden zum Ankern eignet, oder?«

»Denk ich auch! Da sollten wir hin!«

Nach zwei Stunden Schaukeln und krampfhaften Festhalten an der Reling sehen wir die Insel, die uns für diese Nacht hoffentlich Schutz bieten kann. Sie wirkt wie eine aufgeschüttete Sanddüne, die gerade mal ein Meter über dem Meeresspiegel liegt.

An manchen Stellen, an denen sie nur ein paar Meter breit ist, ist sie durch den starken Wellengang einfach übergespült. Auch wenn sie für diese Nacht keinen Schutz vor dem Wind bieten wird, schafft sie es trotzdem, die Wellen zu brechen, sodass wir ohne Schaukelei in die Bucht hinter der Insel segeln und dort den Anker schmeißen.

»Geschafft! Das war ein wilder Ritt!«, rufe ich Anna vom Bug aus zu, während ich die Klappe zum Ankerkasten schließe.

Während wir Penne mit Tomatensoße kochen – wohlverdient –, macht sich spürbar Erleichterung bei uns breit.

»Ich hab mir bei den Wellen fast in die Hose gemacht!«, sage ich lachend.

»Ging mir nicht viel anders, aber eigentlich wissen wir ja, dass das Schiff für eine viel höhere Belastung gebaut wurde. Wovor haben wir denn eigentlich Angst? Kentern wird's schon nicht.« Anna klingt so, als sei sie völlig überzeugt von dem, was sie gerade ausgesprochen hat.

»Nein, kentern wird sie nicht. Oder Hevi?«, frage ich erwartungsvoll in den Raum und klopfe gegen die Außenwand unseres Schiffs. Ich sitze auf der linken Seite, Backbord, und warte auf die Nudeln. Die Soße steht bereits auf dem Tisch und riecht himmlisch. Nudeln sind meine Leibspeise. Rechts von mir sind kleine Schränke angebracht, in denen wir Teller, Schüsseln, Gewürze, Kaffee und Tee lagern. Unter den Schränken, auf dem Boden, steht ein hüfthoher Schrank, den man von oben öffnen kann. Das ist unser Kühlschrank. Rechts davon befinden sich unser Gasherd und Gasofen sowie ein kleiner Stauraum für Pfannen und Töpfe. An der Spüle, die ihren Platz in der Mitte des Schiffs hat, haben wir einen Wasserhahn, der uns Süßwasser liefert, und auch einen Salzwasserhahn. Den benötigen wir nur, wenn wir unsere 200 Liter aus dem Wassertank aufgebraucht sind und wir auf Salzwasser zum Abwaschen wechseln müssen. Anna steht quasi im Eingangsbereich, denn wenn man die drei Stufen des Niedergangs heruntersteigt, befindet man sich genau vor der Spüle. Hinter der Spüle zieht sich ein schmaler, robuster Tisch aus hellem Holz bis zur Vorschiffskabine. Links und rechts kann man Seitenflächen ausklappen, sodass der Tisch eine beträchtliche Esstischgröße erreicht. Ich habe mir meine Seite hochgeklappt, und die Teller stehen schon bereit.

Auf der rechten Seite des Tischs bleibt die Fläche meistens eingeklappt, denn dann kann man zwischen Tisch und einem kleinen Sofa hindurchlaufen, um zur Vorderkabine zu gelangen. Hier befindet sich die ein Meter achtzig lange, dreieckige Kapi-

Hier sieht man unsere Küche, sowie die Tür zur Koje.

tänskoje, die für uns eher als Stauraum für Segel, zwei fast unbenutzte Gitarren und meine Klamotten dient. Wir empfinden die Achterkabine als deutlich gemütlicher, zudem läuft sie nicht an den Füßen schmal zur Spitze zusammen, sondern ist ein Meter vierzig mal zwei Meter breit. Wie eine passable Matratze eigentlich.

Die Tür zur Achterkoje, auch Hundekoje genannt, befindet sich neben dem Gasofen. Außer der Matratze und Annas kleinem Kleiderschrank und zwei Fenstern ist hier sonst nichts. Wir schlafen also an der linken Außenwand des Schiffs. Gegenüber von uns, genau an der rechten Außenwand des Schiffs, sind unsere Toilette und ein großer Stauraum, Backskiste genannt. Hier sind Leinen, Rettungswesten, Diesel, Benzin, Fender, weitere Segel und vieles mehr untergebracht.

»Vorsicht, heiß«, sagt Anna und holt mich aus meinen Gedanken über unser kleines Zuhause. Mittlerweile fühlen wir uns hier an Bord pudelwohl, es fühlt sich wirklich wie ein Zuhause an. Ein schwimmendes Zuhause.

»Guten Appetit. Lass es dir schmecken, Malin!«

ANNA, 26. JULI 2020 – INSEL SAMSØ

Die Augen kann ich nur noch schwer aufhalten, der Wind weht uns um die Nase. Eingepackt in unseren Bettdecken sitzen wir draußen in der Finsternis. Eine Ankerwache fast die ganze Nacht über haben wir bislang noch nicht gemacht. Na ja, irgendwann ist immer das erste Mal. Bei dieser Wache geht es um die Kontrolle des Ankers. Ob der auf dem Meeresgrund hält und das Schiff somit nicht vertreibt. Normalerweise überprüfen wir das vor dem Schlafengehen, bei viel Wind noch einmal in der Nacht. In dieser Nacht war sehr viel Wind, weshalb wir es vorgezogen haben, unser Bett nach draußen zu verlegen.

Hinter der Hevandelli wird es heller, es ist 4:30 Uhr. Nicht eine Minute haben wir die Augen schließen können, auch wenn sie langsam von selbst zufallen. Während der letzten, eher ruhigen Tage ging es für uns zwischen den dänischen Inseln Fyn (Fünen) und Seeland über den Großen Belt Richtung Norden zur Insel Samsø. Es waren Segeltage, an denen wir das Schiff immer besser handeln lernten, Aufregung unser ständiger Begleiter war und wir das Wasser, den Wind und alles um uns herum nur so in uns aufsaugten. Es gab reichlich Wind, und das Passieren der Großen-Belt-Brücke hatte uns einige Nerven gekostet. Wir steuerten Musholm an, schon auf dem Weg dahin nahmen Wellen und Wind ordentlich zu. Hinter der Insel wollten wir unbedingt unter Segeln in die Ankerbucht fahren, auch wenn uns bewusst war, dass sie wesentlich einfacher mit dem Motor zu erreichen gewesen wäre. Unsere Seglerehre verbat uns das. Wir kreuzten Schlag um Schlag dem Wind entgegen. Erschrocken blickte ich dann irgendwann auf unseren Tiefenanzeiger. Keine fünfzig Zentimeter mehr unter unserem Schiff. Mist. Hektisch drehten wir um. Und plötzlich bauten sich vor uns Netze einer Fischfarm auf. Laut Karte hätte sie eine halbe Seemeile weiter östlich liegen sollen. Hatten wir uns so versehen? Wir wussten, dass wir auf keinen Fall in die Netze hineingeraten durften, denn ohne Hilfe kann man sich aus solchen Farmen nicht befreien. Am Ende hatten wir der Situation aber entkommen können – und nahmen den Weg in die Bucht unter Motor. Einer der Tage, die uns trotz angekratzter Ehre wachsen ließen.

Ich merke, dass ich zu träumen angefangen habe. Erschrocken reiße ich die Augen auf und blicke erneut auf die Uhr. 4:32 Uhr. In dieser Nacht haben wir in einer Bucht vor Langør direkt neben dem Hafen geankert, um die Hafengebühr zu sparen. 27 Euro für ein nicht einmal zehn Meter langes Schiff und das für eine einzige Nacht – Wahnsinn. Ein Low-Budget-Reisen ist mit dem Segelboot nur vor Anker möglich, denn das Übernachten in einer Ankerbucht ist in der Regel kostenlos. Mit unserem Ersparten aus drei Jahren Ausbildung, was nicht besonders viel ist, wäre ein Hafenplatz bei den Preisen Luxus. Zugegeben, unser Reisebudget ist relativ klein. Neben den geringen Ersparnissen hatten wir noch alles, was wir nicht mit aufs Boot nehmen konnten, verkauft: Möbel und Kleidung. Während unserer ersten Reise mit Fiete kamen wir mit ungefähr 500 Euro im Monat aus, aber Hevandelli ist größer als Fiete, und je größer das Boot ist, desto höher sind die Unterhaltungskosten. Reparaturen, Ausrüstung, Hafenkosten und alles, was dazugehört, wachsen mit den Schiffsmetern. Das Geld ist unser einziges Limit, wir sind jedoch nicht abgeneigt, unterwegs ein wenig Geld dazuzuverdienen. Irgendwo auf der Welt zu kellnern, das würden wir schon hinbekommen. Hauptsache ist, unsere Reise kann weitergehen.

Wir hatten gewusst, dass die Nacht sehr windig werden würde, und im Nachhinein wäre es wahrscheinlich schlauer gewesen, in den Hafen zu fahren. Aber wer kann schon alles vorher erahnen. Wir lagen in der Koje, als wir das Schwert, den untersten Teil unseres Schiffs, auf dem Meeresgrund schliddern hörten.

Ein Horrorgeräusch für jeden Segler. Grundberührung.

Wir waren auf den Strand getrieben worden, der Anker hatte sich ausgegraben. Mein Herz pochte stark, mein ganzer Körper bebte und meine Hände zitterten. Schlagartig waren wir hellwach. Wir stolperten an Deck und griffen uns auf dem Weg noch schnell die dicken Öljacken. Schwarze Nacht umhüllte uns. Nur die Ankerlichter der anderen Boote waren sichtbar. Was nun? Den Motor starten und Gefahr laufen, die Schraube zu zerstören? Weiter treiben lassen war auch keine Option. Weiter hinten, im flacheren Wasser, konnten größere Steine auf uns warten. Dann würde es noch schwerer werden, aus dem flachen Wasser wieder herauszukommen. Ein Heraussegeln war mit auflandigem Wind einfach nicht möglich. »Wir haben keine Wahl! Das Risiko, an der Schraube etwas kaputtzumachen, müssen wir eingehen«, rief Malin. Es blieb uns tatsächlich nichts anderes übrig. Ich startete schnell den Motor, Malin holte vorn an Deck den Anker hoch. Gang rein. Puh, alles hörte sich wie gewohnt an. Langsam schlängelten wir uns an den anderen Booten vorbei aus der Bucht, um weiter draußen erneut einen Ankerversuch zu starten. Es war schwer, in der Dunkelheit überhaupt etwas zu erkennen. »Lass fallen!«, schrie ich über das Motorengeräusch hinweg. Aufatmen, der Anker schien zu halten. Was für eine Aufregung.

Ein weiterer Blick zur Uhr. 5:02 Uhr. Als der Himmel in der Morgendämmerung Feuer fängt, entscheiden wir uns, in den Hafen zu fahren, um dort die Leinen festzumachen und beruhigt unseren Schlaf nachzuholen.

Hevandelli liegt jetzt sicher am Steg, und meine Augen fallen zu. Diesmal dürfen sie es auch. Der Name unseres Boots ist übrigens eine Zusammensetzung aus drei verschiedenen Namen: Da sind Heiko und Elli, das sind meine Großeltern mütterlicherseits, seit sechzig Jahren miteinander verheiratet, ihnen gehörte die Hevandelli zehn Jahre, und als Drittes Horst van der Linde, ein guter Freund der beiden. Er hat meinen Großvater bei all seinen verrückten Segelabenteuern immer unterstützt und mir sogar einmal ein Schlauchboot geschenkt, mit dem ich in jedem Hafenbecken herumpaddelte. Kurz vor dem Einschlafen kommt mir nochmals Opa in den Sinn, nie hatte er daran gezweifelt, dass wir es schaffen könnten, schnell segeln zu lernen und ein Schiff auszurüsten. Von Anfang an hat er uns ohne jeglichen Zweifel ganz selbstverständlich in allem bestärkt. Meine Dankbarkeit dafür wehrt vermutlich ewig.

MALIN, 30. JULI 2020 – AARHUS

Noch immer ist unsere letzte Nacht in meinem Kopf. Seitdem male ich mir ständig aus, wie es gewesen wäre, wenn wir nicht ohne Hilfe vom flachen Strand weggekommen wären. Oder wenn wir auf ein anderes Schiff getrieben wären. Oder auf die Steinmole. Ich sehe jedoch ein, dass es außer noch mehr Panik und Angst vor der nächsten Nacht vor Anker nichts bringt, weiter über dieses Erlebnis nachzudenken. Stattdessen lasse ich die letzten Tage Revue passieren.

Was bin ich froh, dass es für mich nicht, wie für Jannes und Malte, nach Hause geht. Deren dreiwöchiger Sommerurlaub ist vorbei, sie müssen wieder zurück an ihren Arbeitsplatz. Aber sie wirken nicht so unglücklich, wie ich es immer war, wenn die Ferien vorüber waren. Als wir die beiden nach unserer schlaflosen Ankernacht im Hafen von Samsø kennenlernten, hatten sie begeistert von ihrem Job erzählt. Malte ist gelernter Versicherungskaufmann und Jannes arbeitet als Servicetechniker bei einem Marine Service. Die zwei sind in unserem Alter, kommen aus der Nähe von Hamburg und segeln jedes Jahr zusammen mit dem Boot – es gehört Maltes Familie – durch die dänische Südsee. Zusammen fuhren wir mit ihnen von Samsø nach Aarhus. Durch unsere lückenhafte Planung waren wir offen für eine spontane Kursänderung, denn Aarhus hatten wir nicht auf dem Schirm gehabt. Wir hatten auch noch nichts anderes geplant, und da wir den bisher spaßigsten Abend der Reise mit den beiden Jungs hatten, entschieden wir uns, deren letzte Urlaubstage zusammen zu verbringen.

Sie hatten uns auf dem Steg in Samsø angesprochen, Jannes kannte uns schon über die Sozialen Medien, und wenn man sich als so junge Segler über den Weg läuft, ist man fast verpflichtet, stehen zu bleiben und Small Talk zu machen, denn Crews in unserem Alter trifft man eher selten.

Nachdem wir uns gegenseitig vorgestellt hatten, Anna und ich noch super verschlafen in Jogginghosen, fragte Malte, ein großer, blondhaariger Hemdträger mit blondem Bart, ob wir Lust auf eine Spritztour zum nächsten Supermarkt hätten. Die gemieteten zwei Stunden des kleinen Elektroautos, welches am Hafenrestaurant an einer Ladestation wartete, würde in fünf Minuten anfangen abzulaufen. Ich schaute kurz rüber zu Anna, und an ihrem verschmitzten Lächeln sah ich, dass sie eigentlich Lust darauf hätte, aber an unsere Jogginghosen dachte. Sie würde also dazu tendieren, nein zu sagen, aber bevor sie überhaupt dazu kam, sagte ich:»Klar, wir sind dabei. Wir sind in zwei Minuten beim Auto!« Während wir zum Schiff liefen, meinte ich zu Anna:»O Gott, ich hoffe, er hat es nicht nur aus Nettigkeit angeboten.« Anna zuckte nur mit den Schultern. Auf dem Boot sprühten wir uns schnell Trockenshampoo ins Haar und tauschten die ausgewaschenen Jogginghosen gegen Jeans aus, die auch schon länger nicht gewaschen worden waren. Doch halb so schlimm, ich hatte mal gehört, dass sich Jeanshosen von selbst reinigen.

Und so begann der Roadtrip über die halbe Insel, denn wir hatten nach dem Einkauf im Supermarkt noch fünfunddreißig Kilometer und über eine Stunde Zeit, bis das Auto stehen bleiben würde. Malte, der hinter dem Steuer saß, war strikt gegen Navigationsanweisungen über Jannes' Handy, denn, so erklärte er, er hätte noch Kindheitserinnerungen an die Insel und würde auch so den Weg nach Ballen, einem Ort auf der südöstlichen Seite von Samsø, finden. Als wir uns dann über vier Kilometer auf einem Feldweg fortbewegten, der immer schmaler wurde und letztlich nicht mehr befahrbar war, musste Malte doch auf Google Maps zurückgreifen. Ich sah Jannes durch den Seitenspiegel auf dem Beifahrersitz grinsen. Jannes ist etwas kleiner als Malte, hat braune, kurze Haare und einen ähnlichen Klamotten-Style wie ich. Sneakers, enge Jeans und weite, lässige Shirts.

Bei einer Restreichweite von fünf Kilometern schaltete Malte endlich vom Sport- in den Eco-Modus, denn wir hatten noch drei Kilometer bis zum Hafen in Langør, wo unsere Boote lagen.

»Danke für den Trip! Wir sehen selten mal was vom Binnenland. Das war echt cool!«, sagte Anna zu den Jungs, während Malte ihr den Vordersitz vorklappte, damit die ein Meter siebenundachtzig lange Frau aus dem kleinen weißen Auto steigen konnte.

Wir verabredeten uns noch für den Abend, sie wollten zu uns aufs Boot kommen, und durchsuchten anschließend die Bilgen der Hevandelli nach einer Flasche Weißwein und dem Rest von Opa Heikos Jägermeister. Bilgen sind die untersten Fächer eines Schiffs, sie befinden sich sozusagen unter dem Fußboden und sind ideal, um Dinge zu lagern, die kalt bleiben sollen. Anna und ich haben eine ähnliche Einstellung zu Alkohol: Wir trinken höchstens zehnmal im Jahr, und wenn, dann nicht wegen des Geschmacks, sondern eher wegen der Wirkung. Dieser Abend sollte aber einer der zehn werden, und sogar die unbeliebte Flasche Jägermeister musste daran glauben.

Als würden wir uns schon ewig kennen und würden jedes Jahr zu viert in den Urlaub fahren, saßen wir in Hevandellis Plicht oder Cockpit und unterhielten uns über Maltes und Jannes' Leben in Deutschland und unseres auf dem Segelboot. Die zwei hatten deutlich mehr Segelerfahrung als wir. Wir sprachen auch darüber, wie es ist, die meiste Zeit des Tages mit einer Sache zu verbringen, die einen nicht erfüllt. Was bei uns der Fall war. Jannes erzählte uns noch, dass er davon träumen würde, irgendwann ein rotes Holzhaus in Schweden zu besitzen, um dort den Sommer mit seiner zukünftigen Familie zu verbringen. Wir alle hatten unterschiedliche Vorstellungen von den nächsten Jahren unseres Lebens, was uns nicht daran hinderte, eine tolle Zeit miteinander zu haben.

Beim heutigen Abschied waren wir sehr traurig. Es ist bemerkenswert, dass die Jungs einen so bleibenden Eindruck nach nur vier Tagen hinterlassen. Als wir nach dem letzten Winken zurück aufs Schiff gehen, ist unsere Stimmung bedrückt. Wir wären noch gern Wochen mit ihnen gesegelt. Mit den Jungs hatte alles gepasst, wir hatten sogar schon überlegt, dass sie zu uns an Bord kommen, wenn es ins Mittelmeer geht. Anna sitzt nun in ihrer Koje und schaut sich die Polaroids von unseren nächtlichen Ausflügen durch Aarhus an. Jannes und Malte sind auch wirklich etwas Besonderes gewesen.

MALIN, 31. JULI 2020 – AARHUS

»Ich geh schon mal raus, mir wird ganz schwindlig«, flüstert Anna.

»Ich bleib noch kurz und komm dann nach. Springst du ins Meer oder unter die Außendusche?«, frage ich, ebenfalls flüsternd, obwohl niemand außer uns in der wohl spektakulärsten Sauna ist, in der wir je waren. Zugegeben, wir sind keine regelmäßigen Saunabesucherinnen und haben somit noch nicht allzu viele von innen gesehen. Aber diese hier ist ein Traum. Ein kleines, modernes Holzhäuschen in Schwarz, mit einer großen Fensterfront, von der man ungehindert auf das offene Meer schauen kann. Es steht auf der Mole und ist für alle Hafengäste kostenlos, obwohl sie privat gebaut und finanziert wurde, wie uns zwei ältere Damen in der Umkleide erzählten. Auch sie sind Teil der kleinen Eignergemeinschaft.

»Erstaunlich, wie lange du es in dieser Hitze aushältst«, sagt Anna kopfschüttelnd, während sie durch die Glastür wieder reinkommt. Sie ist klitschnass und setzt sich auf die Holzbank unter mir. Wir schweigen und schauen aufs Meer hinaus. Es sieht ohnehin schon magisch aus, doch nun färbt sich langsam der Himmel orange-rot. Plötzlich schreckt Anna auf und zeigt auf die Fensterscheibe. »Hast du das gesehen?«, ruft sie aufgeregt. »Da war ein Schweinswal! Ganz vorne am Ufer, wo ich eben noch baden war! Sogar zwei, guck!« Anna schreit fast. Und jetzt sehe ich sie auch. Sie tauchen vorsichtig aus dem Wasser auf und bleiben mit ihrer Rückenflosse gefühlt mehrere Sekunden über Wasser, sodass wir sie beobachten können.

»Die sind ja wirklich nah am Ufer. Was machen die hier?«, frage ich, während ich weiter durch die große Fensterscheibe hinausstarre.

»Vielleicht gibt es hier besonders leckeren Fisch. Oder essen die nur Algen?«

»Keine Ahnung, aber was für elegante Tiere.«

Und dann trauen wir unseren Augen nicht. »Hast du das gesehen?« Nackt springe ich an die Glasfront. »Das war kein Schweinswal. Das war ein Seehund.«

Tatsächlich, ein Seehund kommt nun ins »Bild«. Es fühlt sich so unreal an wie auf einem Bildschirm, wie wir hier in der heißen Sauna sitzen und beobachten, wie er ungestört im seichten Wasser des Kattegats herumschwimmt.

Die Sonne verschwindet hinter dem Horizont, der Himmel mit vereinzelten Wolken ist mittlerweile in ein kräftiges Lila-Pink getaucht.

ANNA, 1. AUGUST. 2020 – INSEL ANHOLT

Ich sitze vorne am Bug, dem vordersten Punkt des Schiffs, ganz an der Spitze. Das Wasser spritzt zu beiden Seiten hoch. In jede Richtung, in die ich blicke, sehe ich nur Meer. Es ist unser erster Hochsee-Segeltörn ohne Stützenhilfe, so richtig vorbereitet hatten wir uns darauf nicht, wir vertrauten unseren Fähigkeiten. Das ist überhaupt unser Weg, nicht lange drumherum reden und theoretisches Wissen anhäufen, sondern einfach ausprobieren. Was soll schon schiefgehen? Wir hatten ja schließlich mit Opa Heiko einige Segeltörns zur Übung absolviert, dass sollte reichen. Die echten Erfahrungen sammeln wir jetzt.

Hevandelli segelt mithilfe der Windsteueranlage von allein dahin. Noch zehn nautische Meilen liegen vor uns. Das entspricht ungefähr 18,5 Kilometern. Danach wartet die Hochseeinsel Anholt auf uns, welche mittig im Kattegat zwischen Dänemark und Schweden liegt, jedoch zu Dänemark gehört. Die Dänen nennen sie »Gran Canaria des Nordens«.

Sind wir auf dem Wasser unterwegs, liebe ich es, vorne am Bug zu sitzen. Dieser Platz ist ideal, um den Gedanken freien Lauf zu lassen. Vorausgesetzt, der Wind füllt stetig aus gleicher Richtung die Segel und die Steueranlage hält den Kurs. Dann kann ich zur Ruhe kommen, beobachten, nachdenken. Ich blicke aufs Wasser hinaus. Und plötzlich, eine Rückenflosse am Horizont. Ich traue meinen Augen kaum.

Ausblick von der höchsten Düne der Insel auf das offene Meer.

»Malin«, rufe ich laut, »Malin, da vorn ist jetzt tatsächlich ein Schweinswal. Glaub ich wenigstens, und er kommt näher.«

Immer wieder sehe ich ihn auftauchen, er schwimmt auf uns zu, bis er plötzlich direkt hinterm Schiff atmet. Es hört sich an wie ein Schnauben. Dann ist alles ruhig. Ich begebe mich zum Heck, wo auch Malin ist. Gespannt warten wir darauf, dass er sich erneut blicken lässt.

Dieser Moment ist magisch, und egal wie oft wir schon Schweinswale in der Ostsee gesehen haben, das Staunen bleibt nicht aus.

Leider zeigt uns der Verwandte der Delfine nicht noch einmal seine Rückenflosse, offenbar ist er schon längst über alle Berge. Schließlich wandere ich übers Deck zurück nach vorne. Schweinswale müssen spätestens alle sechs Minuten zum Atmen an die Meeresoberfläche schwimmen, das hört sich an wie dieses eben vernommene Schnauben, außerdem können sie mit bis zu zweiundzwanzig Stundenkilometer unterwegs sein. Da kann Hevandelli nicht mithalten, wir segeln meist mit unter zehn Stundenkilometern übers Wasser.

Am Bug, zumal sich alles beruhigt hat, schweifen meine Gedanken erneut ab. Die letzten Tage waren sehr intensiv gewesen. Für Segler ist gerade Hauptsaison, so trifft man in den dänischen Häfen viele andere Schiffe. Es ist jedes Mal schön, mit ihnen ins Gespräch zu kommen, fast ist es ein wenig unheimlich, wie schnell und unerwartet wir Menschen mit gleichen Interessen und Ansichten ins Herz schließen können. Wie rasch man sich anfreundet, und wie schnell man sich wieder verabschieden muss. Und vermutlich wird man sich auch nie wieder sehen. Ein faszinierender Gesichtspunkt bei unserer Art zu reisen, der durch die vielen Trennungen einen leicht bitteren Beigeschmack hat. Im wahrsten Sinne viele kleine Schnittpunkte. Und meistens treffen wir auf Menschen, die wir zu Hause niemals kennengelernt hätten.

Am Horizont erkenne ich die Umrisse einer kleinen Insel. Das muss Anholt sein. Wie schön. Dort wartet sicher schon ein neues Abenteuer auf uns.

MALIN, 5. AUGUST 2020 – INSEL ANHOLT BIS KUNGSBACKA

Ich streiche mir auf unseren letzten Toast Margarine und bestreue ihn mit Salz. Die Tage auf Anholt haben an unseren Essensvorräten gezehrt, denn eingekauft haben wir kaum. Zum einen war der Supermarkt, wenn man ihn denn so nennen kann, sehr überschaubar und zum anderen extrem teuer. Gut, dass wir mit vielen Vorräten durch die Gegend segeln, wodurch wir höchstwahrscheinlich einen halben Knoten langsamer sind als ohne. Aber so können wir den nächsten Lebensmitteleinkauf verschieben. Auf dem Festland sind die Waren um einiges günstiger.

Anna fängt an, den Tisch abzudecken. Wir beide sind angespannt, denn wir wissen, dass es heute ungemütlich werden kann. Mittlerweile laufen die Vorbereitungen vor dem Loslegen ohne Komplikationen ab, Hand in Hand greifen unsere Aufgaben. Die eine ist dafür zuständig, in der Kajüte alles seefest zu machen, während sich die andere um die Segel kümmert, alle Leinen kontrolliert, die Rettungswesten bereitlegt und den Motor startet. Gerade legt vom Anleger noch ein anderes Segelboot ab. Dann kann es da draußen ja nicht so schlimm sein, denke ich. Das beruhigt mich. Als es dann vor uns den Hafen verlässt und unter Motor von den Wellen hin und her geworfen wird, entscheiden wir, doch lieber umzudrehen. Nicht, um noch eine viel zu teure Nacht auf Anholt zu verbringen, was einer der Gründe unserer Weiterfahrt ist, sondern um die Segel schon im Hafenbecken zu setzen, damit das Schiff in den Wellen angenehmer läuft und gegen die Wassermassen ankommt. Unser Motor hätte das bestimmt nicht geschafft.

Mit aller Kraft ziehe ich an dem Großfall und setze so das Großsegel. Ich fühle mich gestresst, dabei haben wir Zeit – und sonst drehen wir eben noch eine Runde im Hafenbecken. Dass ich angestrengt bin, liegt bestimmt an der Lautstärke, in der wir kommunizieren, denn Anna muss mich anschreien, weil sie mich sonst aufgrund der lauten Windgeräusche nicht verstehen kann. Zusätzlich noch das Knackern der Winschen, der Seilwinden (im Übrigen mein Lieblingsgeräusch), und das Rauschen der Wellen, die an der Mole brechen.

Endlich haben wir einen sicheren Abstand zum Land gewonnen. Jetzt besteht keine Gefahr mehr, am traumhaften Sandstrand von Anholt zu kentern. Das hatte mir große Sorgen bereitet, denn laut eines Stegnachbarn sollte das erst letztens passiert sein. Wir korrigieren nochmals die Segelstellung und nehmen Kurs auf Schweden. Doch an rote Holzhütten, süße Elche und grüne Nadelwälder ist noch nicht zu denken. Na ja, Anna scheint das gerade zu tun, so glücklich wie sie ausschaut. Überhaupt wirkt sie, als hätte sie schon mindestens zwanzigmal einen derartigen Törn gesegelt. Das nimmt mir ein wenig meine Angst und ich entspanne mich. Steuern möchte ich trotzdem selbst. Leider werden die Wellen immer höher.

»Wow, guck mal die an«, ruft Anna mir zu, und sogar bei ihr ist ein Funken Angst in den Augen zu sehen.

Ich erschrecke mich kurz, dann blicke ich nach hinten. Dort kommt eine so hohe Welle angerollt, wie ich sie noch nie gesehen habe. Nicht einmal auf meinem bisher unangenehmsten Törn nach Helgoland. Dort wurde ich seekrank und musste mitten auf der Nordsee Anna das Steuer und danach mich selbst übergeben. Dort wurde ich das erste und bisher einzige Mal seekrank. Anschließend verschwand ich in der Koje, bis wir im Hafen der einzigen Hochseeinsel Deutschlands einliefen. Allein beim Gedanken daran wird mir wieder übel. Zum Glück war Opa Heiko dabei gewesen. Jetzt habe ich die Verantwortung. »Ich darf nicht seekrank werden – und dann werde ich es auch nicht.« Diesen Satz rede ich mir ein, während mein Körper von links nach rechts schwankt, um die rauen Schiffsbewegungen auszugleichen. Morgen werde ich garantiert Muskelkater im Bauch, im Po und im rechten Arm haben. Mit diesem klammere ich mich nämlich fest an die Pinne, den Hebelarm des Steuerruders, und schaue in die Ferne. Nirgendwo ist Land zu sehen.

Die »Lange Anna«, 47 m hoch. Neben ihr Anna Lange mit 1,87 m.

Anna hatte auf dem Törn nach Helgoland vermutlich wegen ihres Opas keine Bedenken und den Spaß ihres Lebens gehabt. Es war typisch norddeutsches Schietwetter gewesen, wir hatten von Oldenburg aus in die Elbe segeln wollen, um direkt über den Nord-Ostsee-Kanal in die Ostsee zu gelangen, doch das Rauschen der hohen Wellen, die Schräglage der Hevandelli und der nasse Wind, der die Haare an unsere Stirn klebte, ließen Anna so lebendig werden, dass sie mitten auf See vorschlug, Kurs auf Helgoland zu nehmen.

Sie sei noch nie dort gewesen, meinte sie, sie müsse unbedingt die Lange Anna sehen, den Brandungspfeiler im Nordwesten der Insel, der sogar ihren Namen trägt. Da ich Helgoland auch nicht kannte, willigte ich sofort ein. Und bis auf meine Übelkeit hatte sich unser Nordsee-Trip auch wirklich gelohnt! Steilküsten aus rotem Feuerstein, in denen seltene Vogelarten nisten, lange Sandstrände mit sich sonnenden Kegelrobben, wilde Wiesen, auf denen Schafe weiden, und eine atemberaubende Aussicht auf unendliches Blau. Die Lange Anna ist übrigens das Wahrzeichen von Helgoland, ein hoher schmaler Buntsandsteinfelsen, auf dem jede Menge Seevogelarten brüten. Ein wahres Naturparadies.

Die hohen Wellen machen uns ordentlich zu schaffen. Wir werden weiterhin durchgeschüttelt, aber ich halte mich tapfer. Ich vermeide es, unter Deck zu gehen. Im Innern des Schiffs fühlt sich der Seegang wesentlich stärker an und es fällt schwer, nicht die Orientierung zu verlieren. Man könnte dieses Gefühl auch Schonwaschgang nennen, wie bei einer Waschmaschine. Immer wieder behalte ich den Horizont im Auge. Das hilft. Nur einmal gehe ich nach unten, um die Kamera zu holen, der heutige Tag muss dokumentiert werden.

Wie schon vor knapp einem Monat hissen wir erneut eine Gastlandflagge, dieses Mal die schwedische. Ich überstehe diesen Törn unbeschadet, ohne seekrank zu werden, und am Ende können wir ihn ohne mulmiges Gefühl im Bauch noch richtig genießen.

Die Schären sind atemberaubend. Die unzähligen kleinen Inseln und Felsen vor dem Festland ergeben ein einzigartiges Bild. Ganz viele kleine Helgoland-Inseln liegen vor uns. Schon wieder ein Paradies, welches auf uns wartet.

Es ist mitten in der Nacht, wir ankern, und Anna schläft in ihrer Koje.

»Anna, Anna, wach auf!«

Sie schießt hoch und stößt sich den Kopf an ihrem Kleiderschrank.

»Fuck, was ist denn?« Sie hält sich ihre Stirn und schaut mich leicht genervt und mit halb offenen Augen an.

»Du glaubst es mir sicher nicht: Das Wasser in unserer Seewassertoilette leuchtet.«

»Was?« Laut fängt sie an zu lachen an, hält sich dabei mit der Hand die Stirn. »Du weckst mich ernsthaft, nur weil du denkst, dass das Wasser in der Toilette leuchtet?« Anna denkt wahrscheinlich, ich schlafwandele. Sie nimmt mich nicht ernst. Ich muss es ihr zeigen.

»Ich wusste, dass du das für eine von meinen dummen Ideen hältst, aber ich kann es dir beweisen. Dafür müssen wir alle Lichter ausschalten.«

Wir stehen nun im Stockdunkeln, eng aneinander gequetscht in unserem Mini-Badezimmer. Ich fange an zu pumpen – und es funktioniert. Zum Glück. Sonst hätte mich Anna wahrscheinlich für verrückt erklärt. Sie schaut mich mit großen Augen an, sagt nichts.

»Hast du es gesehen?«, frage ich.

»Ja. Das ist irre. Wie kann das sein?«, fragt sie verwirrt zurück und starrt immer noch in die Toilette.

Das Wasser sieht so aus, als würden in ihm viele kleine und große Glühwürmchen schwimmen.

Sie flimmern kurz auf und erlöschen dann, sobald das Wasser nicht mehr die Toilettenschüssel herunterfließt.

Zurück in der warmen Koje zücke ich mein Mobiltelefon. »Leuchtendes Meereswasser« tippe ich in die Suchleiste auf meinem hellen Bildschirm ein. Wikipedia erklärt: »Das klassische Meeresleuchten wird durch Ansammlungen von Mikroorganismen erzeugt und gehört damit zum Phänomen der Biolumineszenz … Beim Meeresleuchten scheint das Meerwasser blau bis grün zu lumineszieren. Tatsächlich leuchtet aber nicht das Meerwasser selbst, sondern die im Seewasser befindlichen Kleinstlebewesen senden nach Berührungsreiz mehr oder weniger lange andauernde Lichtsignale.« Also haben wir kleinste Mikroorganismen mit unserer Toilettenpumpe angesaugt. Die Natur ist voller wahnsinniger Phänomene.

»Ich hoffe, dafür hat es sich gelohnt, sich mitten in der Nacht am Kopf zu stoßen.« Keine Antwort. »Anna?«, flüstere ich. Keine Antwort. »Gute Nacht, Anna.« Ich drehe mich auf die Seite und schlafe sofort ein.

ANNA, 6. AUGUST 2020 – VRÅNGÖ

Ich spüre so viel Vorfreude in mir. Vorfreude, dieses neue und unbekannte Land zu entdecken. Neben den roten Holzhütten stelle ich mir Elche, Wälder, Felsen und jede Menge Mücken vor. Na ja, die Mücken versuche ich schnell wieder zu vergessen. Ich denke auch an den kleinen blonden Michel aus Lönneberga, an Pippi Langstrumpf und ihre wahnsinnigen Geschichten. Und zu guter Letzt an das schwedische Möbelhaus. Dessen Möbel ich besessen und allesamt zurückgelassen habe. Zurückgelassen in meinem alten Leben, in meinem Leben an Land. Verkauft oder verschenkt, um dieses Abenteuer leben zu können. Unseren Reduzierungsprozess zu beobachten, war spannend gewesen. Wir mussten uns von einer Vierzig-Quadratmeter-Wohnung auf ein Acht-Meter-Schiff verkleinern. Ich wollte nichts mehr besitzen, was ich nicht mitnehmen oder an Bord gebrauchen konnte. Und so stellte ich lediglich ein paar Kartons mit Küchensachen bei meinen Eltern unter. Ausmisten hat immer etwas Befreiendes. Und seit dem Umzug aufs Schiff macht es richtig Spaß, hin und wieder Dinge in die Hand zu nehmen und zu hinterfragen, ob man diesen Gegenstand wirklich noch braucht. Wenn ja, ist es klasse, dass ich ihn habe. Wenn nicht, sehe ich zu, ihn zu verschenken. Denn wenn man es ganz akribisch betrachtet, kostet einen jedes Teil, das man besitzt und nicht benötigt, Zeit. Zeit, es zu pflegen oder zu waschen. Und Platz. Platz, es zu verstauen. Weniger Zeug bedeutet also, mehr Zeit und Platz für wichtige Dinge. Reisen, das Leben genießen, die Welt entdecken.

Traumhafte Kulisse: unser Zuhause inmitten der schwedischen Natur.

Unter Motor schlängeln wir uns an diesem sonnigen Tag den Weg durch die kleinen und großen Felsen, die teilweise mehrere Meter hoch aus dem Wasser ragen. Auch in diesem nordischen Land scheint der Sommer angekommen zu sein. Neben einigen anderen Schiffen – gegen unsere Erwartung ist hier jede Menge Schiffsverkehr –, sieht man rechts und links, wie bestellt, diese kleinen Holzhäuschen auf den Felsen stehen. Malerisch. Anders als in Dänemark, Deutschland oder Frankreich können wir mit dem Boot direkt ans Ufer fahren, denn die Felsen fallen meist sehr steil ins Wasser. Man nennt dieses Anlegemanöver »Heckankern«. Wir haben etwas Sorge, ob wir das überhaupt hinbekommen, weil wir es noch nie zuvor ausprobiert haben und auch immer noch nicht das Manövrieren mit der Hevandelli wirklich gut beherrschen. Felsen sind zudem die größten Feinde eines Schiffs, speziell wenn sie sich unter der Wasseroberfläche befinden. Sie sind dann schwierig zu sehen und in den Seekarten nicht durchgängig eingezeichnet. Hat man einen Felsen gerammt, kann dieser schwere Schäden am Rumpf verursachen. Im schlimmsten Fall kann das Schiff dann Leck schlagen oder sogar sinken. Daher unsere berechtigten Zweifel.

Wir wären nicht Anna und Malin, würden wir dieses herausfordernde Anlegemanöver nicht sofort ausprobieren. Gedacht, getan. Nach einer Weile langsamen Hin- und Herfahrens, um die perfekte Stelle an den Felsen zu finden, sowie mutigen Sprüngen von Malin auf das Gestein, haben wir es geschafft. Am Fuße eines wirklich hohen Felsens der Insel Vrångö legen wir erstmals in unserem Leben direkt am Felsen an. Erleichterung macht sich breit, die Anspannung fällt ab. Ich bin stolz! Was für ein Erfolgserlebnis. Die ganzen vorherigen Sorgen waren umsonst gewesen. Wir sollten uns öfter ein Beispiel an Pippi Langstrumpf nehmen, denn ihr Satz: »Das habe ich noch nie vorher versucht, also bin ich völlig sicher, dass ich es schaffe!« ist das einzig richtige Motto. Zweifel bringen uns nicht voran, nur Selbstvertrauen tut das. Dieses Mädchen schafft es sogar, Pferde hochzuheben. Sollte das nicht unser Anspruch sein?

Völlig aus der Puste lasse ich mich auf den warmen Fels fallen. Vor mir erstreckt sich diese atemberaubende Landschaft. Unser kleines Zuhause schwimmt mittendrin. Neben mir Malin. Es ist überwältigend. Wie bin ich hier nur gelandet? Wir haben es tatsächlich gepackt. Wir sind in unserem Abenteuer.

Ich denke an meine Ausbildung. 2016 begonnen und drei Jahre lang durchgehalten. Was war ich froh und erleichtert gewesen, endlich einen Ausbildungsplatz gefunden zu haben, der mich auch interessierte. Ich wollte Gestalterin für visuelles Marketing in einem Werbefotostudio in Bremen werden. Natürlich entwickelte sich die Ausbildung nicht exakt zu dem, was ich mir in den Monaten vor Beginn ausgemalt hatte. Es waren lehrreiche, stressige Jahre. Jahre, die mich jeden Tag herausforderten. Schon nach kurzer Zeit wurde ich als vollständig ausgebildete Gestalterin eingesetzt, hatte meine eigenen Kunden und machte das, was ich in den drei Jahren erst hätte lernen sollen. Oft machte es mir Spaß, aber noch öfter fühlte ich mich überfordert und allein gelassen.

Sicher, es gab bessere und schlechtere Tage, aber es waren drei Jahre im Alltagstrott,

drei Jahre von acht bis siebzehn Uhr oder sogar länger, fünf Tage die Woche. Das reichte, um zu erkennen: Diese Arbeit wird mich auf Dauer nicht glücklich machen. Nicht erfüllen. Hinzu kamen die durchweg schlechte Bezahlung (im ersten Ausbildungsjahr um die 300 Euro im Monat), das schlechte Arbeitsklima und die Selbstverständlichkeit von unbezahlten Überstunden, die nicht selten vorkamen. Von Tag zu Tag fühlte ich mich mehr und mehr gefangen. Gefangen in immer größer werdenden Träumen, größer werdendem Fernweh, größer werdender Reiselust, wachsenden Visionen. Wie eine Marionette, die nur das machte, was von ihr verlangt wurde. Die Arbeit an sich machte mir trotzdem Spaß, und so zog ich die drei Jahre durch, um danach was »in der Hand« zu haben.

Nach Feierabend, kaputt und todmüde, schwang ich mich aufs Rad und fuhr in Windeseile nach Hause. Setzte mich auf den zwei Quadratmeter kleinen Balkon und genoss den Ausblick. Wenn Malin dann gegen 20:30 Uhr aus ihrer Arbeit im Einzelhandel eines großen Sportartiklers in Bremen nach Hause kam, tauschten wir uns aus, beklagten unser Leid. Wir redeten auch darüber, wie schön es doch wäre, genau jetzt einfach aufzubrechen, abzuhauen, hinaus in die Welt zu ziehen. Ohne Termine. Ohne Verpflichtungen. Ohne einen Wecker, der um 6:30 Uhr klingelt. Ohne einen einzigen negativen Gedanken an Morgen. Was würde ich dafür nur geben, dachte ich damals.

MALIN, 8. AUGUST 2020 – ASPERÖ

Der Fels wärmt mich. Ich setze mich so hin, dass sogar meine Waden und Kniekehlen etwas von der Wärme abbekommen. Die Sonne brennt mir auf den Kopf, und ich weiß jetzt schon, dass ich heute Abend Kopfschmerzen haben werde. Wie so oft im Sommer, wenn ich vergesse, eine Mütze aufzusetzen. Ich überlege kurz, vom Felsen wieder herunterzuklettern und von ihm aus aufs Boot zu hüpfen, um mir eine Kopfbedeckung zu besorgen, entschließe mich letztendlich dagegen. Für meine rote Wollmütze ist es zu warm, und mit den anderen Mützen sehe ich lächerlich aus.

Mit Blick Richtung Norden auf das Schärenarchipel, im Westen aufs offene Meer und nach Osten hin auf Göteborg schlürfe ich aus meiner Glasflasche. Leitungswasser, mein Lieblingsgetränk. Anna versteht es nicht, bietet mir immer wieder an, ihren trüben Apfelsaft, die viel

Von Hevandelli aus springen wir auf den warmen Felsen und grillen.

zu süße Limonade oder den viel zu teuren Smoothie zu probieren. Ich mag das alles, ich mag allgemein fast alles, doch ich brauche das nicht. Dieses Gefühl, etwas nicht zu benötigen, habe ich sehr oft, wenn Anna sich etwas gönnt. Meistens läuft das so ab:

»Ey Malin, das ist so lecker, probier mal!«

Ich teste, während Anna mich erwartungsvoll anschaut.

»Ja, ist gut.«

»Cool, dann mach ich dir auch ein Glas. Möchtest du?«

»Ja, okay. Aber ich brauche es nicht. Spare es lieber für dich auf, du erfreust dich mehr daran.«

Meistens schiebe ich dann ihr das Getränk zu. Glücklicher als mit einem Teller Nudeln mit Ketchup und einem Glas Leitungswasser dazu kann ich nicht sein.

Es wird heißer auf meinem Schädel, und ich muss meine Augen zukneifen und den Bildschirm mit meiner linken Hand abdecken, um überhaupt etwas auf dem Handy zu erkennen. Seit heute haben wir dank einer schwedischen SIM-Karte wieder Internet. Das ist nicht nur wichtig, um unsere Community mit Bildern und Videos auf dem Laufenden zu halten, sondern auch, um mich mithilfe von YouTube-Videos im Bereich Filmproduktion weiterzubilden. Denn das ist mein neues Hobby und mittlerweile auch irgendwie unser Job geworden. Dass sich jeden Sonntag über 10 000 Menschen unsere Filme anschauen, ist für uns immer noch unglaublich. Anna sagt, das läge daran, dass ich mich in den letzten Monaten technisch enorm gesteigert habe, alles sei so super. Aber ich vergleiche meine Arbeiten eher mit den Filmen von Steven Spielberg, klar, dass ich dann verzweifle.

Wow, denke ich, Anna und ich sind so unterschiedlich. Ich stecke das Handy wieder in meine Shorts, klettere den kahlen Felsen zum Schiff hinunter und rufe sie.

»Anna, Schlauchboottour durch die Schären! Bist du dabei?«

Sie überlegt nicht eine Sekunde, legt ihr Buch weg und sitzt als Erste im Dinghi.

ANNA, 10. AUGUST 2020 – GÖTEBORG

Den Schärengarten haben wir verlassen und laufen geradewegs eine der größten Städte Schwedens an. Göteborg. Wegen der einstigen Handelsrouten über die Ozeane bildeten sich viele große Städte am Wasser. Gut für uns. Nach Tagen purer Natur freue ich mich sehr darauf, eine neue Stadt zu erkunden.

Was ich besonders mag an Orten im Ausland: Eine unbekannte Sprache zu hören, von der man kein Wort versteht. Das gibt mir das Gefühl, fremd zu sein, weit weg von Bekanntem. Ich liebe das. Gleichzeitig kann ich laut Sätze sagen wie: »Ich lebe auf einem Segelboot, reise durch die Welt und fühle mich frei wie ein Vogel«, die kein Mensch versteht. Wenn man nichts versteht, hört man nur auf den Klang der Wörter. Schwedisch klingt wie ein Singsang, ganz weich. Und auch manchmal irgendwie osteuropäisch.

Ab in die Straßenbahn, sich unter die Leute mischen und mitten im Stadtzentrum wieder aussteigen.

Malin liebt es genauso, neue Orte zu entdecken wie ich. Ohne Plan. Einfach drauflos.

Keinen Stadtplan vorher lesen, geschweige denn einen Reiseführer. Einfach erst mal Eindrücke sammeln und gucken, was passiert. So stehen wir nun hier, im Zentrum von Göteborg, inmitten lauter Menschen. Es herrscht ein reges Treiben, und das, obwohl es 2020 ist und wir uns mitten im Corona-Sommer befinden. Es scheint fast so, als würde das hier keinen interessieren. Schweden hat sich für einen eigenen Weg in der Pandemie entschieden, es gibt kaum Auflagen, Masken werden so gut wie gar nicht getragen.

Wir befinden uns auf einem großen Platz, um uns herum alte, hohe Gebäude. Lärm. Und plötzlich Gesang. Eine junge, soulige Frauenstimme. Begleitet von Gitarre, Schlagzeug, Trompete und weiteren Instrumenten, die ich nicht auf Anhieb identifizieren kann. Ich blicke mich um, eine Band aus sechs Frauen und Männern in unserem Alter musiziert auf dem Platz. Alle tragen weite Jeans und Shirts mit unterschiedlichen Prints. Gute-Laune-Musik, Stimmungsmacher. Die Sängerin ist hellblond und hübsch, sie sieht so aus, wie ich mir eine nordische junge Frau vorstelle. Die Eindrücke der Großstadt nehmen uns gefangen, die

Geräusche und Bilder. Für zwei Mädels, die die letzten Tage in ruhiger, nahezu unberührter Natur verbracht haben, ist das ein einziges Niederprasseln. Ich frage mich, ob es anderen Reisenden an ihrem ersten Tag in unbekannten Großstädten auch so ergeht. »Pure Überforderung«, sagt Malin dazu.

Angesteckt von der Stimmung stellen wir uns zur Band und genießen ihre Songs. Eine richtig coole Truppe. Alternativ. Bunt. Mir gefallen die Leute sehr. Sie hinterlassen in meinem Kopf einen ersten Eindruck von dieser uns noch unbekannten Großstadt. Straßenmusikanten haben meinen größten Respekt. Ihr Können vor anderen Menschen zu präsentieren, finde ich mutig. Andreas kommt mir in den Sinn, den hatten wir in Dänemark kennengelernt. Er lebt und reist ebenfalls auf und mit seinem Segelboot, hat seinen Heimathafen in Flensburg und versucht sich gelegentlich als Musiker auf der Straße. Da Malin und ich absolut unmusikalisch sind (noch), wir es aber ändern wollen, haben wir uns aus diesem Grund zwei Gitarren zugelegt, die wir nun an Bord mitschleppen. Es ist unser Projekt für die nächsten Monate: Gitarre spielen zu lernen. Nicht nur, weil wir gerne ein Instrument beherrschen wollen, sondern weil Musizieren an Bord so besonders ist, eine spezielle Stimmung verbreitet.

In Kiel, in der Schwentineflotte, einer schwimmenden Gemeinde von Schiffsbesitzer, trafen wir vor unserer Abreise noch Reinhard. In diesem Teil des Kieler Hafens sind fast alle Schiffe das ganze Jahr über bewohnt sind, die Besitzer haben dort sogar ihren Erstwohnsitz angemeldet; in Deutschland ist das einzigartig. Reinhard lebt dort mit seiner Frau Addi, die beiden sind gute Freunde meiner Großeltern und haben früher auf ihrem Schiff auch eine Zeit lang in Oldenburg gewohnt. Reinhard verdient sich einen Teil seines Geldes damit, gebrauchte Gitarren flottzumachen und weiterzuverkaufen. Und da er nahezu perfekt spielen kann, hat er uns mit seinem Können angesteckt. Von ihm haben wir unsere zweite Gitarre, die erste stammt von Opa Heiko. Und seitdem segeln wir mit den zwei Gitarren umher, die wir noch nicht spielen können. Ich nehme mir fest vor, bald zu üben.

Am Abend, als wir erschöpft in der S-Bahn Richtung Hafen sitzen, rauschen die Häuser und Autos an uns vorbei. Ich beobachte die vielen Menschen in unserem Abteil und überlege mir, was sie tun und

Schon immer wollte Malin Gitarre lernen. Jetzt nimmt sie sich Zeit.

ob sie auch eine Sehnsucht in sich tragen. Malin, die auf dem Platz neben mir sitzt, lässt ihre Augen durch den Waggon wandern. Sie bemerkt nicht mal, dass ich sie betrachte, so wie die Menschen nicht bemerken, wie sie von ihr angeschaut werden.

Auf einmal muss ich an Paris denken. Paris, die Stadt der Liebe. Die Stadt der Mode. Die Stadt der Designer. Und wir waren dort. Genau wie jetzt saßen wir nebeneinander auf einer Bank direkt unter dem Eiffelturm. Wir sahen uns die Menschenmengen vor uns an. Die Hitze des Tages steckte noch in unseren Knochen. Wir trugen beide kurze Kleider, und die Abendsonne bräunte unsere Beine. Unsere Blicke wanderten von einer Person zur nächsten. Ich fühlte mich wie in einem Film. Die Zeit schien stillzustehen. Manche Menschen schlenderten, andere hasteten. Bestimmt eine Stunde saßen wir dort. Schweigend. Genießend. Der Großstadttrubel hatte uns in seinen Bann gezogen. Es war das erste Mal, dass ich in Paris war. Und meine Vorstellungen von dieser Stadt wurden übertroffen. Wahnsinnig stolz war ich, dass wir es mit Fiete bis hierhergeschafft hatten. Durch Deutschland über die Niederlande und Belgien, durch viele Kanäle. Das Segelboot hatte uns auf eigenem Kiel ins Herz von Frankreich gebracht, was so viel bedeutet wie mit eigener Kraft. Ich hatte es im Vorfeld insgeheim für unmöglich gehalten, mit diesem rostigen alten Stahlkahn eine so weite Strecke zurückzulegen. Auf der Seine, die sich durch die gesamte Stadt schlängelt, waren wir an all den Sehenswürdigkeiten vorbeigefahren. Am Louvre, an der Kathedrale Notre-Dame de Paris und zu guter Letzt am Eiffelturm. Ich blickte nach oben, die massiven Stahlträger streckten sich Richtung Himmel. Dieser unvergessliche Tag war ein Meilenstein auf unserer Tour mit Fiete. Zwar hatten wir zuvor schon einige Städte besucht, Groningen, Rotterdam oder Antwerpen, jedoch war keine so eindrucksvoll wie Paris gewesen.

Die Flüsse und Kanäle hatten für uns keine seglerische Herausforderung dargestellt, weil unser Mast gelegt war und wir jeden Meter motoren mussten. Die manchmal sehr begrenzte Breite des Fahrwassers teilten wir uns mit riesigen Binnenschiffen, die Kohle, Baustoffe oder Sand durchs Binnenland transportierten. Fiete sah neben diesen Stahlkolossen wie ein Badewannenspielzeug aus. Eine weitere Schwierigkeit waren die Schleusen, jene Kammern, in denen die Schiffe hoch oder runtergeschleust werden, um sie dem Wasserstand der nächsten Staustufe anzupassen und so eine Weiterfahrt zu ermöglichen. Dieser Höhenunterschied lag bei der größten Schleuse bei dreiundzwanzig Metern. Bis ins Mittelmeer wurden wir 259 Mal geschleust. Das war eine ganze Menge und manches Mal auch eine komplizierte Angelegenheit, denn die Strömungen innerhalb dieser Becken und auch davor sind unberechenbar. Es kann passieren, dass man für einige Momente, die Steuerfähigkeit über das Schiff verliert. Dazu waren wir den riesigen Strudeln ausgesetzt, die durch die Schiffsschrauben der Handelsschiffe in

Wir sind tatsächlich mit Fiete in Paris angekommen.

den Schleusen verursacht wurden, und der Tatsache, dass das Wasser innerhalb der Schleusen manchmal extrem schnell fiel oder stieg, sodass wir einige Male gar nicht hinterherkamen mit dem Umlegen der Leinen an der Schleusenmauer.

Genug von Schleusen und zurück in die Straßenbahn. Ich fange an, mir Geschichten zu den einzelnen Passagieren auszudenken …

MALIN, 11. AUGUST 2020 – GÖTEBORG

Ein lautes Rumpeln. Anna kommt mit einem großen Wäschesack aufs Boot. Wir haben die Gelegenheit, in einem größeren Hafen zu liegen, genutzt, um all unsere Kleidung, Bettwäsche und Handtücher zu waschen. Vier Euro für einen Waschgang inklusive Trockner ist zwar kein Schnäppchen, aber es wird dringend Zeit, denn ich habe nicht mal mehr ein frisches T-Shirt. Aber für noch mehr Shirts, um teure Waschgänge zu sparen, ist kein Platz. Mein Kleiderschrank, der sich im Raum der Vorschiffskoje befindet, ist gerade siebzig mal dreißig Zentimeter groß. Und da müssen nicht nur Shirts, sondern auch noch vier Hosen, zwei Shorts und fünf Hoodies reinpassen. Unterwäsche, Socken sowie meine rote Wollmütze müssen in weißen Stoffboxen auf der Matratze neben dem Schrank liegen. Darin ist sowieso meistens Chaos, und Anna schaut nie in die Boxen rein. Das ist wahrscheinlich auch der Grund für die Unordnung, denn würde sie einen Blick hinein wagen, könnte sie sich nicht zurückhalten, dort klar Schiff zu machen.

Ich greife mir ein paar weiße Tennissocken, dabei fällt der Stapel mit den Geschirrhandtüchern um. Egal. Das fällt hier nicht auf. In Unterwäsche gehe ich ins Cockpit, um Anna den riesigen Wäschesack abzunehmen. Heraus ziehe ich mir meine mintfarbene Shorts und ein weißes Shirt, beides streife ich mir sofort über. »Herrlich, wie frisch sich das anfühlt. Dass ich eine Waschmaschine noch mal so schätzen lerne, hätte ich nie gedacht«, sage ich. In unserer kleinen Zweizimmerwohnung war sie zusammen mit dem Staubsauger mein größter Feind gewesen. Ich hasste es, vor Arbeitsbeginn in den Keller zu laufen, eine Maschine anzustellen, sie nach Feierabend wieder auszuräumen und die Wäsche während meines kostbaren Feierabends auf die viel zu kleinen Heizkörper zu verteilen, um sie am nächsten Morgen wieder zusammenzulegen und auf die Kommoden zu schmeißen. Auch aus diesen Gründen gefällt mir das Leben auf einem Boot so sehr. Es gibt nicht viel sauberzumachen, wir haben keinen Staubsauger, und eine Waschmaschine gönnen wir uns höchstens alle zwei Monate. Für mich war das früher immer Zeitverschwendung gewesen, eine Zeit, die wir jetzt mit spaßigeren Aufgaben verbringen können, wie zum Beispiel das Deck zu schrubbben oder das Unterwasserschiff beim Schwimmen abzubürsten. Die schlimme Nachricht für mich als Kind war nicht, dass wir irgendwann alle mal zu Staub zerfallen werden, sondern dass wer anders diesen Staub aufsaugen muss.

Jetzt, in sauberen Sachen, bin ich bereit für einen weiteren Tag in Göteborg. Ich mag es, Städte zu erkunden, auch wenn ich die Ruhe in der Natur sehr schätze, liebe es, durch unbekannte Einkaufsgassen zu bummeln. Vielleicht liegt es daran, dass ich selbst in einer Stadt groß geworden bin und die Vorzüge einer solchen nicht missen mag. Der Ausgleich macht es. Eine Woche vor Anker, keine Menschenseele

Unsere Kajüte – kochen, essen, arbeiten

weit und breit, zwei Tage in einem Stadthafen mitten im Getümmel. Mit dem Segelboot ist genau das möglich. Mit einem Van kann man zwar auch zu abgelegenen Seen fahren, an denen man mit ein bisschen Glück kein anderes Auto trifft, aber auf dem Weg dahin brauchst du immer noch eine Straße. Und da, wo es Straßen gibt, kann es nicht so abgelegen sein wie mitten auf dem Meer.

ANNA, 16. AUGUST 2020 – GÖTEBORG

Eine Woche sind wir schon hier. An fast jeder Ecke haben wir bisher Straßenmusikanten gehört. In der gesamten Stadt klingt es nach Lebensfreude. Musik soll nicht ohne Grund die Weltsprache sein, denn sie braucht nicht übersetzt zu werden. Weil jeder sie fühlen kann. Und weil wir bislang nicht genug davon gehört haben, entscheiden wir uns beim Frühstück, noch etwas zu bleiben. Warum auch nicht? Wenn es doch so schön ist, wieso schon wieder aufbrechen? Wir bestimmen unser Reisetempo schließlich selbst.

Heute wollen wir ins Museum. Kunst angucken. Bilder sind für mich eine der schönsten Ausdrucksweisen menschlichen Denkens und Fühlens. Unabhängig von der Intention der Künstler, sieht jeder Betrachter etwas ganz Eigenes in ihnen, und das macht Kunst aus. In Göteborgs Konstmuseum finden wir uns wieder. Zwischen riesigen Gemälden. Es ist schon komisch, wie sehr ich mich hier geborgen fühle. Geerdet. In Museen ist es ruhig. Hier habe ich das Gefühl, mich zu verlieren – und finde gleichzeitig zu mir selbst zurück. Meine liebste Art von Meditation. Erholung. Neben dem Meer sind Kunstmuseen besondere Orte für mich.

Auf der Leinwand eines mir unbekannten Malers stehen mir zwei Personen gegenüber. Sie befinden sich auf einem Balkon, sie sehen nicht sehr glücklich aus, aber in ihren Blicken meine ich eine starke Sehnsucht zu erkennen. Wehmütig blicken sie auf die Landschaft vor sich. Wasser. Meer. Das unendliche Blau erstreckt sich fast über das gesamte Gemälde.

Wir sind fasziniert vom Kunstmuseum in Göteborg.

Wieso fühlen sich Menschen vom Meer so angezogen? Weil der erwachsene Mensch zu zirka 70 Prozent aus Wasser besteht? Weil wir schwimmend im Mutterleib heranwachsen? Oder weil die Weite des Wassers so unendlich wirkt? Wenn das Fernweh vom Meer nicht gestillt werden kann, von was denn dann? Nirgendwo anders kann man die Naturgewalten so hautnah miterleben wie am Meer. Das Rauschen der Wellen. Sand unter den Füßen. Die Geräusche des Windes.

Ich finde mich wieder, in diesen Gedanken ans Meer. Kenne das Fernweh. Die Personen auf der Leinwand, das bin auch ich. Selbst wenn das Gemälde schon über hundert Jahre alt ist. Die Thematik bleibt aktuell. Viele Menschen haben Sehnsucht nach der Ferne. Besonders jetzt in der Pandemie, wo jeder in seiner eigenen kleinen Welt gefangen ist. Aber auch überhaupt, unabhängig davon. Doch zu viel Verantwortung, zu viele Pflichten halten einen davon, dem eigenen Fernweh nachzugehen.

Nach dem meditativen Museumsbesuch schlendern wir Richtung Haga-Viertel. Es liegt in der Altstadt, ist das älteste Viertel von Göteborg, mit Kopfsteinpflaster, kleinen Läden und unzähligen Cafés. Es herrscht hier eine ungezwungene, lockere Stimmung. Die in den schmalen Gassen stehenden Häuser sehen aus, als hätten sie schon einige Jahrhunderte überlebt. Ein wenig erinnert es mich an das mittelalterliche und sehr touristische Schnoorviertel in Bremen, wo wir unsere Ausbildungen absolviert haben. Drei Jahre haben wir in dieser Stadt gelebt, doch sie konnte uns nicht halten. Wir mussten unserem Fernweh folgen und weiterziehen.

MALIN, 17. AUGUST 2020 – GÖTEBORG

»Stark, Malin. Läuft doch!«, ruft Anna vom Bug aus, während ich gerade die Hafenausfahrt passiere. Alle Anspannung fällt von mir ab. Auch Anna ist sichtbar erleichtert. Es war mein erstes Ablegemanöver auf dieser Reise. Bisher hat Anna jedes einzelne Ablegemanöver gesteuert, auch jedes Anlegemanöver. Es ist nicht so, dass ich mich davor gedrückt hätte. Denn während Anna, die Steuerfrau, beispielsweise das Schiff in den Hafen manövriert, muss ich die vier Leinen vorbereiten, die schützenden Bootsfender aushängen, Ausschau nach einer freien Box halten und – sobald es möglich ist – mit den Leinen an Land springen und sie festmachen. Erst dann ist das Schiff sicher und es kann nichts mehr passieren. Ich habe mich also nicht vor der Arbeit gedrückt, sondern mehr vor der Verantwortung für das Schiff. Als Opa Heiko noch an Bord war, hatte zunächst er und dann irgendwann Anna sein Schiff bei Manövern gesteuert. Ich hätte es mir nie verzeihen können, hätte ich es dabei demoliert. Und als er dann von Bord ging, war Anna schon so geübt darin, dass es mir und auch ihr meistens lieber war, wenn sie an- und ablegte. Aber heute war es so weit. Ich wusste: Wenn ich mich jetzt nicht traue, werde ich es nie machen.

Und das zeugt dann nicht nur von Feigheit, sondern auch von schlechter Seemannschaft, denn in einem Notfall sollte jeder an Bord alles beherrschen. Und genau das ist langfristig auch unser Anspruch.

Bei unserem Abenteuer mit Fiete war es ähnlich gewesen, Anna hatte bis Frankreich jedes Manöver in den Schleusen gesteuert, insgesamt zwanzig. Als wir vor der ersten Schleuse des berühmt-berüchtigten Canal du Nord in der Region Hauts-de-France Kreise drehten, darauf wartend, dass der Schleusenmeister uns per Handfunk die Einfahrt erlaubte, entschied ich mich dazu, das Steuer zu übernehmen. Als das Funkgerät zu rauschen begann und der Schleusenmeister losplapperte, fuhren wir in die Schleuse. Er hätte auch sagen können: »An Sportboot Fiete, heute ist die Schleuse gesperrt. Bitte wenden!« – wir wären trotzdem reingefahren, denn zum einen verstanden wir kein Wort Französisch, zum anderen hatte unser einfaches Handfunkgerät meist einen schlechten Empfang. Von den über 250 Schleusen und dementsprechend vielen Schleusenwärtern und Schleusenwärterinnen hatten übrigens nur zwei mit uns trotz mehrmaliger Nachfrage Englisch gesprochen. Sehr oft war uns überhaupt nicht geantwortet worden.

Auf jeden Fall schnappte ich mir die Pinne und entschloss mich dazu, ab sofort jede zweite Schleuse zu manövrieren, denn fortan wartete ein Schleusenmarathon auf uns. Täglich hatten wir bis zu dreißig Schleusen zu bewältigen, und hätte ich mich nicht getraut, dann hätte sich diese unseemännische Routine noch mehr in mir festgesetzt. »Fiete kann das ab«, sagten wir jedes Mal, wenn wir mit dem Rumpf gegen die schlammigen und müffelnden Betonmauern fuhren und die Fender mal wieder verrutscht waren. Und Fiete konnte das ab. Außer ein paar Kratzern und einer abgebrochenen Holzscheuerleiste sah der Kahn hinterher immer noch wie neu aus. Na ja, sagen wir, wie »frisch drübergestrichen«. Ein Glasfaserboot wie die Hevandelli hätte das bestimmt nicht so gut mitgemacht. Als Einsteigerboot empfehle ich ein Stahlboot. Höchstwahrscheinlich hatten die Hafenmeister mehr Angst um ihre Steganlagen als wir um unser Schiff. Das hat sich jetzt geändert.

Die Bedingungen in dem großen Hafen von Göteborg waren jedoch einfach für mich gewesen. Kein Wind, keine anderen Schiffe und ganz viel Platz. So steuerte ich das Schiff zwar angespannt, doch sicher aus der breiten Box – und raus aufs Kattegat.

Noch nie haben wir so spät abgelegt. Es ist schon Nachmittag, aber nach einer Woche in der Stadt hat es uns ganz plötzlich weitergezogen. Wir waren unruhig geworden, und nach dem Mittagessen hatten wir beschlossen, die Leinen loszuwerfen.

Begleitet von unserer Lieblingsplaylist segeln wir wieder durch eine einzigartige Felsenlandschaft, vorbei an roten Holzhütten und gelben Holzhäusern, fast schon Villen, der tiefer sinkenden Sonne entgegen.

Wir wollten nicht weit kommen, nur weit genug weg vom Lärm der Stadt.

Wir haben Sehnsucht nach Idylle. Hinter einem großen Felsen entdecken wir eine Bucht, die nur durch eine schmale Einfahrt zwischen den hohen Felswänden zu erreichen ist. In dieser Bucht liegen zwar jetzt noch kleine Tagesausflugsboote, aber wir sind sicher, dass die später verschwinden und nicht über Nacht bleiben. Somit wären wir dann allein in dieser traumhaften Bucht.

Vorsichtig bugsieren wir das Boot an den Felsen heran, ich stehe am Bug mit einer Leine in der Hand und schaue ins Wasser. Unter uns Felsen. Durch die Spiegelungen des Wassers kann ich nur schwer abschätzen, wie tief die Felsen unter der Wasserlinie sind. Passt es, passt es nicht?

»Ein Meter siebzig, ein Meter fünfzig, ein Meter dreißig«, ruft Anna von hinten, während sie aufs Echolot schaut. Als die Hevandelli einen Meter vom Felsen entfernt ist, erspähe ich einen Stein, der auf jeden Fall zu flach ist. Dann springe ich. Ich will vermeiden, dass unser Schiff gegen ihn fährt. Knapp erwische ich das Land, lande zum Glück auf einer Stelle, die nicht nass und glatt ist.

Geschafft! Ich schaue mich um und realisiere, dass dies einer der schönsten Orte ist, an dem ich je war. Um mich herum graue Felsen, kahl, nur mit ein wenig Moos bewachsen. Das Wasser ist spiegelglatt. Es weht nicht einmal eine Brise. Anna stellt den Motor aus und wir genießen die Ruhe. Nicht ein Geräusch, außer dem Geschrei einiger Möwen, die sich auf dem durch die Sonne aufgeheizten Felsen anscheinend wohlfühlen.

Ich schaue nun zu Anna, die im Bikini auf der Badeleiter steht. Den Bikini trägt sie inzwischen fast immer, wenn wir nicht in einem Stadthafen ankern. »Für den Fall der Fälle«, sagt sie, wenn ich darüber lache.

Platsch! Sie ist im Wasser. Ich zögere nicht lange, ziehe mich ebenfalls aus und springe ihr hinterher. Die Sonne ist schon fast untergegangen, ein paar ihrer Strahlen streichen noch die höchste Spitze des Felsens. Nicht einmal das Wasser ist mehr richtig kalt. 18 Grad Celsius. So habe ich mir Schweden, eine typische schwedische Sommernacht vorgestellt.

Bevor wir weiter genießen, machen wir das Boot für die Nacht fest, dazu schlagen wir mit einem Hammer einen Haken an den Felsen, sodass wir die Hevandelli vertäuen können.

MALIN, 18. AUGUST 2020 – MARSTRAND

Barfuß stehe ich auf der Badeleiter, greife zur Außendusche und lasse den leichten Strahl über meine Haare laufen. Strahl kann man es eigentlich nicht nennen, denn es plätschert nur wenig Wasser aus dem Duschkopf. Das liegt an der schwachen Pumpe, hat aber den Vorteil, dass wir deutlich weniger von dem kostbaren Nass verbrauchen. Tut das gut. Das Wasser ist sogar noch etwas warm, denn wir haben einen Boiler, in dem es durch die Wärme des laufenden Motors erhitzt wird. Was für ein Luxus.

Da wir heute nach unserem Alibi-Sportprogramm, ein paar Hampelmänner hier, ein bisschen Stretching da, auf dem wunderschönen Felsen, an dem wir die letzte Nacht verbracht haben, nicht mehr schwimmen waren, sondern direkt weitergesegelt sind, wollte ich mich frisch machen, bevor es gleich mit dem Schlauchboot an Land geht. Es wird eine weite Paddelstrecke, und jeder normale Segler würde den Außenborder benutzen. Wir, vielmehr ich, will jedoch Benzin sparen und meine Arme trainieren.

Also paddeln wir mit unserem kleinen roten Dinghi an Land. Wir wollen uns Marstrand angucken, die Kleinstadt befindet sich rund dreißig Kilometer nordwestlich von Göteborg. Ich verlasse nur ungern unser Schiff, wenn es vor Anker liegt, denn was ist, wenn der Anker nicht hält? Dann findest du es gestrandet oder demoliert an einer Felswand wieder.

»Der hält. Warum denn auch nicht?«, sagt Anna, um meine Sorgen zu zerstreuen.

Wir gehen durch die Gassen von Marstrand (ich mit einem unguten Gefühl) und sehen uns den Hafen an mit seinen überteuerten Liegegebühren. Googelt man »Marstrand«, kommt als Erstes folgende Info: »Schwedens Segelhauptstadt«. Das rechtfertigt wohl den Preis.

»Wir müssen vor der Dunkelheit und vor dem Gewitter wieder auf der Hevi sein«, sage ich. Für die Nacht, vielleicht schon für den Abend ist Gewitter angesagt. Die Luft ist zwar überhaupt nicht schwül, aber dem Wetterbericht traue ich mehr als meinem Gefühl. Bei Gewitter briest es häufig auf und es gibt eine Winddrehung. Deshalb sollte man sichergehen, dass sich der Anker bei einer solchen Drehung nicht ausgräbt.

Entdeckungstour rund um die Carlstens-Festung

»Klar, werden wir auch«, erwidert Anna. »Nun lass uns noch weiter den Ort und die Insel anschauen.«

Marstrand ist auch die Bezeichnung für die gesamte Schäreninsel mit der gleichnamigen Ortschaft. Natürlich ist die Insel autofrei, wie fast alle Schäreninseln, und wird bewacht von der über allem thronenden Carlstens-Festung, die aus dem 17. Jahrhundert stammt. Sie sieht wirklich imposant aus, und man kann sie sogar von innen bestaunen, die Zugbrücken, Geheimgänge und Gefängniszellen. Die Festung sollte damals den Hafen von Marstrand schützen, und zu ihrem Bau wurden Gefangene herangezogen. Zudem gibt es einen Rundweg um die Insel, der durchweg an der Küste verläuft. Schnell merken wir, dass wir hier länger bleiben müssen, um diese geschichtsträchtige Insel zu entdecken. Wir genießen noch den Sonnenuntergang an Land, dann dränge ich Anna, endlich zum Schiff zurückzukehren.

»Schau Malin, alles ist gut! Hevi ist immer noch da!«, sagt Anna, als wir mit unserem Dinghi an den Rumpf unseres Schiffs andocken.

Es ist schon spät, aber immer noch recht hell. Ich meditiere kurz auf dem Vorschiff, anschließend mache ich mich bettfertig. Anna liegt schon in der Koje, als ich sie frage, ob wir noch mal kurz den Anker mit dem Motor einfahren können. »Dann kann ich beruhigter schlafen.«

»Klar«, antwortet sie, springt aus der Koje und stellt sich ins Cockpit.

»Ich gebe im Rückwärtsgang ein bisschen Gas, und du schaust, ob wir nach hinten treiben«, sage ich und starte den Motor.

Es ist extrem schwierig zu beobachten – vor allem, weil es inzwischen fast dunkel ist –, ob das Boot treibt oder nicht. Mit zugekniffenem Auge hält Anna den Daumen mit ausgestrecktem Arm vor ihr Gesicht und peilt einen großen Felsen in der Ferne an.

»Wir sind fest, bewegen uns keinen Meter«, erklärt sie schließlich nach einer Weile.

Ich gebe mehr Gas. »Immer noch nicht?«

»Nee, kann nichts feststellen.«

Also noch mehr Gas, und dann merke ich es sogar ohne Peilung. Wir fahren auf die hinter uns liegenden Felsen zu.

»Wir sind nicht fest! Lass uns in den Hafen, bevor es gewittert«, rufe ich Anna zu, während ich zum Bug laufe und versuche, den Anker hochzuziehen. Das machen wir immer ohne die Hilfe der elektrischen Ankerwinsch. Diesmal vergebens. Die Kette bewegt sich nicht einen Zentimeter. Mithilfe der Winsch kurbele ich die Kette samt Anker hoch, obwohl wir nichts mehr sehen. Es ist nun stockdunkel um uns herum, aber als es knallt, weiß ich, dass der Anker gegen seine Befestigung am Bug gestoßen ist.

»Anker auf«, bestätige ich.

»Komisch, warum ist es so schwer gewesen, ihn zu bergen? Wäre er hinter einem Felsen eingeklemmt, hätten wir ja nicht treiben können, oder?«, fragt Anna, als ich angespannt ins Cockpit steige.

»Keine Ahnung.«

ANNA, 18. AUGUST 2020 – MARSTRAND

Ich steuere das Schiff Richtung Hafen, zwischen all den Lichtern fällt es mir schwer, etwas zu erkennen. Der Motor ist laut. Eben war es hier noch leise. Fast schon stumm. Nichts war zu hören. Die Idylle wird nur durch unsere Motorgeräusche gestört. Ich navigiere mithilfe unseres Kartenplotters. Er funktioniert ähnlich wie ein Navi im Auto, und so sagt uns der Schiffsnavigator, wo wir entlangfahren sollen. Die Wassertiefe ist hierbei entscheidend. Rechts und links ragen neben uns meterhohe Felsen aus dem Wasser. Ein schwieriges Segelgebiet, wie ich finde. Voraus die Lichter von Marstrand. Vom Leuchtturm der Insel kann man die Meerengen Kattegat und Skagerrak aufeinandertreffen sehen, so sagt man jedenfalls. Sehen kann man dort natürlich nur jede Menge Wasser.

Da, endlich der ersehnte Hafen. Direkt am ersten freien Anleger machen wir die Leinen fest. Mein Puls ist noch beschleunigt, ich atme tief durch und schalte den Motor aus. Ich höre Malin vorne am Schiff laut lachen. »Anna, wir haben Oscar von der Sesamstraße am Anker.«

Was ich erst jetzt sehe: Beim Hochziehen des Ankers haben wir einen riesigen Büschel Seegras mitgenommen. Die Erklärung dafür, warum dieser nicht halten wollte. Und so stehen wir am Ende des nervenaufreibenden Abends kopfschüttelnd auf dem Anleger in Marstrand. Und dann weiß ich es wieder. Dann weiß ich wieder, wieso auch solche nervenaufreibenden Momente zum Segeln gehören. Einfach nur, damit es danach noch viel, viel besser ist.

MALIN, 20. AUGUST 2020 – MARSTRAND

»Krass, es ist schon Nebensaison?«, fragt Anna, als ich von der Hafenmeisterin zurückkomme und ihr erzähle, dass wir über dreißig Euro gespart haben.

»Es gab einen Nebensaison-Rabatt, und ich habe ihr gesagt, dass wir erst seit gestern Morgen hier sind. Wir mussten also nur eine Nacht zahlen.«

Anna hält ihre Hand hoch. »Schlag ein!«

Nach einem luxuriösen Frühstück – es gibt Aufbackbrötchen statt Brot oder Haferflocken – starten wir zu einer Wanderung um die Insel. Wir meinen das ernst, denn wir haben neben dem Kameraequipment noch zwei Flaschen Wasser, eine Packung Haferkekse sowie eine Banane dabei. Wir machen selten längere Wanderungen, aber heute nehmen wir uns fest vor, nicht nach einer Stunde zu sagen: »Reicht jetzt. Wollen wir hier die Abkürzung zum Boot nehmen?«

Die Sonne brennt mal wieder auf meinen Kopf, Anna hat an mich gedacht und mir eine Basecap eingesteckt, die sie nun aus dem Rucksack kramt. Ich muss mit der bescheuert aussehen, aber wir werden höchstwahrscheinlich eh keine anderen Menschen treffen.

Mit blauer Kopfbedeckung geht es weiter an Felshängen und Beerengewächsen, immer am Wasser entlang Richtung Westspitze der Insel.

Hier soll man einen wundervollen Ausblick auf den Schärengarten und den Skagerrak haben.

Der perfekte Platz für die erste Pause, in der wir versehentlich die ganze Kekspackung verputzen.

Ein richtiger Wanderweg ist es nicht. Mittlerweile müssen wir Felsen hochklettern, wieder runterspringen, dabei streifen kratzige Äste unsere nackten Arme und Beine.

»Meine Oma wäre hier nicht mehr langgekommen.« Ich drehe mich zu Anna um, die mindestens dreißig Meter hinter mir läuft.

»Meine schon, aber Opa Heiko bestimmt nicht«, entgegnet sie.

Vielleicht liegt es daran, dass wir vom Weg abgekommen sind, mir gefällt's so besser, als einem vorgegebenen Pfad zu folgen. Anna läuft oft weit hinter mir, doch genauso oft holt sie mich wieder ein, denn es kommt nicht selten vor, dass ich mich durch meine große Leitungswasser-Leidenschaft in die Weiten der Beerenbüsche verabschieden muss. Meistens lege ich nicht viel Wert darauf, mir einen blickdichten Busch zu suchen, damit mich keiner sieht, denn ich vertraue den Einwohnerzahlen Schwedens. Nur dreiundzwanzig Menschen leben hier pro Quadratkilometer. Jedes Mal, wenn Anna mich einholt und mich erspäht, schießt sie mit ihrem Handy ein Foto. Sie hat sogar einen Ordner dafür auf ihrem Mobiltelefon eingerichtet, in dem sie Fotos aus Ägypten, Kanada, der Türkei und Griechenland gesammelt hat. Was war ich bloß schon an so vielen schönen Orten dieser Welt pinkeln.

Nach fünf Stunden kommen wir wieder beim Boot an. Die Banane wurde nicht gegessen, lieber hätten wir eine zweite Kekspackung dabeigehabt.

Als ich anfange, das Video für den nächsten Sonntag zu schneiden, checke ich die E-Mails und sehe eine Nachricht von einem Verlag.

»Anna, wir haben eine Zusage für unser Buchprojekt!« Die Mail ist surreal. Ein Buch ist etwas Nachhaltiges, etwas, was ich noch meinen Kindern und Enkelkindern in die Hand drücken kann. Nicht wie ein Video, das übernächsten Sonntag alt ist und vom YouTube-Algorithmus geschluckt und in den Tiefen des Internets verschwinden wird, obwohl man so viel Arbeit, Zeit und Geld investiert hat. Jedenfalls wird es eine Woche lang von der Community wertgeschätzt. Das gibt mir genug Motivation weiterzumachen.

MALIN, 21. AUGUST 2020 – ANKERN HINTER ORUST

Es ist einer der Abende, an dem ich alle fünf, nein, alle zwei Minuten vom Kartentisch (respektive Schreibtisch) hochspringe, zum Niedergang eile und versuche, eine Peilung vorzunehmen. Ich will mich versichern, dass wir nicht abgetrieben sind.

Was war das bloß für ein Geräusch? Gehen wir unter? Übernimmt den Schaden die Versicherung? Was denke ich da nur, was für ein Schwachsinn! Sorgenvoll hocke ich mich für die nächsten zwei Minuten erneut vor den Laptop, aber seit einer Stunde komme ich nicht mit dem Videoschnitt voran.

Es ist ein Abend, wie er idyllischer nicht sein könnte. Am Ufer steht ein riesiges rostrotes Holzhaus, umgeben von vielen kleineren Hütten, an denen ich die Peilung nehme. Es sieht aus wie bei Pettersson und seinem Kater Findus, Figuren des schwedischen Kinderbuchautors Sven Nordqvist. Die eine Hütte ist bestimmt eine Werkstatt, die andere ein Gartenschuppen und noch eine andere das Kartoffellager. Innen im Schiff hat Anna es sich gemütlich gemacht, mit Kerzen, Lichterketten und der wärmenden Petroleumlampe. Sie liegt in der Koje und liest. Je dunkler es wird, desto schöner wird es werden, und das wird es auch für Anna, doch ich mache mir mit zunehmender Dunkelheit verstärkt Sorgen. Denn bald habe ich keine sichtbaren Landmarken mehr. Unser Schiff schwojet um den Anker, und der Wind prescht ordentlich gegen unseren Aluminiummast. Es ruckt immer wieder, wenn Hevandelli mit ihren vier Tonnen an der Kette zerrt.

Anna hat bislang nicht ein einziges Mal die Koje verlassen, wenn sie nicht liest, malt sie und summt zu Tracy Chapmans Song »Fast Car«, der im Hintergrund läuft. Verrückt, dass zwei Menschen an einem identischen Ort, mit nahezu identischen Tagesabläufen und Erlebnissen so verschieden, fast gegensätzlich fühlen.

Ich stehe schon wieder auf, mich nervt es selbst, ich bin genervt von meinen Bedenken. Nach meiner Überprüfung setze ich mich erneut an den Kartentisch, krame mein Journal aus dem Schrank und schreibe meine Gedanken und Ängste auf. Wir haben sogar den Ankergrund mithilfe einer an einer Schnur befestigten wasserfesten Kamera vom Dinghi aus inspiziert. (Danke Anna, dass du so einen Quatsch mitmachst.)

Sie merkt, wie unruhig ich bin, erhebt sich aus der Koje und versichert mir, dass diese Nacht nichts passieren wird – und wenn, dann würde uns der eingeschaltete Ankeralarm des Plotters, der bei einer veränderten GPS-Position klingelt, warnen. Während sie mir einen Chai zur Beruhigung macht, stelle ich mir vor, wie es an einem wirklich unsicheren Ankerplatz wäre, in welchen die Wellen reinschlagen, das Schiff am Anker zerrt und ein Sturm wütet. Und wenn ich jetzt schon beim Ankern Angst habe, wie ist es dann erst auf Hoher See, auf den Ozeanen dieser Welt? Ich zweifle daran, dass ich aufs Wasser gehöre, würde am liebsten in einem sicheren Haus schlafen, das fest auf der Erde steht. Es ist ein Moment, an dem ich kaum glauben kann, jemals die Ostsee, geschweige denn die Welt zu besegeln. Nicht nur, weil ich nicht die Fähigkeiten und den Mut dazu habe, sondern auch, weil man bei einer Weltumsegelung ein Großteil der Zeit vor Anker verbringt. Aus Budgetgründen ist es ja schlichtweg nicht möglich, jede Nacht im Hafen zu verbringen.

Anna stellt mir den Tee neben den Laptop. Auf dem Teebeutel steht: »Sich an jedem Moment zu erfreuen – das ist der Sinn des Lebens.«

MALIN, 22. AUGUST 2020 – MOLLÖSUND

Das Fischerdorf Mollösund empfing uns gestern in strömendem Regen. Durchgefroren und hungrig kamen wir an. Mittlerweile hat der Himmel aufgeklart, die Möwen schreien wieder, und wir machen uns auf den Weg, die Ortschaft zu erkunden. Außer einem Supermarkt und einer Kneipe scheint es hier nicht sehr viel zu geben. Auf dem Friedhof erinnert eine Gedenktafel an die Fischer, die ihr Leben auf See gelassen haben. Wenn man neben dem Friedhof einer steilen Treppe folgt, gelangt man auf eine Aussichtplattform. Von hier aus hat man einen atemberaubenden Blick auf die Schären und den Skagerrak. Besonders bewegt mich allerdings die lebensgroße Holzfigur einer Fischerfrau. Sie hält Ausschau nach ihrem Mann. Vor ihr eine Tafel mit einem schwedischen Liedtext, den die Frauen und Kinder damals während des Wartens auf ihre von See kommenden Familienmitglieder gesungen haben. Bewegend ist es für mich, weil sie nie sicher sein konnten, ob ihre Männer und Väter lebend zurückkommen würden.

Fischer fahren bei jedem Wetter raus. Sturm ficht sie nicht an. Die Netze mit ihrem Fang und somit ihrem Lebensunterhalt müssen eingeholt werden. Damals wie heute, heute nur mit gut ausgestatteten Stahlkuttern und mit jeder Menge Technik. Einst mit kleinen Nussschalen aus Holz. Unsere Angst, dass wir da draußen mit unserem gut ausgerüsteten Segelboot untergehen könnten, scheint mir in diesem Moment unbegründet. Zumal wir nicht rausmüssen, nur dann, wenn es uns passt. Wir können im Hafen bleiben, sobald es auf See ungemütlich wird. Fischer möchte ich echt nicht sein.

Der Regen setzt wieder ein, und wir treten den Rückweg zum Hafen an. Unterwegs treffen wir auf eine Studententruppe. Acht Schweden laden uns für den Abend zum Trinken und Feiern ein. Na, das kann ja lustig werden, sie wirken schon jetzt, mitten am Tag, gut angeheitert. Doch den Kontakt mit ihnen wollen wir uns auf keinen Fall entgehen lassen, schließlich möchten wir mehr über Schweden und ihr Leben erfahren. Bisher haben wir sehr viel Land kennengelernt, aber nur wenige Leute. Es ist die Gelegenheit, etwas mit jungen Schweden zu unternehmen und das Nachtleben von Mollösund zu checken.

Am Abend suchen wir die Unterkunft der Clique auf, auch so ein kleines rotes Holzhaus. Wie könnte es anders sein. Die Freude ist auf beiden Seiten groß, wir unterhalten uns auf Englisch, und wenig später finden wir uns in einer Art Kneipe wieder, die einzige in ganz Mollösund. Mit Bar, einer Tanzfläche und sogar einem Türsteher. Tagsüber soll dieser Club ein recht schickes Restaurant sein. Nach dem fünften oder vielleicht schon siebten Bier – ich habe ab dem dritten aufgehört zu zählen – sind alle Hemmungen gefallen, wir feiern und tanzen ausgelassen. Ich genieße die Stimmung, die Schweden wissen, wie man feiert.

Anna zieht mich zur Seite und schreit laut gegen die Musik an: »Corona kennen die hier wohl auch nicht.« Stimmt, das hatte ich den ganzen Abend bislang nicht auf dem Schirm gehabt. Im März hatte in Deutschland der ganze Spuk angefangen und unsere Segelpläne um zwei Monate nach hinten verschoben. Maskenpflicht, Treffen nur mit einem weiteren Haushalt, Homeoffice, vorwiegend nur noch Supermärkte geöffnet. Nachdem wir Dänemark verlassen hatten, war die Pandemie in meinem Kopf wie ausgelöscht. Nur durch Telefonate mit Freunden in Deutschland oder der Familie hörte ich ab und zu Neuigkeiten über das Virus, die schnell wieder vergessen waren. In Schweden habe ich nie jemanden getroffen, der über Corona gesprochen hat, also thematisiere ich es in der Runde. Vier der Studenten erklären, dass sie sich bereits angesteckt hätten. Nicht wenige, denke ich, genau jeder Zweite von ihnen.

Vor der Tür des Clubs unterhalte ich mich wenig später mit Emil aus der Truppe auf einer Bank. Emil ist so groß wie ich, hat schwarze, leicht lockige Haare und trägt eine lässige Vintage-Jacke, die er mir gegen die Kälte anbietet. Ich friere nicht, bin eher froh, die klare Nachtluft einatmen zu können. Emil erzählt mir, dass sie alle zusammen Jura studieren. Und während er mir für meinen Geschmack viel zu nahekommt, greife ich lieber nochmals die Sache mit Covid-19 auf.

»Wer sich ansteckt, der steckt sich an. Ich finde diesen Weg gut, denn viele Schweden wollen nicht eingesperrt werden. Natürlich ist das Virus gefährlich, so wird es uns jedenfalls in den Medien verkauft. Wir passen eben einfach auf, dass wir Abstand halten«, erklärt Emil.

Genau, ein bisschen Abstand wäre jetzt gut, und ich rücke etwas zur Seite. »Ich habe das Gefühl, dass in deiner Heimat große Panik herrscht und die Leute sehr vorsichtig sind«, fügt er noch hinzu.

»Findet ihr es nicht ein verantwortungslos, hier so ausgelassen zu feiern?«, frage ich. Total dämlich, denn ich bin ja auch dabei. Aber das mit dem Abstandhalten scheint ja auch nicht so ganz geklappt zu haben, wenn sich so viel aus der Truppe angesteckt haben.

»Nein, ich lebe alleine, und meine Eltern und Großeltern sehe ich nur selten. Seit März eigentlich gar nicht mehr.«

Hm, diese Einstellung teile ich, denn auch wir sind allein unterwegs und stecken maximal uns gegenseitig an oder unsere wenigen Kontakte.

Dennoch bleibt ein kleines Schuldgefühl im Hinterkopf, gerade nicht feiern zu dürfen. Dabei ist es ja legal. Komisch, was für ein Kontrastprogramm zu Deutschland. Unserer Reise kommt es natürlich zugute, während der Pandemie in Schweden zu sein, allerdings will ich mich auch nicht unbedingt im Ausland mit Covid-19 infizieren. Das ist mir nach dem zehnten oder auch zwölften Bier nicht mehr so bewusst.

Es fühlt sich eher so an, als wäre die Diskothek von Mollösund nicht von dieser Welt.

Am nächsten Tag brummt mir der Schädel. Die Sonne scheint, und wir beschließen, einen kleinen Spaziergang zu machen, um die Kopfschmerzen loszuwerden. Die mich wirklich immer nach Alkohol plagen, selbst wenn es nur bei einem Glas Wein bleibt. Ich muss mir mal wieder eingestehen, dass ich keine gute Trinkerin bin und es auch nicht werden möchte. Zum Glück. Aber meine Versuche, bei anderen mitzuhalten, kann ich mir langsam abschminken. Das nehme ich mir zumindest für das nächste Mal vor.

Auf unserem Weg entdecken wir auf den Felsen am Wasser ein kleines Sprungbrett. Daneben einen Mini-Leuchtturm. Ein Traumspot.

Anna und ich zögern nicht lange. Sie hat eh schon den ganzen Sommer Bikinis statt Unterwäsche an und ich besitze nicht mal einen Bikini, gehe immer mit Unterwäsche oder nackt ins Wasser. Also: Klamotten runter und ab ins Wasser. Dieses menschenleere Plätzchen gefällt uns. Ich hüpfe ins erfrischende Wasser und mache ein paar Züge. Plötzlich kommt hinter der hohen Felswand rechts von uns ein riesiges Holzschiff hervor. Ein Traditionssegler. Wie aus dem Film »Fluch der Karibik«, nur dass hier scheinbar keine Piraten an Bord sind, sondern eine Hochzeitgesellschaft. Wir winken den Gästen des Schiffs zu. Die Masten sind mit unzähligen Flaggen geschmückt, die Menschen edel gekleidet, und jede Menge Blütenblätter fliegen uns entgegen. So könnte ich mir auch vorstellen, einmal zu heiraten.

Wir sind zurück auf dem Boot und ich bin dankbar für die klare Luft und die kühle Erfrischung. Meine Kopfschmerzen sind so gut wie weg.

Ein Schwimm-Spot wie er perfekter nicht hätte sein können

Fast alle Schweden, die wir noch treffen, befinden sich im Urlaub, im Ferienhaus am Meer oder auf einem Schiff. Weil wir meist die Jüngsten sind, werden wir gerne eingeladen, was wir auch immer wieder voller Neugier annehmen. Nur für uns ist unser Aufenthalt hier kein Urlaub, sondern es ist unser Leben. Unser Alltag. Wir leben dort, wo andere Urlaub machen. Diesen Satz habe ich früher nur von Menschen gehört, die in der Fernsehsendung »Goodbye Deutschland« nach Mallorca oder Teneriffa ausgewandert waren. Aber einen großen Vorteil hat es schon, mit Urlaubern in Kontakt zu sein – sie sind meist gut gelaunt, offen und gelassen. Es macht Spaß, ungezwungen Bekanntschaften zu knüpfen. Ich erinnere mich daran, wie es war, als ich Ferien hatte. Bevor sie angefangen hatten, dachte ich schon daran, dass es bald wieder zurück nach Hause gehen würde. Was bin ich froh, dass mich diese Gedanken nun nicht mehr plagen.

ANNA, 24. AUGUST 2020 – SMÖGEN

Zwischen all den Mega-Yachten sieht unsere Hevandelli mit ihren knapp zehn Metern Länge wirklich süß aus. Irgendwie passen die modernen Segelschiffe gar nicht zu dem urigen Fischerdorf Smögen mit seinen bunten Holzhütten am Steg. Ich denke an Fiete. Fiete würde hier eine fabelhafte Figur machen und vermutlich alle Augen auf sich lenken. Im Sommer soll das 1300-Seelen-Dorf für Segler und Motorbootfahrer die Urlaubspartymeile schlechthin sein. Viele kommen zum Feiern mit ihren Yachten hierher. Davon merken wir zum Glück nicht mehr viel, der Sommer neigt sich in diesen Breitengraden dem Ende zu.

Fiete geht mir gerade nicht aus dem Kopf, das Boot und die drei Monate auf den Flüssen und Kanälen Europas. Ja, Fiete. Ich vermisse dich.

Dieses kleine superreduzierte Stahlschiff. Unser erstes schwimmendes Zuhause, in das wir sehr viel investiert und mit dem wir Erfahrungen gemacht hatten. Doch nicht nur das, mit Fiete verbindet mich eine ganz eigene Geschichte. Ein Abenteuer für sich. Ich blättere in meinem Journal herum, zurück zum Januar 2019:

Es war ein kälterer Tag in diesem ersten Monat des Jahres, mit dem Auto meines älteren Bruders fuhren wir, Malin, mein Bruder, Opa Heiko und Oma Elli sehr spontan nach Delfzijl in den Niederlanden. Und dort lag es – als einziges Schiff am ganzen Steg inmitten eines großen Industriehafens. Natürlich waren alle anderen Schiffe im Winterlager an Land, und auch die anderen Anleger des Sportboothafens waren eingeholt. Nur nicht dieses kleine und blaue Segelboot aus Stahl mit einem hölzernen Mast. Einsam, rostig und an einigen Stellen mit einer dünnen Schicht von Schnee bedeckt. Irgendwas in mir sagte, das ist es. Dieses Schiff könnte eures sein, und dieser Gedanke ging mir seit dem ersten Moment nicht mehr aus dem Kopf. Wir hatten es über eBay-Kleinanzeigen entdeckt, und es war eines von den angebotenen Segelbooten, die in unserem Budget lagen. Um genau zu sein, das einzige, das wir gefunden hatten. Wir wollten unsere Ersparnisse schließlich nicht schon am Anfang ausgeben, der Großteil sollte für die Reise an sich dienen.

Doch dieses kleine Schiff von acht Metern Länge ließ all unsere Pläne und Gedanken greifbar werden, sie wurden durch den Anblick dieses Stahlkahns fast schon Realität.

Der Eigner, ein etwas verplanter Student, der auf mich so wirkte, als hätte er sein Leben nicht im Griff und überhaupt keine Ahnung von der Materie, wollte es uns für 2500 Euro verkaufen. Viele Gedanken gingen mir an diesem Tag durch den Kopf, und Malin mochte es wohl ähnlich ergangen sein. Sollten wir diesen Schritt nun wirklich wagen? Kleine Zweifel machten sich in uns breit. Es würde viel Arbeit werden, und wir hatten null Ahnung von gar nichts, was Schiffe und Segeln betraf.

Trotzdem siegten am Ende der Mut und der Reiz, etwas Neues zu wagen. Ein neues Kapitel unseres Lebens zu schreiben. Wir verhandelten mit dem Verkäufer, und im Endeffekt zahlten wir nicht einmal die Hälfte des ursprünglich angesetzten Preises. Nun war es eine abgemachte Sache. Zwei ahnungslose Mädels kaufen sich mir nichts, dir nichts ein Schiff. Für sage und schreibe 1100 Euro. Wer hätte das gedacht? Wir jedenfalls nicht. Außerdem hätte ich niemals angenommen, dass es so einfach sein würde, ein Boot zu kaufen. Gestern noch davon geträumt und heute schon Eignerin.

Ein Monat verging, bis wir mit Opa Heiko erneut nach Delfzijl fuhren, um das kleine blaue Schiff nach Hause zu holen, zu uns nach Oldenburg. Es war mitten im Februar und bitterkalt. Wir legten mit einer Art Triangel den Mast um, um unter den Brücken hindurch zu gelangen, die wir auf der Strecke passieren mussten – und ab ging es mit der auflaufenden Tide landeinwärts, über die Ems, dann in den Dortmund-Ems-Kanal, von dort in den Küstenkanal bis ins schöne Oldenburg. Inklusive einer Übernachtung auf halber Strecke. Irgendwo im Nirgendwo übernachteten wir in diesem noch fremden Schiff zu dritt, in zweieinhalb Kojen bei minus ein Grad Celsius und einem kleinen Elektroheizlüfter. Eine schlaflose Nacht mit kalten Füßen und heißem Kaffee um Mitternacht. An sich schon ein kleines Abenteuer. Unser allererstes. Welches wir wohl nie vergessen werden.

Unser Fiete im Heimathafen von Oldenburg

In Oldenburg begann dann die Arbeit. Viel Arbeit. Mehr als erwartet. Zu dieser Zeit lebten Malin und ich noch in Bremen, somit fiel die begrenzte Zeit am Boot auf die Wochenenden. Wir kämpften mit reichlich Rost. Die Phase der Instandsetzung verging wie im Flug. Um für die große Reise zu proben, gingen wir noch zweimal auf der Weser segeln. Dabei merkten wir, dass es uns überforderte, wir gerieten in Panik, einige Tränen flossen. Hatten wir uns das wirklich gut überlegt? Wir hatten uns doch nicht etwa viel zu viel vorgenommen, oder? War es vielleicht eine Schnapsidee gewesen? Doch was nützten diese Überlegungen, es gab kein Zurück mehr, und wir besänftigten unsere Gedanken damit, dass wir all das schon nach und nach lernen würden.

Und so kam der 22. Juli 2019, der Tag, an dem wir den Motor von Fiete – in der Zwischenzeit hatten wir das Boot natürlich auch ordnungsgemäß getauft – anschmissen.

Eigentlich soll man Segelboote nicht umtaufen, das bringe Unglück, heißt es in Seglerkreisen

aber wir wollten einen neuen Namen. Denn zum alten – Döneken – konnten wir nicht so recht eine Verbindung aufbauen. Und jetzt kommt es für Seeleute noch schlimmer, wir haben zu Fiete nämlich immer der Fiete gesagt und nicht die – Schiffe sind eigentlich weibliche Wesen. Wir waren eben anders, und Fiete sah eben irgendwie männlich aus, frech noch dazu. Wenn ein Schiff überhaupt solche Eigenschaften aufweisen kann. Es ist schon komisch, wie einem ein Boot nach einer gewissen Zeit ans Herz wächst. Und wie es schmerzt, wenn man sich davon trennen muss.

Und eigentlich kauft man sich auch nicht einfach so ein Segelboot und fährt damit los. Oft genug hörten wir Sätze wie:

»Lernt erst einmal vernünftig segeln.«

»Macht vorher einen Segelkurs.«

»Heuert doch, bevor ihr mit dem eigenen Boot losfahrt, bei erfahrenen Skippern als Crew an.«

Natürlich hatten diese klugen Äußerungen ihre Berechtigung, allerdings hatten wir volles Vertrauen darin, dass wir das Segeln früher oder später unterwegs lernen würden. Das hatten schon ganz andere geschafft, wieso nicht auch wir? Zumindest ließ Opa Heiko keinen Zweifel daran, dass wir das schon wuppen würden. Er sagte: »Mädels, ihr seid doch zäh wie Ziegenleder.« Heute glaube ich, dass er aus Erfahrung sprach, denn auch er hatte sich alles selbst beigebracht.

Und eigentlich sollte man ja auch fürs Alter vorsorgen, sich einen »sicheren« Job suchen und fleißig arbeiten. Doch das sind nicht wir.

Bei unserem Abenteuer lief alles ein bisschen anders und ohne großen Plan. Ein kleiner Ausbruch aus den Normen der Segler und der Gesellschaft.

Ich weiß noch genau, wie ich mich an dem Tag unserer Abreise fühlte. Erschöpft, auch weil ich nicht wusste, was uns auf dieser Reise erwarten würde. Da war auch ein Gefühl von unglaublich großer Vorfreude auf das Ungewisse. Nun ging es wirklich los. Das Abenteuer, auf welches wir seit mehr als einem halben Jahr hingearbeitet hatten. Doch spätestens ab unserem ersten großen Ziel Groningen in den Niederlanden überwogen die positiven Gefühle, überwog die Erfüllung.

Was waren wir mutig gewesen, mit so einer Rostlaube loszuziehen, ohne einen optimal laufenden Motor, mit einem ebenfalls rostigen Kiel und nahezu keiner Sicherheitsausrüstung. Ohne irgendeine Ahnung, was auf uns zukommen würde. Wie hätten wir auch wissen sollen, was auf uns zukommt, wenn wir noch nie zuvor eine ähnliche Situation erlebt hatten? Nicht einmal die Route hatten wir gründlich recherchiert, nur die bis nach Groningen. Wir gingen davon aus: Alles andere würde sich ergeben. Und genau das tat es auch. Wir hatten einfach darauf vertraut. Wieder einmal.

Naiv? Doch was bedeutet das überhaupt? Ist es etwas Schlimmes, sich nicht zu viele Gedanken im Voraus zu machen? »Done is better than perfect« – dieses Zitat von Facebook-Co-Geschäftsführerin Sheryl Sandberg beschreibt unsere Einstellung wohl am besten. Einfach anfangen, starten und nicht so lange warten, bis vermeintlich alles perfekt ist. Will man auf Nummer sicher gehen, dann kann es passieren, dass einem das Leben vieles vorenthält. Es kann sogar dazu führen, dass wir Erfahrungen verpassen, die unser Leben bereichert hätten. Es ist nicht möglich, auf alles vorbereitet zu sein. Manchmal muss man einfach machen, anstatt nachzudenken und auf Ratschläge der anderen zu hören. Manchmal muss man auf sich selbst hören.

Fiete würde jedenfalls prächtig in dieses pittoreske Fischerdorf Smögen passen, mit seinem hölzernen Mast, den Holzluken und dem rot und dunkelblau gestrichenen Stahl. Aber genug an unser erstes großes Abenteuer gedacht, ich bin jetzt mitten in einem neuen, einem noch viel, viel größeren Segelabenteuer. Ich schlendere an den Holzhütten vorbei. Schon wieder dieses Grinsen auf meinen Lippen.

ANNA, 25. AUGUST 2020 – HAMBURGÖ

Nach Hamburgö wollten wir unbedingt. Denn ohne das »ö« wäre diese Stadt meine liebste Wahlheimat in Deutschland. Hamburg. Etliche Partynächte habe ich dort verbracht. Vermutliche die legendärsten meines Lebens. Dank Onkel Jens. Er war in meiner Jugend eine Zuflucht gewesen, in den Jahren, in denen man nicht allzu viel Lust auf das Familienleben im Elternhaus hat und seine Grenzen austesten möchte. Es sind die Jahre, in denen man zu träumen anfängt und sich fragt, was da draußen wohl noch alles auf einen wartet. Zum Glück haben diese Träume bei mir nie aufgehört. Jens ist Opa Heikos und Oma Ellis Sohn. Wie ich ist er lang gewachsen, trägt blondes Haar und lebt in einer Dachgeschosswohnung im Hamburger Stadtteil Altona im vierten Stock, von der aus man durch eine kleine Luke im Badezimmer aufs Dach klettern kann und einen fantastischen Blick über die Stadt hat. Der perfekte Ort, um den Gedanken freien Lauf zu lassen und sich ganz weit weg zu träumen. Ein ähnlich gutes Gefühl wie vorne am Bug der Hevandelli.

Der erste Tag des Abenteuers 2.0. Mit Opa Heiko auf der Weser.

Ein schmaler, langer Sund führt uns nach Hamburgö, der dieses kleine Örtchen in zwei Hälften teilt und durch eine Seilfähre wieder verbindet. Die Fähre wechselt direkt hinter unserem Heck am Anleger alle zwanzig Minuten die Uferseite.

Die Sonne brennt und wir sind ausgelassener Stimmung. Ein letztes Mal wollen wir heute grillen. Vorerst, denn für die nächsten Tage sind kältere Temperaturen und schlechteres Wetter angesagt. Gemüse, Brot und Co hatten wir bereits am anderen Ufer eingekauft. Natürlich mit unserem kleinen Schlauchboot, um die Kosten für die Fähre zu sparen. Das hätte man sehen müssen: ein Mini-Schlauchboot kurz vorm

Kentern. Überfüllt mit Einkäufen und zwei Mädels. Da haben wir dem einen oder anderen Beobachter sicher ein Schmunzeln ins Gesicht gezaubert. Gemeinsam schnibbeln wir nun in der Plicht den Salat und spießen Gemüse auf. Um nicht auf dem Anleger zu grillen, haben sich die Schweden etwas richtig Schönes überlegt. In jedem kleinen oder auch großen Hafen befinden sich meist mehrere Picknickbänke und Tische um einen Grillplatz. Auf dem Weg zu einer solchen Location entdecke ich rechts von uns eine kleine Minigolfanlage. Auch sehr typisch für Schweden. Das Golfen. Wir haben bisher schon viele verschiedene Golfplätze gesehen.

Und wie es so sein soll, finden wir nach kurzer Suche auf dem Gelände auch zwei Golfbälle. Aufgrund der Nebensaison ist dieser Platz wahrscheinlich schon einige Zeit außer Betrieb.

»Da kann das Golfmatch ja losgehen«, ruft Malin.

Na klar, das hätte ich mir denken können, der Spieltrieb in ihr ist geweckt. Ich kenne keinen Menschen in meinem Alter, der so sehr auf Bälle fixiert ist wie Malin. Liegt vermutlich an ihrer früheren Karriere als Fußballspielerin. Jeder lose und nur annähernd runde Stein auf Bürgersteigen wird umfunktioniert zum Fußball. Nicht ohne Grund haben wir insgesamt vier Bälle an Bord. Neben dem Fußball einen Beachvolleyball, einen Wasserball und einen Beachball plus Schläger. Und nun wohl auch noch zwei Minigolfbälle für den Fall der Fälle, dass uns mal wieder ein verlassener Golfplatz begegnet. Und wer jetzt denkt, man braucht aber einen Schläger, um Golf zu spielen, der hat noch nie mit Malin gespielt. Golf funktioniert auch wunderbar mit dem Fuß oder der Hand als Schlägerersatz. Man muss nur kreativ genug sein. Malin ist, so vermute ich, zusammen mit einem Ball zur Welt gekommen. Oder ihre Eltern haben ihr bei der Geburt einen in die Wiege gelegt, anders kann ich mir ihre Leidenschaft nicht erklären. Mit fünf Jahren hat sie das erste Mal in einem Verein gespielt. Und bis vor knapp drei Jahren, noch kurz vor unserer Reise Richtung Mittelmeer, war sie mehrmals wöchentlich zum Training gegangen. Nicht zuletzt hat sie eine Saison in der Zweiten Frauen-Bundesliga Fußball gespielt. Natürlich unbezahlt. Unfair ist das. Bei den Männern verdienen sich die Spieler der Zweiten Bundesliga eine goldene Nase und üben ihren Sport hauptberuflich aus. Die Frauen müssen dagegen neben den Trainingseinheiten und Spielen am Wochenende einen Job, teilweise sogar Vollzeit, ausüben und sehen von ihren Vereinen keinen Cent.

Malin schießt den Minigolfball mit dem Fuß Richtung Loch der ersten Bahn. Mir fällt auf, dass wir uns seit dem Ablegen in Kiel nur ein-, zweimal gestritten haben, wenn man es überhaupt so nennen will. Es war eher so, dass wir gegenseitig voneinander genervt waren. Vermutlich daraus resultierend, dass wir auf sehr engem Wohnraum leben, keine Privatsphäre haben und selten allein sind. In solchen Momenten bin ich meist grundsätzlich genervt, wegen eines versauten Anlegemanövers oder einer schlaflosen Nacht. Ich bin dann gereizt und kann nicht mehr trennen, ob es an diesen Dingen oder an Malin liegt. Das ist ihr gegenüber unfair, kommt aber immer seltener vor. Nach so langer Zeit ist mir vor ihr nichts mehr peinlich, und ihre Gegenwart ist letztlich angenehmer, als allein zu sein. Wir erleben unsere Hochs und Tiefs gemeinsam.

> Geteilte Freude ist eben doppelte Freude, und geteiltes Heimweh ist nur halb so schlimm.

Und während ich sie da mit dem Minigolfball kicken sehe, bin ich sogar extrem froh, diese Reise nicht alleine zu machen. Mittlerweile agieren wir fast schon symbiotisch. Wir sind ein Team. Wenn eine von uns Angst hat, ist die andere tapfer. Wenn eine von uns rumzickt – und dass bin zugegebenermaßen meistens ich –, reagiert Malin rücksichtsvoll und geht gar nicht darauf ein. Wenn eine von uns zweifelt, bestärkt die andere sie.

»Komm Anna, aufwachen! Ich habe drei Versuche gebraucht. Jetzt bist du dran, die erste Bahn zu schaffen!« Malins Stimme reißt mich aus meinen Gedanken. »Und danach wird gegrillt.«

ANNA, 27. AUGUST 2020 – HAVSTENSSUND

Nach einer für mich fast unendlichen Joggingrunde quer durch den kleinen Ort und rund um den großen Felsen, zu dessen Fuß Havstenssund liegt, kommen wir erschöpft bei unserem Schiff an. Ich bin völlig aus der Puste, doch Malin fängt jetzt erst richtig an, mit Kniebeugen, Liegestützen, Ausfallschritten. Ich kann nicht mehr. Der Schweiß läuft mir die Stirn herunter. Malin ist eindeutig die Fittere von uns beiden. Ich muss mir eingestehen, hin und wieder mal eine ihrer Sporteinheiten mitzumachen, würde mir nicht schaden. Die pure Freude empfinde ich dabei nicht, das weiß ich jetzt schon. Ich bin froh, als ich vom Anleger in das kühle Nass des Skagerraks springen kann. Mein gesamter Körper füllt sich wieder mit Energie. Nichts geht über ein Bad im Meer.

Bei herrlichstem Wetter starten wir in der Plicht unser gemütliches Frühstück. Es ist die Mahlzeit, die wir, wenn wir Zeit haben, so richtig zelebrieren. Heute mit Pfannkuchen, Apfelmus und Zimt. Kurze Lagebesprechung.

»Weiter wollen wir noch nicht, oder?«, fragt mich Malin.

»Nein, dafür ist es hier viel zu schön«, antworte ich.

Am Anleger ist Hevi das einzige Schiff. Unser Nachbar von vergangener Nacht, ein Schwede, ist heute Morgen Richtung Süden weitergesegelt. Diese Einsamkeit gefällt uns. Es ist, als hätten wir den gesamten Hafen für uns. Und anscheinend ist hier zu dieser Jahreszeit auch kein Hafenmeister mehr aktiv. Bisher wollte jedenfalls niemand die Liegegebühr einkassieren, und einen Automaten zum Bezahlen gibt es ebenfalls nicht. Na ja, wir haben auch noch nicht aktiv danach gesucht. Aber pst. Schließlich ist das Reisebudget begrenzt. Außerdem gibt es am Steg keinen Strom und kein Frischwasser, die Duschen sind auch abgeschlossen. Saisonende eben. Doch das spielt uns ganz gut in die Karten.

Da nach längerer Zeit endlich mal wieder die Sonne scheint und noch ordentlich Power hat, beschließe ich, einen Teil unseres vierwöchigen Wäschebergs per Hand zu waschen. Ein bei uns sehr unbeliebtes Prozedere. Beim letzten »Schere, Stein, Papier«-Spiel habe ich verloren, und die Strafe ist: Wäsche waschen.

Malin läuft währenddessen am Steg auf und ab. Sie will die Leinen eines heranfahrenden Segelschiffs annehmen. Das hatte uns Opa Heiko so beigebracht. »Das zeichnet gute Seemannschaft aus«, höre ich ihn sagen. Gute Seemannschaft beinhaltet ein verantwortungsvolles, umsichtiges Handeln innerhalb der Crew – auch in Bezug auf andere Schiffe. Außerdem knüpft man beim Annehmen der Leinen am Steg schnell Kontakte.

Das gibt es ja gar nicht, das Segelboot fährt unter deutscher Flagge. Hier im hohen Norden eine Seltenheit, die norwegische Grenze ist nämlich nicht mehr allzu weit. Christine und Hein, das Ehepaar an Bord des Stahlkahns, kommen aus der Nähe von Berlin, und wie sich herausstellt, kennen uns die beiden aus unseren Segelvideos. Da ist die erste Hürde schon genommen, und wir werden von den beiden auf einen Kaffee bei ihnen an Bord eingeladen. Super, die Wäsche lasse ich links liegen, lieber sind mir interessante Gespräche.

Statt der Wäsche waschen wir uns selber!

Christine und Hein sind von der Sonne gebräunt, tragen Shorts und T-Shirts. Ich schätze sie etwas jünger als meine Eltern, irgendwo in den Fünfzigern. Sie haben einige spannende Segelgeschichten auf Lager und präsentieren uns stolz ihr schwimmendes Zuhause.

»Wir hatten alles, was man sich vorstellen kann. Ein großes Haus mit Garten. Tolle Jobs. Drei inzwischen erwachsene Kinder. Das perfekte deutsche Leben. Genug Geld«, berichtet Christine. Mit ihren blonden Haaren und ihrem herzlichen Lächeln erinnert sie mich sehr an meine Mum. »Aber als Hein früh pensioniert wurde, da haben wir angefangen, unser Leben zu hinterfragen. Und irgendwie hat uns das, was wir besaßen, nicht mehr gereicht. Wir haben gemerkt, dass ein großer Teil unseres Lebens schon vorbei ist, wollten die restlichen Jahre jedoch maximal ausnutzen.«

Die beiden verkauften ihr Haus und zogen in eine Wohnung, Christine kündigte ihren Job, und danach legten sie sich ein großes und stabiles Schiff zu. Jetzt segeln sie, solange das Wetter es zulässt, und im Winter geht´s für sie zurück nach Brandenburg, wo sie wohnen. Ganz schön cool, finde ich. Für mich hört sich ihre Story an, als könnte sie unsere sein. Dieses Aussteigerleben und die dazugehörigen Einstellungen der Menschen sind ungemein spannend. Es ist nicht das konventionelle Vorzeige-Leben mit Job, Kindern und Haus, sondern es kommt diesen Leuten auf die Erlebnisse an, auf die Erfahrungen, die Abenteuer. Und wo gibt es mehr Abenteuer, als beim Unterwegssein? Warum nicht alle Leinen los, um die Welt entdecken? Man hat doch nichts zu verlieren.

Während ich Hein beim Erzählen seiner Erlebnisse lausche, kommt mir ein Zitat aus dem Buch »Big Five for Life. Was wirklich zählt im Leben« des US-amerikanischen Autors John Strelecky in den Sinn: »Es gehört zu den eigenartigsten Dingen im Leben, dass wir glauben, unsterblich zu sein. Wir denken, wir können Dinge verschieben, weil wir immer noch Zeit und Gelegenheit dazu haben werden. Aber das ist eine der großen Illusionen des Lebens. Wir denken, wir seien 21 oder 34 oder hätten irgendein anderes Alter, bei dem wir in unserem Kopf aufhören, weiter zu zählen. Aber das geht nicht ewig so weiter. An irgendeinem Punkt kommt das Ende.« Recht hat er, unsere Zeit ist begrenzt. Im Durchschnitt hat jeder Mensch 28 200 Tage. Und die Uhr läuft.

Wir sollten alle mehr im Hier und Jetzt leben.

Dinge nicht aufschieben, sondern sie sofort tun. Und so dramatisch es auch klingt: Es kann jeden Moment vorbei sein. Zudem ist es nie zu spät, damit anzufangen, im Jetzt zu leben.

Ich schrecke aus meinen Gedanken auf. »Kennt ihr diese Krebs-Restaurants, die hier an fast jedem Hafen zu finden sind?«, höre ich Hein sagen.

»Klar«, antwortet Malin. »Sind ja nicht zu übersehen.«

Da wir uns bemühen, weitestgehend vegan zu leben, kam es uns bisher noch nicht in den Sinn, eines zu besuchen. Wir hatten lediglich die Menschen beobachtet, die vor ihren mit Krebsen gefüllten Tellern saßen – und, um es ehrlich zu sagen, da lief mir schon das Wasser im Mund zusammen. Für die Reise hatten wir uns vorgenommen, bei Einladungen den Gastgebern zu sagen, dass wir uns vegetarisch ernähren, um ihnen nicht allzu große Umstände zu machen. Und wenn wir landestypische Speisen probieren wollten, es einfach zu tun, solange wir uns damit wohlfühlten. Christine erklärt uns, dass diese Krebse die größte regionale Spezialität in Westschweden seien, man würde sie auch »schwarzes Gold« nennen. Und als hätte es so sein sollen, fährt in diesem Moment ein kleiner Krebskutter in den verlassenen Hafen von Havstenssund ein.

»Havskräftor, so heißen hier diese Krebse«, erklärt uns der Fischer.

Christine und Hein wollen uns gerne zu einer Portion einladen. Wir selbst hätten uns niemals welche gekauft, willigen aber gerne ein. Und so endet der perfekte Tag mit einem grandiosen Havskräftor-Essen zu viert an einer wunderbaren Picknicksitzgruppe aus Holz am Hafen mit Blick auf die Schärenlandschaft bei Sonnenuntergang. Besser kann das Leben doch gar nicht sein, oder? Ich lebe im Jetzt.

ANNA, 29. AUGUST 2020 – KOSTER-INSELN

Die Inselgruppe ist etwas ganz Besonderes, das hatten uns nicht nur Christine und Hein gesagt. Nicht ohne Grund bilden sie mit ihren Schären den Kosterhavet Nationalpark, Schwedens erster Meeres-Nationalpark. Malin steuert das Schiff sicher Richtung Anleger. Beim Annehmen der Leinen hilft uns ein norwegisches Paar, die ersten Norweger, die wir bisher an der schwedischen Küste getroffen haben, denn die norwegisch-schwedische Grenze ist aufgrund von Corona geschlossen. Schon seit dem Frühling. Leider. Denn Norwegen sollte eigentlich unser erstes großes Ziel dieser Reise 2.0 sein. Auch deshalb, weil Opa Heiko in seinen jüngeren Jahren mit all seinen Schiffen dort gewesen war, oft mit meiner Oma. Als Kind hatte ich selbst dreimal in Norwegen meine Ferien verbracht, allerdings nicht auf einem Segelboot, sondern in einem Haus von Freunden meiner Großeltern. Naturrurlaub in den Osterferien. Kein fließendes Wasser, ein Plumpsklo, keine Heizung. Mitten im Wald und umgeben von Elchen, die man leider aber nie zu Gesicht bekam.

Schon früh hatte mir mein Großvater beigebracht, wie man »bitte« und »danke« auf Norwegisch sagt. Daran erinnere ich mich in dem Moment, als ich der Norwegerin am Steg unsere Leine in die Hand werfe. »Tusen takk!«, rufe ich ihr zu. Sie guckt etwas verdutzt und ruft irgendetwas zurück. Natürlich verstehe ich nichts davon und entgegne in meiner vermutlich grottenschlechten Aussprache: »Jeg kan ikke snakke norsk.« Was so viel heißt wie: »Ich kann kein Norwegisch sprechen.« Sie lacht.

Die nächsten Tage verbringen wir mit dem Erkunden der zwei großen Inseln, Südkoster und Nordkoster, und spätestens nach unserem ersten Spaziergang über festes Land sind wir hin und weg von der Landschaft. Ich sag es ja, Inseln sind meist kleine für sich stehende Wunder und Paradiese.

Über Stock und Stein über die Kosterinseln. Norwegen ist in Sichtweite.

Doch eine Tatsache macht mich traurig. Am Abend bade ich meine Füße am Strand und zwischen meinen Zehen verfängt sich ein kleines blaues Etwas. Ich hebe es auf. Der Überrest eines Plastikdeckels. Während ich dieses Stückchen Plastik in der Hand halte, verfliegt das Traurigsein und ich werde regelrecht sauer. Dass es 2050 mehr Plastik im Meer geben soll als Fische, ist wohl inzwischen jedem bekannt. Eine erschreckende Tatsache, und obwohl dies eigentlich alle wissen, tut sich nur wenig. Fast scheint es, dass der Wert der Natur vielen Menschen gar nicht mehr bewusst ist. Zu sehr leben wir losgelöst von der Natur, dabei sind wir Menschen ein Teil von ihr. In Bremen habe ich oft Menschen gesehen, die ihren Müll, sei es eine Plastikverpackung oder die Reste von einem Fast-Food-Restaurant, einfach achtlos fallen lassen und nicht warten können, bis der nächste Mülleimer ihren Weg kreuzt. Malin hat solche Menschen schon mehrmals auf ihr Tun hingewiesen und den Müll dann selbst aufgehoben. Ich habe mich das nie getraut, schäme mich dafür aber und rechne ihr dieses beherzte Verhalten sehr hoch an.

An Bord versuchen wir jeden unnötigen Müll zu vermeiden, denn wir können nicht einfach alles in eine Tonne vor unserer Haustür stopfen. In jedem Hafen suchen wir als Erstes die Müllcontainer auf, und sind heilfroh, wenn wir im Supermarkt wenigstens Obst und Gemüse unverpackt einkaufen können. Unser Trinkwasser stammt aus den Häfen, wir füllen es in unsere Glasflaschen und Kanister ab, um keine Flaschen kaufen zu müssen. Denn jede Verpackung und somit auch jedes Plastikteil, das wir an Bord schleppen, muss irgendwann auch wieder runtergebracht werden. Auf keinen Fall darf Plastik von unserem Schiff ins Meer gelangen, deshalb achten wir auch bei unseren Kosmetikprodukten darauf, dass sie kein Mikroplastik enthalten. Wir verwenden sogar Spülschwämme aus Naturfasern, denn das Wasser gelangt durch unsere Waschbeckenabflüsse direkt ins Meer.

Auf dem Weg zurück vom Strand Richtung Anleger werfe ich das kleine Stückchen Plastik in die Mülltonne, die am Wegesrand steht. Ich wünsche mir, dass jeder Mensch, der am Meer entlangläuft, einfach mal zwischen seine Zehen guckt. Und wenn sich dort nicht nur Sand befindet, sondern etwas, was nicht in die Natur gehört, es mitnimmt und fachgerecht entsorgt.

MALIN, 31. AUGUST 2020 – KOSTER-INSELN NACH STRÖMSTAD

Der Wind pustet in das große, leicht verblichene Vorsegel, welches von der tief stehenden Sonne in ein warmes Orange getränkt wird.

»Es steht perfekt!«, sagt Anna, die in ihrer lässigen blau-weiß gestreiften Bluse barfuß im Cockpit steht, die Sonnenbrille auf ihrer mit Sonnensprossen übersäten Nase sitzen hat und nach oben zum zwölf Meter hohen Masttopp schaut.

»So muss Segeln sein. Leichter Wind von der Seite, eine gemütliche Welle, die uns in schöne Gedanken schaukelt, die Sonne tief am noch blauen Himmel und eine atemberaubende Natur in der Ferne«, entgegne ich verträumt, während ich aus dem Sund, der die beiden Koster-Inseln trennt, aufs offene Meer steuere.

Die letzten Tage waren intensiv, vielseitig, spannend und wunderschön.

Ich stehe mit geradem Rücken und stolzer Körperhaltung an der Pinne. Es bildet sich ein seltsamer Druck an meinem Gaumen, weil ich mir die Tränen verkneife. Es sind Tränen vor Dankbarkeit, vor Freude, vor unfassbar viel Glück, welches mich plötzlich überkommt. An den grünen Tannen und kahlen, ebenfalls von der Sonne orange gefärbten Felsen geht es auf das ruhige, offene Wasser. Wir steuern wieder Richtung Festland, denn oberhalb von Koster kommen keine weiteren Inseln mehr. Nur noch das Festland von Norwegen, und wenn ich mich nicht irre, dann sieht man es schon in der Ferne.

Ich frage mich, warum ich die letzten Tage so besonders schön fand, und denke zunächst an den Abschied von Hein und Christine. Wir hatten sie am Morgen nach dem Krebs-Essen zum Tee eingeladen. Und obwohl wir sie nicht einmal vierundzwanzig Stunden kannten, waren wir traurig darüber, dass sie nicht in die gleiche Richtung segeln wollten wie wir. Aber gleich nach dem Abschied, als wir von unserer Hevandelli aus das letzte Mal Richtung Steg winkten, stellte ich mit Anna fest, dass bei solchen Bekanntschaften nicht die Traurigkeit, sondern die Dankbarkeit überwiegt.

Der Wind passte perfekt, um zu den Koster-Inseln zu segeln, und so setzten wir das volle Tuch und gleiteten nur so dahin. Inseln anzusteuern, macht immer viel Spaß. Zum einen, weil man nur mit einem Segelboot auf eigene Faust dorthin kommt, zum anderen, weil es ein besonderes Gefühl ist, wenn die Insel plötzlich am Horizont auftaucht. Man realisiert in diesem Moment, dass sie von Wasser umzingelt ist. Das linke Küstenende grenzt an Wasser, das rechte Küstenende grenzt an Wasser. Sonst ist da nichts. Keine Straßen, keine Brücken, keine Bäume oder irgendwas. Ein umzingelter Ort, der sich unabhängig vom Festland entwickelt. Das liebe ich daran, Inseln zu besegeln.

Vor ein paar Jahrzehnten, als die Seeleute noch kein GPS hatten, wäre noch hinzugekommen, dass man unbedingt richtig navigieren muss – sonst segelt man an der Insel vorbei. Das bleibt uns erspart. Unser Plotter sagt uns genau, wo wir uns befinden und wie wir steuern müssen, rechnet die Strömung und unseren Abtrieb durch den Wind mit ein.

Nach unserer Ankunft auf der Nordinsel machten wir noch einen Abendspaziergang durch die ruhigen, grünen Gassen. Von irgendwo hörten wir Musik.

»Stell dir vor, hier gibt's vielleicht ein Open-Air-Konzert oder so etwas wie den Oldenburger Kultursommer. Irgendeine coole Veranstaltung mit jungen Leuten und guter, lauter Musik«, sagte Anna und zog unser Gehtempo an.

Wir schaukelten gegenseitig unsere Erwartungen hoch und kamen der Musik immer näher. Und als wir am Ende einer Siedlungsstraße um eine Hecke bogen, sahen wir endlich, woher sie stammte. Im Garten eines kleinen Cafés, das eher wie ein hübsches Wohnhaus aussah, saßen die Gäste an vier Tischen unter Apfelbäumen – und vor dem Eingang sang eine Frau zur Gitarre. Gut, wir wussten schnell, dass wir hier unseren Hunger nach einer aufregenden Partynacht nicht stillen konnten, aber trotzdem blieben wir stehen und lauschten während der nächsten drei Lieder der blonden, sommerlich gekleideten Sängerin und ihrer Gitarre. Neben dem Café war eine Wiese, auf der zwei Pferde vor sich hin grasten und von der Musik ebenfalls sichtlich angetan waren. Sonst hätten sie sich wahrscheinlich ans andere Ende der sattgrünen Wiese verkrümelt.

Am Tag darauf, gestern, unternahmen wir eine große Wanderung über die Nordinsel, durch grüne Pinienwälder und feuchtnasse Sumpfwiesen, kletterten auf hohe, kahle Felsen, um immer wieder den sagenhaften Blick aufs offene Meer in Richtung Norwegen zu genießen. Das

Wetter hatte mitgespielt, so konnte Anna im Kleid unterwegs sein, ich in kurzen Shorts und T-Shirt. So erkundeten wir heute den Teil der Insel, an dem wir nicht mit dem Schiff anlegen konnten. Die Südinsel von Koster. Diesmal mit Fahrrad.

Wir hatten die letzten zehn Minuten damit verbracht, herauszufinden, wie man auf die automatisch betriebene Fähre kam. Unser Glück war, dass gerade ein Bewohner der Südinsel auf seinem Quad und mit seinem Schäferhund zum Hafen kam. Er zog eine Karte durch den Fährautomaten und drückte anschließend einen grünen Knopf am Tor zur Fähre. Anscheinend konnten nur Personen mit einer solchen Karte die Fähre nutzen. Zusammen mit dem Mann fuhren wir auf der automatisierten Fähre, die nicht viel größer war als der Schäferhund, geschweige denn sein Quad, über den Sund.

Mit unseren Klapprädern, die zu unserer Bordausrüstung gehören, standen wir nun auf der anderen Seite des Ufers, der Inselbewohner war schon längst davongebraust.

»Und wie kommen wir zurück?«, fragte Anna.

»Ach, das sehen wir dann, wenn es so weit ist. Lass uns jetzt erst mal hier entlangfahren«, sagte ich und zeigte auf einen kleinen Schotterweg.

»Wo auch sonst, es gibt ja nur diesen Weg«, entgegnete Anna, schwang auf ihr kleines Fahrrad und radelte los.

Wir fuhren durch dichte, intensiv riechende Nadelbaumwälder, entlang an schroffen Felsküsten, über weite Heideflächen. Der Koster-Archipel ist bekannt für seine Flora und Fauna,

sein Korallenriff ist das einzige in ganz Schweden und in der Taucherszene sehr beliebt.

200 Tier- und Pflanzenarten hat man hier auf den Inseln gezählt, viele kommen nirgendwo sonst in Schweden vor. Wir sahen sogar eine Ringelnatter.

Wir legten unsere Fahrräder in einen Busch am Wegesrand und schlenderten über glatt geschliffene Felsbuckel zum Wasser. Immer wieder zieht es uns zum Meer. Egal ob wir einen Städtetrip machen oder eine Inselradtour. Für unsere Trink- und Essenspausen suchen wir uns meistens ein Plätzchen am Wasser, am Hafen, am Strand. Eine weitere Bestätigung für uns, dass wir das richtige Reisemittel gewählt haben.

Nach einem ausgiebigen Sonnenbad auf einem grauen Felsen und einer Pinkelpause hinter einem Blaubeerstrauch ging es zurück zum Boot. Na ja, erst mal wieder Richtung Fähre. Als wir am schmalen Sund waren, konnten wir Hevandelli zwar sehen, doch leider trennten uns über hundert Meter Wasser. Wir schauten uns um. Kein Mensch weit und breit, der wirkte, als würde er die Fähre betätigen wollen. Nach einer halben Stunde und meinem dreifachen Sieg in »Schere, Stein, Papier« lief ich zu den kleinen Fischerhütten am Wasser. Obwohl Anna verloren hatte, machte sie einen Rückzieher.

»Ich schwimm da doch nicht rüber, das kannst du vergessen!«

»Okay, aber dann beschwere dich nicht, wenn ich uns gleich ein kleines Boot auftreibe. Da hinten liegen ein paar …«

»Nein, Malin, das machst du nicht. Bleib hier!«

»Dann schwimm du rüber und hol unser Schlauchboot!«

Anna verdrehte nur die Augen. Also inspizierte ich die Boote in der Nähe der Fischerhütten. Ein paar waren angeschlossen, andere sogar mit einem Außenbordmotor ausgestattet.

»Einen Motor brauche ich nicht«, stellte ich fest und guckte mir ein hellblaues, drei Meter langes Paddelboot aus. Astrid war in weißen Buchstaben draufgemalt. Es war wohl lange nicht bewegt worden, denn eine Menge Wasser war im Schiff. Hoffentlich nur Regenwasser, dachte ich. Damit wollte ich über den Sund paddeln, unser rotes Gummiboot holen und mit beiden Booten zurück zu Anna paddeln.

»Malin, komm schnell rüber«, hörte ich Anna, als ich mich gerade gerade hinunter zu Astrid bückte, um ein wenig Wasser herauszuschöpfen. Ich schaute hoch und traute meinen Augen nicht. Anna quatschte mit dem grauhaarigen, langbärtigen Mann in khakifarbenen Shorts und kurzärmeligem Hemd. Er saß auf seinem dreckigen, mit Schlamm bespritztem Quad, sein Schäferhund auf dem selbst zusammengehämmerten Spezialanhänger. Er wollte tatsächlich in diesem Moment wieder zur Nordinsel und nahm uns erneut mit, sodass wir noch am Abend Richtung Strömstad ablegen konnten.

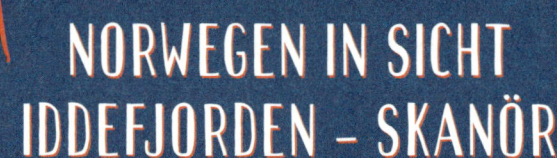

NORWEGEN IN SICHT
IDDEFJORDEN – SKANÖR

Norwegen endlich in Sicht – eigentlich unser erstes
großes Ziel. Doch wir können nicht einreisen, weil die
Grenze wegen der Pandemie geschlossen ist. Aber
egal, Schweden ist auch ein großartiges Land. Da der
Sommer nicht ewig dauert (leider!), überlegen wir,
wo und wie wir den Winter verbringen wollen, wenn
es so richtig eiskalt wird (Kopenhagen oder Malmö?).
Und dann macht unser Motor Probleme …

ANNA, 1. SEPTEMBER 2020 – IDDEFJORDEN

Norwegen ist zum Greifen nah. Zu schade. So gerne würden wir die unberührte Natur Norwegens entdecken. Oslo erkunden. Die weltweit bekannten Fjorde besegeln. Und noch so viel mehr. Aber die momentanen Einreiseregelungen machen uns das Segeln in dieses Land schwer. Sechs Tage Quarantäne, wobei ein fester Wohnsitz nachzuweisen ist. Also Hotel oder Ferienhaus. Bei den norwegischen Preisen ist das nichts für unsere Reisekasse. Wir entscheiden uns, in den Grenzfjord zwischen den beiden Ländern zu segeln, um wenigstens einen Blick aufs wunderschöne Norwegen zu werfen.

Im Iddefjorden sind die Felsen höher als bisher und komplett mit Bäumen bewachsen. Alles ist dunkelgrün und sieht sehr nordisch aus. Ganz anders als die bisherige Westküste Schwedens, die meist von kargen Felslandschaften geprägt ist.

Auf der Suche nach einem passenden Ankerplatz sagt Malin: »Schon lustig, das rechte Ufer ist schwedisch und das linke norwegisch. Hier treffen zwei Länder aufeinander, und wir befinden uns genau dazwischen.«

»Komm, bist du bereit für eine Mutprobe? Lass uns über die Grenze fahren«, fordere ich sie heraus.

»Bin sofort dabei.«

Wir machen uns einen Spaß aus der traurigen Realität, dass ein Virus dafür sorgt, dass grundsätzlich offene Grenzen innerhalb von Europa schließen. Damit hätte ich niemals gerechnet. Die Reisefreiheit, die wir für selbstverständlich genommen haben, ist plötzlich vorbei. Noch immer ist die Herkunft des Virus unklar, wobei das wahrscheinlichste Szenario, von dem man ausgeht, tierischen Ursprungs und über einen Zwischenwirt auf den Menschen übergegangen ist. Wir Menschen haben den Tieren den Lebensraum genommen, auch essen wir noch immer wilde Tiere – vielfach Ursachen, warum sich gefährliche Viren verbreiten, so hat HIV seinen Ausgangspunkt bei Affen genommen. Für uns auch ein Grund, uns inzwischen vegan zu ernähren.

Malin hat damit angefangen, sich vegetarisch zu ernähren. Und mich damit angesteckt. Schritt für Schritt haben wir uns mit unserer Ernährung auseinandergesetzt. Wir wollten uns bewusster ernähren, wollten wissen, was genau in den Lebensmitteln drin ist. Für mich war es aus ethischen, ökologischen und gesundheitlichen Gründen dann nicht mehr tragbar, tierische Produkte zu mir zu nehmen. Zumal es viele Möglichkeiten gibt, sich pflanzlich ausgewogen zu ernähren. Und wenn man sich dann noch die Massenhaltung von Tieren ansieht, dieses Leid wollen wir keinem Tier zumuten. Und nicht nur Tiere leiden, auch die Umwelt tut es. Auf der Website von PETA, einer gemeinnützigen Organisation, die sich für Tierrechte einsetzt, ist Folgendes zu lesen: »Die Produktion von Fleisch, Milch und Eiern gehört zu den führenden Gründen für den menschengemachten Klimawandel, den Artenrückgang, die Wasserverschmutzung und die Bodendegradation. Um die Umwelt zu schützen, ist vegan leben eine Lösung!«

Jeder Einkauf im Supermarkt ist sozusagen ein Stimmzettel. Kaufen wir weniger tierische Produkte, helfen wir unserer Umwelt. Die vegane Ernährung ist meiner Meinung nach eine effektive Lösung. Sie reicht längst nicht aus, aber es ist ein Versuch, wenigstens etwas zu ändern. Fürs Boot eignet sich die pflanzliche Ernährung besonders gut, weil fast kein Produkt gekühlt werden muss und viele Sachen extrem lange haltbar sind. Skandinavien ist für Vegetarier und Veganer sogar ein Paradies, es gibt hier so viel mehr pflanzliche Ersatzprodukte als in Deutschland, und selbst die kleinen Läden in den verlassensten Dörfern sind dahingehend gut ausgestattet. Außerdem findet man Obst und Gemüse, Reis und Nudeln sowieso überall.

Im Fjord haben wir das Glück, den Traumplatz aller Traumplätze zu finden. Natürlich auf der schwedischen Uferseite. Direkt an einem Felsen. Längsseits. Also legen wir mit Hevi einfach seitlich am Felsen an, als wäre er ein Anleger im Hafen. Wieder etwas Neues für uns. Aufregend.

Manchmal fühlen wir uns so gesegnet, dass wir es gar nicht in Worte fassen können.

So ein Platz ist doch ein wahres Geschenk. Und nicht genug: Am Abend entscheiden wir uns spontan, auf den Felsen ein kleines Lagerfeuer zu machen und Stockbrot zu backen. Da kommen Kindheitserinnerun-

gen hoch. Während wir am Feuer sitzen, taucht völlig unerwartet ein
älterer, rundlicher Mann aus dem Wald hinter uns auf. Ende sechzig,
graue Haare. Wir sind etwas erschrocken, wir hatten angenommen,
hier völlig allein zu sein. Er schaut uns kritisch an und erklärt, das hier
sei sein Grundstück, auch der Wald gehöre ihm. »Und Feuer auf den
Felsen zu machen, ist verboten«, teilt der Förster uns weiterhin mit.
»Durch die Hitze können im Felsen Risse entstehen.« Das wussten wir
Pappnasen natürlich nicht. Trotzdem dürfen wir für diese Nacht bleiben. Als dann noch der Vollmond hinter den Tannen hervorkommt, ist
es um mich geschehen. Besser kann es nicht mehr werden, und ich versuche den Moment für immer in meinen Erinnerungen zu speichern.
Aber eines ist mir klar: Alles, was wir haben, ist dieser Tag! Genieße
den Moment. Morgen kann es schon wieder ganz anders sein.

Nach einer friedlichen Nacht blicke ich verschlafen der Sonne entgegen. Wir machen uns fertig zur Weiterfahrt, als abermals der Besitzer
des Grundstücks mit seinem Hund aus den Tannen heraustiefelt. Was
mag wohl jetzt sein? Doch er ist weniger mürrisch als gestern, er hat
sogar Kaffee und Kanelbullar dabei, dass typisch schwedische Zimt-
gebäck. Lange lauschen wir ihm. »Eigentlich bin ich Norweger, doch
das Leben in Schweden ist so viel günstiger. Deshalb wohne ich auf
dieser Uferseite, zur Arbeit bin ich jedoch immer nach Norwegen mit
dem Schiff rübergefahren«, erzählt er. »Aber seid Corona ist das nicht
mehr möglich. Wir dürfen nicht mehr pendeln, meine Familie auf der
anderen Uferseite habe ich seit fast einem halben Jahr nicht mehr gesehen. Es macht mich traurig, zu sehen, wie ein Virus diese Grenzen
wieder real werden lässt, vor Corona habe ich diesen Fjord nie als Län-
dergrenze wahrgenommen.« Seine Geschichte beschäftigt mich noch
den ganzen Tag.

MALIN, 2. SEPTEMBER 2020 – IDDEFJORDEN

»Zwölf Meter, dreizehn Meter, vierzehn Meter«, zähle ich laut, während
ich die Ankerkette ablaufe und auf diese Weise ausmesse. Ich möchte
vorbereitet sein für unseren nächsten Ankerplatz. Von Hein und Christine haben wir ihn empfohlen bekommen. Er sei über elf Meter tief, und
am Felsen könne man dort mit dem Schiff aufgrund der viel zu steilen
Felswände nicht anlegen. Und weil wir sonst bei höchstens drei Meter

Wassertiefe geankert haben, will ich sichergehen, dass wir auch genügend Ankerkette dabeihaben. Ich erinnere mich an den Fragebogen für den Sportbootführerschein: »Ankern mit einer Länge entsprechend der drei- bis fünffachen Wassertiefe – wie viele Meter Ankerkette sind nötig?« Auch Anna entsinnt sich, sogar besser als ich, denn sie hat den Schein erst ein Jahr später als ich gemacht. Vor dem Fiete-Abenteuer hatte ich mich zu diesem Schein entschlossen, um wenigstens mit etwas theoretischem Wissen prahlen zu können. Als dann im Raum stand, dass wir Heikos Schiff übernehmen können, hatte Annas Opa gefordert, dass auch sie diesen Schein macht. Dabei lernt man allerdings nur, was es für Schifffahrtszeichen gibt oder wie man mit Papierseekarten navigiert, jedoch nichts über das Segeln.

Wir haben den Ankerplatz erreicht, er ist wirklich wunderschön. Ich schmeiße den Anker bei einer Tiefe von zwölf Metern ins braunschwarze Wasser und lasse die Kette kontrolliert durch meine Hände rauschen. Kurz nachdem der Anker ins Wasser eingetaucht ist, sieht man ihn auch nicht mehr. Das Wasser sieht wirklich gruselig aus. Hier können mich keine zehn Seehunde reinziehen. Einer von ihnen taucht in der Ferne gerade unter und dann direkt am Schiff wieder auf, um seine neue Nachbarin, die Hevandelli, zu begrüßen.

Um uns herum dunkelgrüne und hochgewachsene Tannen, auf der anderen Seite eine mindestens doppelt so hohe Felswand. Wir erspähen eine Stelle, an der wir mit dem Schlauchboot an Land können. Wir erkunden den dunklen Wald, denn obwohl die Sonne strahlt, ist der Waldboden duster. Es ist eine für uns sehr ungewohnte Umgebung, außerdem ist es hier spürbar kälter. Seit der dänischen Hochseeinsel Anholt waren wir nicht mehr in einem Wald, es riecht nach Harz, wir hören Insekten summen, einen Bachlauf plätschern, viele Vögel zwitschern. Und auch die Luft ist spürbar anders, irgendwie dicker. Nicht mal ein Hauch von einer Brise. In jede Richtung kann man durch das Dickicht nicht mehr als fünf Meter weit schauen. Und selbst beim Blick nach oben kann ich keinen Himmel, sondern nur Baumkronen sehen. Das ist schon sehr fremd.

Heute Morgen haben wir von dem Förster gehört, dass es hier Rehe, Elche und sogar Luchse geben soll. Während wir über die Äste gehen, lauschen wir bei jedem Blätterrascheln und halten nach wilden Tieren

Ausschau. Ich habe die Angewohnheit, mir in nicht vertrauten Umgebungen Fluchtwege auszumalen, sodass ich bei Gefahr sofort weiß, wo ich hinrennen würde. Anna lacht mich deswegen immer aus, daher teile ich ihr jetzt nicht mit, dass ich, wenn ein tollwütiger Luchs aus dem Gebüsch auftauchen würde, über den Bachlauf links von ihr und dann auf den kahlen Baum mit den zwei Ästen, die in optimaler Höhe wachsen, zu klettern. Auf dem Weg dahin liegt ein dicker Stock, den ich mir während des Rennens schnappen würde, um anschließend den monströsen Luchs vom Baum fernzuhalten.

Wenn ich mich bei diesen Gedanken erwische, merke ich immer, wie abstrus sie sind, aber abschalten kann und möchte ich sie nicht. Ich glaube, ich habe diese Marotte, seitdem wir in der siebten Klasse über Amoklauf gesprochen haben. Da habe ich mir die spektakulärsten Fluchtwege aus dem Klassenzimmer überlegt.

Christine und Hein haben uns gesagt, dass sie im Wald etliche Pfifferlinge und Blaubeeren gesammelt hätten. Sie waren vor einem Monat an diesem Ort gewesen. Dabei sieht es hier aus, als hätte nie ein Mensch ihn betreten. Der Trampelpfad ist zugewuchert. Nur eine aufgeschnittene Plastikflasche erinnert uns schließlich unschön daran, dass wir nicht die ersten Menschen in diesem Wald sind. Statt Pfifferlingen, die wir nirgends finden, sammeln wir also Plastikmüll. Und dann entdecken wir sie doch noch am Wegesrand, drei hellbraune Pilze. Nach einer weiteren Ewigkeit zeigen sich nochmals sechs braune Pilze, diesmal mit hochgeklappten Schirmen.

»Die sehen irgendwie anders aus als die vorherigen, oder?«, fragt Anna verwundert.

»Lass uns beide Arten mitnehmen, und wenn wir zurück auf dem Boot sind, schicken wir deinem Vater ein Foto. Der kennt sich aus.« Gesagt, getan.

»Mädels, das sieht man doch gleich«, erklärt uns Annas Vater übers Handy, nachdem er sich die Pilz-Bilder angeschaut hat. »Schmeißt die drei mit der glatten Oberfläche über Bord. Auf keinen Fall essen! Und die anderen sechs bratet ihr in der Pfanne an, nur mit ein bisschen Pfeffer und Salz.«

Wieder gesagt, getan. Es knirscht zwar ein bisschen zwischen den Zähnen, trotzdem schmecken sie sehr lecker.

ANNA, 3. SEPTEMBER 2020 – ANKERPLATZ STRÖMSTAD

Die Tage im Iddefjorden sind viel zu schnell vorbei. Inzwischen ist es September und der Herbst steht vor der Tür. Manchmal frage ich mich, wo die ganze Zeit geblieben ist, sie fliegt nur so an mir vorbei. Gleichzeitig kann ich auch nicht glauben, erst seit vier Monaten unterwegs zu sein. So viel haben wir schon erlebt. Aber so ist das wohl, wenn man eine gute und intensive Zeit hat. Unser aktueller Ankerplatz liegt ungefähr einen Kilometer vom Hafen Strömstad entfernt, inmitten der Schärenwelt.

Malins Schnapsidee, mit dem Schlauchboot nach Strömstad zu fahren, um unseren kleinen Außenbordmotor mal ordentlich laufen zu lassen und uns Snacks für den Abend zu kaufen, stimme ich zu. Ohne darüber nachgedacht zu haben, ob wir genügend Benzin getankt haben, sitzen wir auch schon im Schlauchboot und brettern los. Ein großer Spaß! Strömstad ist schneller erreicht, als erwartet. Nach dem Einkauf im Supermarkt versucht Malin, den Motor zu starten. Nach allerdings nicht mal fünf Metern verstummt er einfach.

»Fuck, der Sprit ist uns ausgegangen«, ärgert sie sich. »Und jetzt?«

»Paddeln«, sage ich besonders motiviert, um die Laune etwas zu heben. Was für ein Mist, denke ich nur still. Denn das könnte jetzt eine Zwei-Stunden-Fahrt werden. Außerdem dämmert es schon. Manchmal verfluche ich unsere Planlosigkeit.

Unser kleines rotes Gummiboot – für allerlei Landgänge

Da wir keine Wahl haben, treten wir den Rückweg im Paddel-Modus an. Unterwegs sehen wir noch ein bekanntes Segelboot von den Koster-Inseln. Die Norweger. Leider grüßen sie uns nur, und wir trauen uns auch nicht zu fragen, ob sie uns vielleicht abschleppen könnten.

Nach noch nicht einmal der Hälfte der Strecke habe ich bereits Blasen an den Händen. Na toll. Plötzlich ist Malin wie ausgewechselt, ein neugieriger Seehund steuert auf unser Schlauchboot zu. Ich höre auf zu rudern, wir halten die Luft an und bewegen uns nicht. Fast zum Anfassen nah steckt der Seehund seinen kleinen Kopf aus dem schwarzen Wasser. So schnell, wie er aufgetaucht ist, taucht er auch wieder ab. Anscheinend sind wir ihm zu langweilig oder unser rotes Gummiboot ist ihm nicht geheuer.

Trotz dieser Begegnung wird die Fahrt nicht weniger anstrengend. Die Blasen an meinen Händen schmerzen. Plätze tauschen wollen wir allerdings auch nicht, denn das Boot ist voll beladen. Wenn wir jetzt herumturnen, könnte das böse beziehungsweise klitschnass enden. Zu guter Letzt fängt es auch noch an zu regnen. Kurz vor unserer Ankerbucht verengt sich das Fahrwasser und somit strömt das Wasser nur so hindurch. Leider von vorne. Ich paddele wie wild, habe allerdings das Gefühl, wir kommen nicht voran. »Sammle deine Kräfte, Anna. Du packst das«, spreche ich mir Mut zu. Nach über einer Stunde vollem Körpereinsatz oder ordentlich Armschmalz, wie Opa Heiko sagen würde, sind wir zurück auf unserer Hevandelli. Inzwischen ist es stockdunkel, wir haben nicht mal ein Handy mitgenommen, hätten also im Notfall nicht mit der Taschenlampen-App auf uns aufmerksam machen können. Ganz schön fahrlässig, dieser spontane Stadtausflug nach Strömstad. Und lehrreich. So schnell werden wir das nicht noch einmal machen.

Abends, ich liege in der Koje, schwirrt mir ein ganz anderer Gedanke im Kopf herum.

Was machen wir im Winter?

Na ja, darüber haben wir schon öfter diskutiert, und eigentlich haben wir das auch längst beschlossen. Wir wollen auf dem Schiff bleiben. Und unseren ursprünglichen Plan, ins Mittelmeer zu segeln, um die kalte Jahreszeit in etwas wärmeren Gefilden zu verbringen, haben wir inzwischen verworfen. Zu viele Punkte haben gegen die langen Schläge

Richtung Süd und für das Bleiben im Norden gesprochen. Die Ostsee ist so einzigartig in ihrer Natur, die nordischen Länder haben unfassbar viel zu bieten. Das hat uns die Westküste Schwedens gezeigt. Hier sind wir eindeutig noch nicht fertig mit dem Entdecken. Würden wir uns jetzt auf den Weg Richtung Süden begeben, würden wir vermutlich nicht mehr so schnell hierher zurückkommen. Zudem sind wir Segelanfängerinnen, und die Atlantikküste, die wir in Angriff hätten nehmen müssen, ist kein Anfängergebiet, die Ostsee dafür umso mehr (was wir natürlich schon im Vorfeld wussten, aber so was vergisst man gern). Auch wenn die Winter im Ostseeraum länger und wesentlich kälter sind. Doch die Frage bleibt: Wo genau sollen wir überwintern? Weitersegeln oder einen festen Platz suchen? Ein wenig Gewissheit wäre zur Abwechslung mal ganz schön.

MALIN, 7. SEPTEMBER 2020 – HAVSTENSSUND NACH FJÄLLBACKA

Ich reiche Anna ihre Tasse, die ich nun zum dritten Mal mit Tee, besser gesagt mit heißem Wasser aufgefüllt habe, aus dem Niedergang. Den Teebeutel habe ich nicht gewechselt, das findet Anna anscheinend okay. Meine Mutter hätte jetzt den Kopf geschüttelt. Das hat sie immer gemacht, wenn sie gesehen hat, dass ich sogar an Teebeuteln spare. Anna und ich teilen uns oft einen. So wie wir uns auch alles andere teilen und teilen müssen. Aus Platzgründen, aus finanziellen Gründen und bestimmt auch aus Bequemlichkeit.

Anna schlürft das heiße Leitungswasser mit einem Hauch von grünem Tee aus der Edelstahltasse.

»Schmeckt's denn?«, sage ich, als sie nicht mehr aufhört mit dem lauten Schlürfen.

»Es erfüllt seinen Job. Ich merke, wie das heiße Wasser mich von innen wärmt«, erwidert Anna.

Sie trägt heute das erste Mal Handschuhe. Es ist sieben Uhr morgens, die Sonne kommt langsam hinter den hohen Felsen hervor, wärmen tut sie noch nicht. Tautropfen schmücken das Deck und laufen an den Fenstern von innen und außen herunter.

»Irgendwie wird es langsam Herbst, oder?«, frage ich sie und auch mich. »Ich hoffe, es wird ein sonniger und warmer Herbst, der es auch noch im Oktober gut mit uns meint«, ergänze ich meine rhetorisch gestellte Frage.

»Klar, der Herbst wird richtig schön. Erinnere dich an letztes Jahr, als wir mit Fiete in Frankreich waren und unter gelb-goldenen Eichen fuhren. Das war doch traumhaft.«

Ich erinnere mich genau. Es sah aus wie eine Allee. Und drei Wochen später konnte man vor lauter Blättern kein Wasser mehr ausmachen. Ich wünsche mir wirklich, dass es ein schöner Herbst wird.

Die größten Sorgen mache ich mir jedoch um Anna.

Ich hoffe, dass sie die Entscheidung, die wir im Iddefjorden, während des Lagerfeuers auf den Felsen getroffen haben, nicht bereut. Die Entscheidung, den Winter auf dem Schiff im Norden zu verbringen, um im nächsten Jahr die komplette östliche Ostsee zu besegeln. Denn eigentlich hatte sie schon im Januar 2019, als wir Fiete kauften, gesagt, das sei ihr letzter Winter im Kalten und Dunklen: »Nächstes Jahr bin ich mit Fiete und dir im Mittelmeer. Das wird großartig. Dafür bin ich gemacht!« Und dann saßen wir im Winter 2019/2020 wieder im kalten Deutschland, Fiete zurückgelassen in Südfrankreich, und Anna erklärte: »Malin, nächstes Jahr bin ich mit Hevandelli und dir im Mittelmeer. Und dann muss ich mir den kalten Winter nie wieder geben!«

Ich schaue vom spiegelglatten Wasser zu Anna, die mittlerweile von ein paar Sonnenstrahlen gewärmt wird. Vom Tee allerdings nicht mehr, ihre Tasse ist nämlich schon wieder leer.

Langsam können wir die steilen Felswände des Vettebergs in der Ferne erspähen, die senkrecht hinter dem kleinen 850-Einwohner-Örtchen herausragen. Dieser Berg macht Fjällbacka trotz der überschaubaren Größe zu einer bekannten Touristenattraktion.

Als ich Anna die weiße Vorderleine zurückgebe, nachdem ich sie durch den Ring am Anleger gefädelt habe, erspähe ich einen Mann am Ende des Anlegers, auf dem auch ich stehe. Er trägt eine schwarze Baskenmütze, einen ebenso schwarze Jeansjacke und einen Dreitagebart.

Ich schätze ihn auf Anfang vierzig. Um seinen Hals hängt eine Kamera, ich erkenne sofort, dass es sich um einen analogen Fotoapparat handelt. Als er an mir vorbeilaufen möchte, spreche ich an.

»Hej, how are you?«, frage ich ihn, während ich die Spring des Schiffs durch einen zweiten Ring ziehe, um so zu verhindern, dass Hevi weiter nach vorne treibt. Der Mann sieht aus wie ein Tourist in seinen khakifarbenen Cargo-Shorts und Wanderstiefeln. Cool irgendwie.

Nachdem er mir in einem guten Englisch antwortet, zeige ich auf seine Kamera und will wissen, was er damit so macht. Dumme Frage, denke ich, Fotos halt. Meine Bemerkung stört ihn nicht, es sprudelt nur so aus ihm heraus. »Ich mache eine Motorradtour durch Schweden, die ich mit meiner Kamera einfangen will. Ich bin vor fünf Tagen in Belgien gestartet und auch durch Deutschland gefahren. Ich seid ja aus Deutschland, wie ich an eurer Fahne erkenne. Heute Abend will ich in Stockholm sein. Auf meinem Motorrad brauche ich dazu nur vier Stunden.«

Verrückt. Würden wir in diesem Moment aufbrechen, bräuchten wir je nach Wetter eine Woche. Dazu müssten wir aber Tag und Nacht durchsegeln.

»Und was macht ihr hier? Seid ihr nur zu zweit?«

Ich will gerade antworten, da fragt Anna, ob wir nicht an Bord kommen wollen.

Jetzt sitzen wir, jeder mit einem Glas Leitungswasser in der Hand, in der Sonne im Cockpit und erzählen uns gegenseitig Abenteuer. Er berichtet von seinem, wir von unseren. Cedrick ist Belgier und interessiert sich erst seit kurzer Zeit für analoge Fotografie. Weil ich mir schon länger vorgenommen habe, mich damit zu beschäftigen, wird unsere Unterhaltung schließlich zu einem Fachgespräch, auch Anna hört gespannt zu. Cedrick redet begeistert von seiner neuen Leidenschaft, zeigt mir gefühlt alle Funktionen seiner Kamera und lässt mich sogar ein Foto damit machen. Nachschauen, ob es was geworden ist, kann man nicht, denn das ist ja der Reiz bei der analogen Fotografie. Man konzentriert sich so, als hätte man nur einen Versuch, statt vierzig Fotos vom selben Motiv aufzunehmen wie bei digitalen Kameras.

»Motorradfahren und Fotografie lassen sich optimal verbinden«, bemerkt Cedrick. »Oft steige ich von meinem Gefährt ab, mache ein Foto und fahre dann weiter. Ich freue mich sogar schon auf das Ende meines Urlaubs. Dann kann ich alle Fotos entwickeln. Eigentlich wollte ich nach Norwegen, aber die Norweger lassen Ausländer wegen Corona gerade nicht in ihr Land.«

Anna sagt: »Das war auch unser Plan gewesen, aber wir können froh sein, hier noch frei reisen zu dürfen.«

Cedrick stimmt zu und bittet um ein zweites Glas Wasser. Immer wieder schaut er, während er spricht, in die Kajüte. Er ist neugierig, und das freut mich. Während ich die Treppe runterklettere, um noch eine Flasche Wasser zu holen, frage ich ihn, ob er sich unser Boot ansehen möchte.

»Really? I don't want to bother you, girls.«

»Darüber brauchst du dir keine Sorgen zu machen, du belästigst uns nicht«, sage ich.

Im Gegenteil. Wir sind immer stolz, unser Schiff zu zeigen, bootsfremden Leuten zu präsentieren, wie man auf achtzehn Quadratmetern zu zweit lebt.

»Hier schlafen wir«, erklärt Anna, die nun auch in der Kajüte steht und auf unsere Koje zeigt.

Ich setze mich, damit es nicht so eng ist, und Cedrick erhält von Anna eine mindestens genauso ausführliche Erklärung übers Schiff wie wir über seine Kamera.

Ich beobachte die beiden und bedaure, dass Cedrick heute noch nach Stockholm muss. Zu gerne hätte ich ihn zum Abendessen eingeladen.

Nach der persönlichen »Roomtour« sagt unser Gast, er müsse nun los zu seinem Motorrad, das stehe nämlich im Halteverbot. Zurück auf dem Anlegesteg, macht er noch ein Foto von uns.

»Was für ein entspannter Typ! Zu schade, dass er heute noch weiterfährt. Den hätte ich gerne für heute Abend eingeladen«, sagt Anna lächelnd, während sie Cedrick hinterherschaut, wie er mit seiner Kamera den Steg entlangschlendert.

ANNA, 9. SEPTEMBER 2020 – FJÄLLBACKA

Schon seit Tagen stürmt es ordentlich. Wir befinden uns zwar in unmittelbarer Nähe vom Festland, im Schutz des Schärengartens, aber den starken Westwind können die einzelnen Felsen nicht aufhalten. Leider. So langsam habe ich mich an das starke Rucken im Schiff gewöhnt. Doch die Lautstärke des Windes geht mir gewaltig auf die Nerven. Deshalb schlafe ich nachts mit Ohropax, die ich nun aus meinen Ohren nehme. Malin ist schon aufgestanden, das habe ich gar nicht mitbekommen. Der Lärm, den ich nun höre, ist gewaltig. Klappernde Wanden, um sich schlagende Leinen, der Mast scheint zu pfeifen. Insgeheim hatte ich die Hoffnung gehabt, der Wind würde über Nacht nachlassen. Umsonst gehofft, es ist so stürmisch, wie der Wetterbericht es angesagt hat. Ich quäle mich nach mehrfachem Strecken aus der Koje. Es nützt ja nix.

Malin sitzt vor ihrem Laptop. Na klar, schon am frühen Morgen schneidet sie ein neues Video. Hätte ich mir ja denken können. Kaffee ist auch schon gekocht. Was ein erfreuliches Bild.

»Guten Morgen«, sagt sie und lächelt mich an. »Besser geschlafen?«

»Nee«, antworte ich »nachts halten mich die Bedenken wach, ob unsere Leinen halten. Bei jedem neuen Ruck denke ich, wir werden vom Steg weggerissen.« Ich weiß, dass das Unsinn ist, denn wir hatten Hevi gestern mit doppelten Leinen festgemacht.

»Bei dem Wind können wir auf jeden Fall nicht rausfahren.«

Ich nicke düster. Enttäuschung macht sich in der Kajüte breit, immerhin ist es schon die dritte Nacht am Steg.

»Na komm, dann gucken wir uns die Klippe an und steigen auf den Vetteberg«, sagt Malin aufmunternd.

Ich bin damit einverstanden, so ein Ausflug kann den Tag nur besser machen. Und dann komm ich auch raus aus dieser nervigen Geräuschkulisse.

In der Kungsklyfta, einer Kluft, wurden Teile des Films Ronja Räubertochter gedreht.

Die Felswände strecken sich zu beiden Seiten bestimmt fünfundzwanzig Meter in die Höhe. Ich berühre den nassen Stein mit meinen Händen. Er ist kalt und glatt. Einzigartig. Über unseren Köpfen sind an manchen Stellen riesige Brocken in der Schlucht eingeklemmt, die so wirken, als würden sie jeden Moment herunterrutschen und auf dem Boden zerschmettern. Ziemlich gefährlich, denke ich. Dass dieser Ort überhaupt für Touristen zugänglich ist, kann ich kaum nachvollziehen. Ich verwerfe diesen Gedanken schnell wieder, schließlich klemmen die Felsbrocken wahrscheinlich schon seit mehreren hundert Jahren in der Kluft.

Über eine Leiter gelangt man auf den Vetteberg, wir staunen nicht schlecht über den Ausblick. Die kleinen Häuschen von Fjällbacka sehen aus wie die, die zur Modelleisenbahn meines großen Bruders gehören und mit der wir als Kinder viel gespielt haben. Auch der Hafen ist zu sehen, und wir suchen natürlich zuerst nach unserem schwimmenden Zuhause. Von hier oben scheint Hevi friedlich am Fuße des Berges zu liegen. Weil der Wind uns auch hier ordentlich um die Ohren pfeift, erinnert mich das an das ungemütliche Rucken im Schiff.

MALIN, 13. SEPTEMBER 2020 - FJÄLLBACKA

Bedrückte Stimmung an Bord. Die letzten drei Tage hat es ununterbrochen geregnet, und nicht nur der graue Himmel macht den Anschein, als würde er uns gleich auf den Kopf fallen, sondern auch die Decke der Hevandelli.

Anna liegt, mit dem Rücken an der Außenwand, quer in der Koje. Der Regen prasselt noch immer an die Scheiben, das Boot ruckt leicht an den Leinen und es wird jeden Tag spürbar ein paar Minuten eher dunkel. Eigentlich könnte es gemütlich sein, aber nach drei Tagen reicht uns diese herbstliche Stimmung. Wir wollen weitersegeln, aber der Wind kommt stetig von vorne. Viele Segler würde einfach weiterfahren, mit dem Motor gegen den Wind, nur müssen wir nicht schnell weiter, unser Urlaub endet nicht in drei Tagen. Und doch kribbelt es in meinen Fingern, in meinen Füßen. Ich würde jetzt lieber im Cockpit stehen, mir den Wind um die Ohren und Haare pusten lassen. Anna geht es genauso. Sie wirkt gelangweilt, schlecht drauf, ist ungewöhnlich ruhig. Ich bin mir sicher, dass wir uns später noch wegen irgendeiner Kleinigkeit anzicken werden. »Anna, du kannst auch mal die Trinkflaschen mit Wasser füllen.« Oder: »Malin, du hast das Küchenmesser schon wieder in die falsche Schublade gelegt.«

Bei dem Gedanken zucke ich innerlich zusammen. Ich bin ein extrem harmoniebedürftiger Mensch, gebe fast immer nach, und wenn zwei andere sich streiten, leide ich als Dritte am meisten. Anna hingegen ist ein Dickkopf. Sie kann sich über mehrere Stunden hinweg streiten und sieht ihre Fehler erst im Nachhinein ein.

Wenn es also vorprogrammiert ist, dass wir uns in den nächsten Stunden auf den Senkel gehen werden, sollten wir doch jetzt etwas ändern. Ich klappe hoch motiviert meinen Laptop zu, ste-

Der Ausblick vom Vetteberg war trotz des Sturmes beeindruckend.

he auf, stelle mich geduckt in den kleinen Türrahmen und beuge mich in ihre Koje. Ich habe die Hoffnung, wenn ich ihr jetzt eine tolle Abendplanung vorschlage, würde sich ihre Laune von Grund auf verbessern.

»Anna, nimm mal deine Kopfhörer raus«, sage ich und zeige auf meine Ohren.

»Was gibt's?«

»Hast du Lust, mit mir einkaufen zu gehen? Wir könnten uns das kaufen, worauf wir gerade Lust haben und dabei nicht auf den Preis achten. Und dann gucken wir Inga-Lindström-Filme.«

Sie antwortet nicht, versucht, sich ein Lächeln zu verkneifen.

»Na, dann komm. Es regnet zwar, aber nach dem Gang zum Supermarkt lernen wir die Decke über unserem Kopf wieder richtig zu schätzen.«

Wir kaufen uns viel zu teures Eis, viel zu teure Schokolade und haben einen viel zu schönen Abend mit den viel zu schnulzigen Liebesfilmen.

Durch die kitschigen Filme, die in der wunderschönen Natur Schwedens spielen, bekommen wir richtig Lust aufs Segeln und beschließen, morgen weiterzufahren. Egal wie der Wind weht. Denn auch wenn wir Zeit haben, sitzen uns der Herbst und der Winter im Nacken. Und in den letzten Tagen haben wir zu spüren bekommen, dass die kalte Jahreszeit im Anmarsch ist.

»Danke, dass du den Abend gerettet hast, Malin.«

»Danke, dass du dich nicht hast hängen lassen, Anna.«

ANNA, 14. SEPTEMBER 2020 – ANKERPLATZ HINTER MARSTRAND

Hilfe, ist das aufregend. Wir kreuzen im Hakefjord. Das bedeutet, wir segeln fast gegen den Wind im Zickzack, um überhaupt voranzukommen. Gleichzeitig heißt das, dass wir den Ufern jeweils sehr nahekommen, bevor wir das Schiff wieder auf die andere Seite lenken. In der Seglerfachsprache nennt man das »eine Wende fahren«.

Der Wind bläst mal stark und mal schwach. Noch eine Herausforderung. Denn kaum hat man mal nicht aufgepasst, legt sich die Hevandelli wieder ordentlich zur Seite, weil plötzlich mehr Wind in das Segel pustet, und schon rasen wir noch schneller auf die Felsen zu. Nervenaufreibend. Irgendwie bringt dieses aktive Segeln auch Spaß. Malin jedenfalls kommt aus dem Strahlen gar nicht mehr heraus. War klar, dass ihr diese Action einfach nur gut gefällt, mir hingegen ist es etwas zu viel. Die steilen Felswände direkt am Wasser – hm. Ich sollte nicht so angespannt sein und den heutigen Segeltag genießen, doch das fällt mir schwer. Am liebsten habe ich alles unter Kontrolle, der unstetige Wind lässt das jedoch nicht zu, die Anspannung hält mich fest im Griff.

Der Hakefjord trennt Tjörn und Orust, die größten Inseln vor der schwedischen Westküste, vom Festland. Das – meiner Meinung nach – Schöne daran ist, dass hier keine richtigen Wellen entstehen können und Hevandellis Rumpf nur so durchs Wasser schießt, anstatt durch die Wellen zu schaukeln. Ein herrliches Geräusch, aber mir bleibt keine Zeit, es zu genießen.

»Bist du bereit? Wir gehen rum«, ruft Malin, wir sind nur ein paar Meter von der Felswand entfernt. Sie legt die Pinne langsam zur Seite und das Schiff fährt eine Kurve, ich sorge dafür, dass das Vorsegel auf die andere Seite kommt. Dafür muss ich eine Leine losschmeißen und eine andere holen, also anziehen.

Von hinten überholt uns über Motor ein altes Holzschiff. Ein Pärchen ist an Bord, mit dem wir am Abend zuvor bei Rotwein und Studentenfutter ein wenig geschnackt haben. »Pah, unter Motor«, sagen wir und lachen. »Und das will sich Segler nennen.« Opa Heiko hat uns beigebracht, bei jeder Gelegenheit zu segeln. Egal wie mühselig es ist. »Früher hatten wir auch keinen Motor«, höre ich ihn sagen. »Das ist alte Schule.« Als das Holzboot an uns vorbeigefahren ist, packt der Kapitän sein Vorsegel aus. Das hat wohl an seinem Ego gekratzt. Kleine Faustregel: Segler sehen sich auf dem Wasser oft als Konkurrenz und wollen gewinnen. Der, der schneller segelt, ist der bessere Segler. Und so entstehen auf den Meeren dieser Welt schnell mal kleine Wettkämpfe.

Wir haben schlussendlich unseren Ankerplatz erreicht und sind stolz wie Bolle, die gesamte Strecke unter Segeln zurückgelegt zu haben. Genugtuung pur. Belohnt werden wir mit einem traumhaften Sonnenuntergang und einem einsamen und geschützten Ankerlatz zwischen vier großen Felsen.

Mit Toni und Paul in deren Kajüte.

Klingeling. Mein Handy. »Hey, hier ist Anna«, melde ich mich. Toni und Paul sind am anderen Ende der Leitung, jedenfalls ihre Stimmen. »Wie toll, wieder von euch zu hören.« Die beiden Männer hatten wir ja in Dänemark getroffen, noch am Anfang unserer Reise, hatten an zwei Abenden zusammengesessen und seitdem Kontakt gehalten. Meist schicken wir Sprachnachrichten hin und her. Malin spricht bereits vom »Toni-und-Paul-Podcast«. Wir verstehen uns eben gut, und es ist schön, dass wir uns nicht verloren haben. Die zwei berichten von ihren Plänen, zurück nach Deutschland zu gehen, sich in Kiel eine Wohnung zu suchen und ihr Schiff zu verkaufen.

»Ich sehne mich nach vier festen Wänden und danach, wieder mehr Zeit mit unseren Freunden und unseren Familien zu verbringen«, antwortet Toni, als ich nach dem Grund für diese Entscheidung frage.

»Außerdem ist unser Reisebudget so gut wie aufgebraucht«, fügt Paul noch hinzu.

»Wow, davon fühle ich mich noch meilenweit entfernt«, erklärt Malin, die mitgehört hat, weil ich das Handy auf laut gestellt habe.

Auch ich kann mir nichts Schlimmeres vorstellen, als diese Reise zu unterbrechen oder auf ihr Ende zuzusteuern. Für mich fühlt es sich an, als wären wir eben erst so richtig gestartet. Unsere derzeitige Lernkurve ist derart steil, auf keinen Fall darf da jetzt Stagnation eintreten. Täglich erfahren wir unzählige Dinge, übers Schiff, übers Segeln, über Wind und Wetter. Es läuft gerade so gut und fühlt sich wie der Beginn von etwas ganz Großem an. Was das Reisebudget betrifft, können wir bestimmt noch ein ganzes Jahr mit unserem Geld auskommen. Außerdem geben wir uns größte Mühe, nicht zu viel auszugeben. Nein, nein, nein, wir wollen noch ewig auf diesem Schiff wohnen, versichere ich Malin abends noch einmal in unserer gemütlichen Koje. Nichts möchte ich momentan gegen dieses Leben tauschen wollen.

Vielen Reisenden geht es wohl ähnlich: Hat man sich einmal getraut, den möglicherweise vorgegebenen Lebenslauf zu durchbrechen, fällt es immer schwerer, je länger man den einstigen Alltag hinter sich gelassen hat, in diesen zurückzufinden. Häufig werden wir gefragt: »Wie lange wollt ihr eigentlich unterwegs sein, wann kehrt ihr wieder zurück ins normale Leben?« Oder: »Was möchtet ihr danach machen?« Das sind Fragen, die ich mir selbst noch nicht gestellt habe und mir auch gar nicht stellen möchte. Wieso sollen wir so weit im Voraus planen? Für eine vermeintliche Sicherheit? Es lässt sich im Leben sowieso wenig planen, und meistens kommt es nie, wie man es sich vorgestellt hatte.

Ich will im Moment leben und nicht an gestern oder morgen denken. Und so antworte ich meistens: »Wir reisen so lange mit unserem Segelboot durch die Weltgeschichte, wie wir möchten. Wir setzen uns keine Limits.« Doch insgeheim ärgert mich diese Fragerei und ich würde oft gerne schlagfertiger antworten. Und überhaupt: Wieso kann das Reisen nicht als »normales« Leben angesehen werden? Als wäre diese Zeit nur eine Pause oder eine Lücke im Lebenslauf. Es ist keine Lücke. Es ist die Zeit meines Lebens. Es ist eine Form von Bildung, die uns niemand beibringen kann, sondern eine, die wir selbst erleben müssen. Reisen ist eine Reise zu dir selbst.

ANNA, 15. SEPTEMBER 2020 – STYRSÖ

Heute klingelt unser Wecker bei Sonnenaufgang: 6:00 Uhr. Im Gegensatz zu Malin quäle ich mich aus der Koje. Wer möchte diesen schönen Ort auch freiwillig verlassen? Aber was solls, am Abend bin ich ja mit vielen neuen Geschichten wieder da, und so verabschiede ich mich von meinem Kopfkissen. Wir wollen heute den Weg bis zu den Göteborger Schären schaffen, um morgen bei perfektem Wind knapp vierzig nautische Meilen Richtung Süden zu segeln.

Ich klettere aus der Kajüte ins Cockpit. Alles weiß. Wow. Eine dicke Nebelwand kommt mir entgegen. Und trotz anderer Vorhersagen kein bisschen Wind. Shit. Wir starten den Motor und bahnen uns eine Route zwischen den Schären hindurch. Mit Musik auf den Ohren steuere ich die erste Stunde unserer heutigen Strecke. Malin, die vorne an Deck sitzt, macht sich über meine Playlist, welche meine einzige ist, ständig lustig. Höre ich einen neuen Song, der mir richtig gut gefällt, füge ich ihn einfach hinzu. Allerdings ergibt sich daraus ein bunter Mix aus verschiedensten Genres. Es sind immerhin alles Lieblingssongs. Für Malin ist das unbegreiflich, denn bei ihr muss jedes einzelne Lied und jeder einzelne Interpret

Ein einsamer Steg inmitten der nebligen Schären.

einer Stimmung und einem Anlass zugeordnet sein. So findet man in ihrem Handy Playlisten wie »Party«, »Gute Laune« und viele mehr.

Als ich nach links schaue, traue ich meinen Augen kaum. Das ist doch wohl ein Scherz, so unwirklich erscheint mir die Szenerie. Aus dem Wasser ragt ein sehr kleiner Fels. Und auf diesem Ministein stapeln sich bestimmt zwanzig Seehunde. Vielleicht sogar fünfundzwanzig. Alle heben ihren Kopf und beobachten mich gespannt. Auch wenn es wohl real ist, reibe ich mir die Augen, schließlich wurde ich heute ja eindeutig zu früh aus dem Bett geklingelt. Als ich die Augen wieder aufschlage, sind die Seehunde immer noch da, eng aneinander gequetscht. Malin ist ebenso begeistert und hat schon ihre Kamera gezückt.

»Der eine hat gerade gebellt«, sagt sie.

»Hä?«

Wir beginnen eine hitzige Diskussion darüber, wieso Seehunde eigentlich SeeHUNDE heißen. Noch immer bin ich mir nicht sicher, ob ich Anna Glauben schenken soll, dass da wirklich eins von den Tieren gebellt haben soll.

Der Nebel hüllt inzwischen jeden Felsen ein, und wegen der mangelnden Sicht entscheiden wir uns, den Hafen der Insel Styrsö anzulaufen. Dank dem Plotter können wir auch ohne gute Sicht navigieren und vertäuen Hevi sicher am Anleger des Inselhafens.

Den Rest des Tages will ich damit verbringen, an Bord aufzuräumen und sauberzumachen, denn das haben wir in den vergangenen Tagen ziemlich vernachlässigt. So kann ich auch die Geschehnisse der letzten Etappe verarbeiten, denn dafür nehme ich mir leider viel zu selten Zeit.

PS: Seehunde heißen übrigens Seehunde, weil ihre Schädelform der eines Hundes ähnelt.

MALIN, 17. SEPTEMBER 2020 – HALMSTAD

»Was für ein Traum! Es lohnt sich, so früh am Morgen aufzustehen. Malin, sieh doch nur, die ganzen Farben«, ruft Anna vom Vordeck. Die aufgehende Sonne strahlt ihr immer mehr ins Gesicht. Der Himmel färbt sich am Horizont fast sekündlich von Dunkelblau über Lila, Rosa und Rot zu einem satten Orange. Nichts als Meer und Himmel sind zu sehen.

Ich stehe gähnend und eingemummelt in meine dicke rot-schwarze Jacke am Steuer und fahre aus dem riesigen Hafenbecken von Varberg hinaus aufs offene Kattegat. Der Törn von gestern sitzt mir noch ein wenig in den Knochen. Wir waren über elf Stunden auf dem Wasser gewesen und hatten im Vergleich zu den letzten Wochen sehr raue Bedingungen. Und hätten wir den »Zeitstress« nicht gehabt, hätten wir uns wahrscheinlich nicht rausgetraut, aber eine gute Freundin von uns hatte sich spontan in Halmstad angekündigt, hundert Seemeilen entfernt. Morgen Nachmittag möchte sie vorbeikommen, und bis dahin wollen wir unbedingt dort sein, denn auch wir vermissen es wie Toni und Paul, mit Freunden Zeit zu verbringen. Und so entschieden wir, bei den angesagten fünf bis sieben Beaufort auf dem Kattegat zu segeln und Richtung Süden zu heizen. Am Morgen war es noch windstill gewesen, die kleine Welle von hinten kaum spürbar, allerdings nahmen Wind und Wellen im Laufe des Törns deutlich zu. Dadurch erreichten wir nicht nur unsere bisherige Top-Geschwindigkeit von 9,42 Knoten, sondern es wurde auch zu einer Herausforderung, bei diesen angsteinflößenden Wellen das Schiff auf Kurs zu halten. Denn wenn man vor dem Wind segelt, wie wir es taten, dann kommt meistens auch die Welle von hinten. Sind diese Wellen dann auch noch hoch, haben sie so viel Kraft, das Heck seitlich wegzudrücken, auch wenn man das Ruder entgegengesetzt legt. Und seitlich zur Welle zu liegen soll ab einer gewissen Höhe auch gefährlich sein, soweit zumindest unser theoretisches Wissen.

»Und wer sagt uns, ab wann die Welle zu hoch ist?«, fragte ich Anna, während wir mitten auf dem Kattegat segelten.

»Es darf einfach nicht so weit kommen. Wir können nur hoffen, dass die Bedingungen nicht noch heftiger werden«, rief sie.

Mmh, dachte ich, ob das der richtige Weg ist? Wir steuerten noch weitere sieben Stunden den Kurs und verkleinerten nicht einmal die Segel, obwohl wir das hätten tun müssen, denn wir waren viel zu schnell. Aber die Segel zu reffen hätte eine Kursänderung bedeutet, und wir waren entschieden dagegen. Diesen Fehler wollten wir nicht machen.

Wir haben erneut starken Wind von hinten und Anna versucht das Vorsegel auszubaumen. Mit einer langen Aluminiumstange, befestigt an der Vorderseite des Masts, stellt sie dazu das Vorsegel weit aus, um mehr achterlichen Wind einzufangen.

»Sei vorsichtig, lass dir Zeit!«, rufe ich ihr zu, als ich sehe, dass sie leicht gestresst auf dem Vordeck hockt. Sie arbeitet im Sitzen, weil man dann keine Gefahr läuft, über Bord zu fallen. Immer wenn sie vorne auf dem Deck ist, vor allem bei solchen Bedingungen, habe ich große Angst um sie. Dort ist der gefährlichste Platz an Bord ist, wir nennen ihn »die rote Zone«. Nur wenn es wirklich nötig ist, begeben wir uns bei Unwetter in die rote Zone, und heute muss es sein. Geschafft. Anna krabbelt auf allen Vieren zurück ins Cockpit, und ich strecke ihr die Hand entgegen, an der sie sich festhält.

»Und jetzt ab zu Jana!«, sagt Anna mit einem breiten Grinsen im Gesicht, während sie sich ihre Handschuhe anzieht.

Kurz vor Einbruch der Dunkelheit laufen wir in den Stadthafen von Halmstad ein. Ich strecke Anna die Handfläche entgegen. Es ist mal wieder Zeit für ein High Five, denn die letzten beiden Törns haben uns sehr gefordert. Körperlich und psychisch.

ANNA, 17. SEPTEMBER 2020 – HALMSTAD

Halmstad. Endlich. Meine Vorfreude auf diesen Ort ist in den letzten beiden Tagen stetig gestiegen. Nicht, weil diese Stadt so besonders schön sein soll, sondern weil wir das erste Mal einen Übernachtungsgast an Bord haben werden. Besuche von Freunden sind bisher komplett ausgeblieben, nicht zuletzt wegen der Pandemie.

Passend zum Sonnenuntergang erreichen wir die Hafeneinfahrt. Das war knapp. Ohne große Streckenplanung sind wir heute gegen Mittag in Varberg ausgelaufen. Hätten wir nur eine Stunde mehr dort verplempert, wären wir im Dunkeln angekommen. Glück gehabt!

Halmstad liegt an einem Fluss, ein wenig erinnert mich der Getreideumschlagplatz an Oldenburg. Oldenburg liegt an der Hunte, und auch dort besitzt der Hafen eine längliche Form, die ins Stadtzentrum hineinragt.

Vorne am Bug klopft es. Malin steckt freudig den Kopf aus der Luke. »Ah, sie sind da, unsere ungeplanten Besucher!« Jule und Lukas stehen am Anleger, zwei Oldenburger von Mitte zwanzig. Jule ist athletisch gebaut und trägt ihre blonden Haare lang und offen, im Gegensatz zu Lukas, der sie komplett abrasiert hat. Dafür verschwindet sein halbes Gesicht hinter einem Vollbart. Die zwei hatten uns spontan geschrieben, dass sie in Halmstad mit der Fähre ankommen würden. Es ist so ungewohnt, in bekannte Gesichter zu blicken. Gesichter, die man aus der Heimat kennt. Die Tatsache, dass wir nun schon seit mehreren Monaten unterwegs sind, während die beiden gestern noch in Oldenburg waren, wirft mich völlig aus der Bahn. Unser früheres Zuhause und alles, was dazugehört, wird dadurch so greifbar nah, und ein kleines Stechen schleicht sich in meine Brust. Wie gern würde ich einfach mal rüberfahren und meine liebsten Menschen drücken. Stattdessen sitze ich nun hier auf unserem Schiff mit lieben Menschen und wir schwelgen in Erinnerungen aus der Schulzeit. Alle vier waren auf ein und derselben Schule. Lukas ist der beste Freund von Malins großem Bruder Tibor, durch ihn ist auch die Connection für das heutige unverhoffte Treffen entstanden. Jule und Lukas sind mit ihrem selbst ausgebauten Campingbus unterwegs und wollen die nächsten zwei Monate durch Schweden reisen. Nach ein paar Tassen Kaffee, die ich auf unserem Gasherd in der French Press zubereite und bei denen wir alle Neuigkeiten austauschen, verabschieden wir uns auch schon wieder. Trotz des durchwachsenen Wetters verabreden wir uns aber für den nächsten Abend zum Grillen. Bevor sie wieder in ihren Van steigen, wollen wir ihn aber besichtigen. Denn genau wie bei Schiffen interessiert uns auch ihr Wohnraum.

»Jule ist zu einer wahren Handwerkerin geworden«, erklärt Lukas sichtlich stolz »Sie hat zum Beispiel ganz allein die Dachluke eingebaut.«

Mit Jule und Lukas am Strand von Halmstad

Es ist viel weniger Platz im Innern des Autos als auf unserem Schiff, aber trotzdem supergemütlich und gar nicht unordentlich.

»Ihr habt den sehr begrenzten Platz richtig gut ausgenutzt«, bemerke ich, während ich voller Staunen sämtliche Fächer begutachte.

»Es ist ein krasses Gefühl, alles selbst gemacht zu haben und zu wissen, wie jedes einzelne Teil funktioniert.« Jules Begeisterung ist ansteckend, und ich freue mich sehr für die beiden, dass sie sich so ein tolles Reise-Zuhause geschaffen haben.

Welch ein Glück, dass wir sie hier zufällig und ungeplant getroffen haben. Wir sind mal wieder zur richtigen Zeit am richtigen Ort.

Den weiteren Tag verbringen wir mit Aufräumen und Einkaufen, und am Abend empfangen wir unseren geplanten Gast: Jana. Noch ein bekanntes Gesicht, wie schön. Jana und ich waren in einer Berufsschulklasse. Sie ist groß, ihre dunklen Haare sind dicht und lang und bei ihrem Besuch trägt sie eine schicke Surfer-Jacke. Jana ist nach Schweden ausgewandert, um bei dem bekannten schwedischen Möbelhaus zu arbeiten. Das letzte Mal haben wir uns bei unserem Abschied im Oldenburger Stadthafen gesehen, damals hatte sie uns lediglich davon erzählt, dass sie sich in Schweden beworben habe, sich aber noch unsicher sei, ob sie diesen Schritt wirklich gehen solle. Ich bin stolz auf sie, dass sie es gewagt hat. Ich finde es sehr mutig, einfach alle Zelte hinter sich abzubrechen und ein neues Leben in einem Land anzufangen, dessen Sprache du nicht sprichst und in dem du niemanden kennst.

Als ich abends fix und alle in der Koje liege, Malin neben mir, da weiß ich, dass auch der nächste Abend mit Jule und Lukas nur wunderbar werden kann. Konversation zu führen, bei der man nicht bei Null anfangen muss, tut eben auch mal ganz gut.

MALIN, 18. SEPTEMBER 2020 – HALMSTAD

Meine Haut ist schon ganz durchgeweicht, die Fingerkuppen schrumpelig. Seit über einer Stunde sitze ich nun draußen, den Oberkörper vorgebeugt und mit herunterhängenden Armen, vor der grünen Plastikschüssel, die mit heißem Wasser gefüllt ist. Der Berg mit der dreckigen Wäsche will und will nicht kleiner werden. Nachdem ich die schmutzigen Klamotten ordentlich geschrubbt habe, spüle ich sie in einem schwarzen Eimer mit kaltem Leitungswasser aus.

»Ich finde, es ist jetzt genug«, sage ich zu Anna, die bei der Wäsche geholfen hat.

Erleichtert schaut sie mich an, wir wissen beide, wie unspaßig es ist, mit der Hand zu waschen.

Ich schmeiße den Rest der Dreckwäsche wieder zurück in unseren Wäschesack und nehme ihn mit aufs Vorschiff. Hier stopfe ich ihn durch unsere Luke, sodass er auf die Koje fällt. So muss ich mich nicht an Anna vorbeidrängeln, die inzwischen die Bodenplatten fegt. Ich spanne mehrere Wäscheleinen quer über das Schiff und hänge die saubere nasse Wäsche auf.

»Puh, ich hoffe, das reicht jetzt für den nächsten Monat«, rufe ich Anna zu, die gerade mit ihrem Handfeger den Niedergang hochsteigt.

»Jetzt mache ich uns Frühstück. Ich habe da nämlich eine Idee«, ergänze ich.

Zurzeit lese ich die Bücher von Wilfried Erdmann, der für mich größte Segler aller Zeiten. Er ist mittlerweile ein über achtzigjähriger Mann, der den Erdball viermal umrundet hat. Als wäre das nicht schon genug, war er zweimal davon einhand unterwegs gewesen, also alleine, einmal hat er es sogar gegen den Wind gewagt. Aber auch das war ihm nicht aufregend genug, denn die beiden Einhand-Touren segelte er nonstop, er lief während der ganzen Umsegelung mithin keinen einzigen Hafen an, erst wieder bei seiner Ankunft in Deutschland. Damit ist er Deutschlands einziger Einhand-nonstop-Weltumsegler und eine große Inspiration. Schon oft bin ich abends von seinen Büchern nicht losgekommen und habe bis tief in die Nacht mitgefiebert, wenn er von den Stürmen im Südpolarmeer schrieb. Und weil er oft von Scones berichtete, die er sich zum Frühstück auf den Ozeanen zubereitet hatte, habe ich mir überlegt, dieses Gebäck auch mal zu backen. Die Zubereitung kann nicht so schwierig sein, denn Erdmann hat es ja bei Wellen von mehreren Metern Höhe geschafft. Dann sollte ich das doch hier im ruhigen Stadthafen von Halmstadt hinbekommen. Und außer Hafermilch, Weizenmehl, Backpulver und Salz benötigt man nichts, und man kann die Scones sogar in der Pfanne zubereiten.

»Wirklich lecker! Kannst du die ab jetzt jeden Morgen machen?«

Typisch Anna, sie kann mal wieder nicht genug bekommen. Ein kinderleichtes Rezept mit Lebensmitteln, die man immer an Bord haben sollte. »Das können wir wirklich häufiger machen. Eine tolle Abwechslung zu unserem langweiligen Brot«, bestätige ich.

Im Sonnenschein brate ich die letzten Teigbälle im Cockpit fertig. Wir haben unsere elektronische Herdplatte nach draußen gestellt, das hat auch den Vorteil, dass es in der Kajüte nicht nach heißem Fett riecht. Der Geruch von heißem Fett zieht nämlich sogar in die Kleiderschränke, und dann duftet die frische Wäsche ganz schnell nicht mehr nach Waschpulver, sondern nach Großraumküche.

ANNA, 22. SEPTEMBER 2020 – TOREKOV

Wieder on tour, zurück im Reisealltag, heute segeln wir nach einer schönen Zeit in Halmstad weiter. Der Himmel ist strahlend blau, die Sonne scheint, das Wasser plätschert am Rumpf. Die Segel stehen. Und ich weiß, ich bin da. Ich bin lebendig. Es kann weitergehen. Wir wollen nur wenig Strecke machen, nach den intensiven Segeltagen und der Auszeit in Halmstad kreuzen wir einzig die nächste Bucht. Die Windsteueranlage steuert. Malin dreht die Musik laut auf und wir tanzen wild und mit geschlossenen Augen an Deck. Einfach mal alles abschütteln. »Wir sind so was von High of Life«, ruft Malin. »Benebelt von der Schönheit des Lebens.«

Als ich meine Augen wieder öffne, schaue ich aufs Wasser und traue meinen Augen nicht: Schweinswale! Da, da und da. Eine ganze Familie. Ich sehe mindestens vier Rückenflossen gleichzeitig. Malin hält mich am Arm. »Das kann nicht sein, wir sind so gesegnet.« Tatsächlich beschreiben ihre Worte genau meine Gefühlswelt. Blessed. Gesegnet. Voller Dankbarkeit. Die Wale kommen immer wieder hinter Hevi zum Atmen an die Oberfläche, um dann pfeilschnell unter dem Schiff abzutauchen. Als würden sie einen Tanz aufführen, ein Spiel mit uns spielen. Sie begleiten uns eine Weile, bis sie das Interesse verlieren und weiterziehen. »Wow«, sage ich, »das war besonders.«

Die Landspitze, an der Torekov liegt, konnten wir schon in Halmstad sehen. Aber jetzt wird sie langsam größer und nimmt Form an. Torekov ist ein kleiner Hafenort, vergleichbar mit vielen anderen an der schwedischen Küste, und doch strahlt er etwas ganz Eigenes aus.

Ich schneide Malin die Haare, danach lassen wir den Tag mit unserem Grill auf den Felsen direkt am Wasser ausklingen. Ja, richtig gehört, Malin wollte ihre Haare geschnitten haben. Nicht nur die Spitzen, wie sonst immer. Da kenn ich ja nichts, wenn sie das möchte, probiere ich mich eben mit der Schere aus. Und ruckzuck hat meine Segelpartnerin eine Kurzhaarfrisur. Meine eigenen Haare schneide ich, seitdem ich sechzehn bin, lieber selbst. Denn die Friseure schnippeln entweder zu viel oder zu wenig ab.

MALIN, 23. SEPTEMBER 2020 – TOREKOV

Ich schrecke auf und streiche mir in der Koje liegend über den Kopf. Es fühlt sich ungewohnt an, nur noch kurze Haare zwischen den Fingern zu spüren. Ich stehe auf und schaue mich im Badezimmerspiegel an.

»Und, bereust du es?«, fragt Anna mit verschlafener Stimme, anscheinend weiß sie genau, was ich gerade mache.

»Kein bisschen!«

Der einzige Grund, warum ich mir nicht schon längst die Haare stutzen ließ, hat damit zu tun, dass ich mir zu viele Gedanken darüber gemacht habe, was andere davon halten könnten. Dass ich es nun endlich gewagt habe, zeigt mir, wie frei ich durch dieses Abenteuer von gesellschaftlichen Zwängen geworden bin. Nicht, dass mich die Meinung anderer gar nicht mehr interessiert oder jeder Hass-Kommentar zu meinen Videos mich kalt lässt, aber ich habe mich von möglichen Äußerungen so weit distanziert, dass ich diesen Schritt gehen konnte. Zusammen mit Anna. Das muss man sich auch erst mal trauen. Sie hat mir nur leicht ins Ohr geschnitten. Gut gemacht!

»Bescheuert, wie ich mir jahrelang darum Gedanken gemacht habe. Ein Mann würde seine Haare auch einfach abschneiden, wenn er keine Lust mehr auf längere hat«, sage ich, während ich den Kessel mit Wasser fülle.

»Stimmt. Wirklich bescheuert. Es sind schließlich nur tote Zellen, die aus dem Kopf wachsen«, bestätigt Anna. Sie hat meine Zweifel nie verstanden und mich immer darin bestärkt, es zu machen, wenn ich schmerzhaft versuchte, die Knoten aus meiner dicken Mähne zu kämmen. Nur wurde sie als kleines Mädchen auch nicht von Frauen im Alter meiner Mutter verstört angeschaut und von der Damentoilette auf die Herrentoilette geschickt. Und sie wurde auch nicht bei der Einschulung in die fünfte Klasse von dem Lehrer gebeten, sich vor die Klasse zu stellen, um die laut ihm »wichtigste Frage« zu klären, ob ich ein Junge oder ein Mädchen sei, während andere sich mit ihrem Hobby und ihrer Lieblingsfarbe vorstellen durften. Und das nur, weil ich kurze Haare und Klamotten aus der vermeintlichen Jungsabteilung trug.

Und jetzt sehe ich, nach acht Jahren mit langen Haaren und acht Jahren Pause von den bewertenden Blicken auf der Damentoilette und der Frage, ob ich ein Junge oder ein Mädchen sei, wieder so aus, wie ich die ersten siebzehn Jahre meines Lebens aussah. So, wie ich mir am besten gefalle und mich wohlfühle.

Es klopft am Schiff. Da ich gerade am Herd stehe und darauf warte, dass endlich das Wasser für den Tee kocht, klettere ich in meinem weißen Schlaf-Shirt aus der Kajüte. Es ist der Hafenmeister, der vor mir steht. Er fordert mich ungewöhnlich unfreundlich und auf Deutsch

Mit neuer Frisur grillt Malin auf dem Felsen von Torekov.

auf, das Hafengeld augenblicklich bei ihm zu bezahlen, dabei zeigt er auf eine rot-weiße Hütte auf der anderen Seite des überschaubaren und leeren Hafens.

»Klar, wir kommen sofort«, sage ich überaus nett. Mist, ich dachte, die Häfen wären mittlerweile nicht mehr besetzt, denn schon seit Marstrand haben wir in keinem Hafen mehr zahlen müssen.

Nach dem Tee in der Plicht gehen Anna und ich zu der Holzhütte. Die Tür zum »Büro« des Hafenmeisters steht offen, und der Mann begrüßt uns nun äußerst freundlich und heißt uns willkommen. Komisch, gerade war er noch ganz anders gewesen. Oder habe ich es mir nur eingebildet, weil ich ein schlechtes Gewissen hatte?

Er fragt uns nach unseren Plänen und schwärmt von seinem letzten Segelurlaub, gibt offen zu, dass er uns beneidet, und sagt, wir täten genau das Richtige. Dann kopiert er uns eine alte Seekarte des Öresunds, der Meerenge zwischen Kopenhagen und Malmö, unserem nächsten Ziel, und zeichnet uns seine Lieblings-Ankerplätze ein. Anschließend gibt er uns zu verstehen, wir bräuchten statt den drei Nächten nur eine zu bezahlen, auch wünsche er uns eine wundervolle Reise. Auf einmal wirkt er so sympathisch, nicht nur, weil er unser Reisebudget schont, sondern weil er so erfüllt wirkt. Offensichtlich erzählt er gerne, und ich frage ihn, warum er so perfekt Deutsch spricht.

»Ich bin vor einigen Jahren zusammen mit meiner Frau nach Torekov ausgewandert«, schwärmt er. »Wir haben uns während eines traumhaften Segeltörns vor der Westküste Schwedens in das Land verliebt und uns zu diesem Schritt entschlossen. Jetzt bin ich Hafenmeister von Torekov, wohne hier in der Nähe und bin wirklich glücklich. Wer weiß, vielleicht ergeht es euch einmal genauso.«

Wir lachen und bedanken uns noch mindestens dreimal für seine Großzügigkeit, Hilfsbereitschaft und Gastfreundschaft und verabschieden uns.

Abends packen wir abermals unseren Jutebeutel mit Besteck, Gemüse und Soßen und grillen auf den Felsen.

Nachts weckt mich Anna auf. Sie sei schon länger wach, sagt sie, und könne durch das Klappern der Wanten, jener Seile, die unseren Mast verspannen, nicht schlafen. Ich frage mich, wieso sie mich deswegen weckt, als sie flüstert: »Malin, meinst du, der Grill weht weg?«

»Mist, stimmt! Wir haben ihn ja am Abend da stehen lassen. Lass uns ihn holen. Wir brauchen ihn noch.«

Nach dem Grillen hatten wir den Platz zwar selbstverständlich aufgeräumt, wie es in Schweden jeder macht, aber den Aluminiumgrill haben wir dort gelassen, weil er noch zu heiß für den Transport war. So springen wir im Schlafanzug und barfuß vom Boot, um den Grill zu holen. Anna fängt plötzlich an zu rennen.

»Lass uns laufen, das ist abenteuerlicher!«, ruft sie.

Das lasse ich mir nicht zweimal sagen, ich hole sie noch ein, bevor wir den Grill erreicht haben. Das hatte ich mir auch vorgenommen, sonst hätte sie ja gewonnen.

Keuchend stehen wir auf den Steinen und schauen aufs Meer hinaus, das völlig schwarz ist. Es weht um unsere Ohren, wir hören kurz den Wellen beim Brechen an den vorgelagerten Felsen zu und hetzen mit dem Grill zurück zum Boot.

»Bei diesem Wetter will ich jetzt nicht länger draußen sein«, sagt Anna, öffnet die Schotten und krabbelt zurück ins Bett. Mit dem Gefühl, in einem sicheren Hafen zu liegen, hüpfe auch ich mit meinen schmuddeligen Füßen unter meine noch gewärmte Decke. Nie im Leben hätte ich gedacht, dass ich mich in der kleinen Koje eines kleinen Segelboots, befestigt an vier Leinen, in einem stürmischen Hafen so geborgen, so zu Hause fühlen kann.

ANNA, 26. SEPTEMBER 2020 – MÖLLE AM KULLABERG

»Giftige Spinnen?«, frage ich angewidert. Malin und ich stehen vor einer Infotafel. Hier soll es wirklich riesengroße Spinnen geben und noch viel mehr anderes kleines Krabbelzeug. Nichts für mich, da bin ich ganz ehrlich. Wenn ich früher in meinem Zimmer eine noch so kleine Spinne entdeckt habe, musste mein Vater kommen und sie entfernen. Egal zu welcher Uhrzeit. Natürlich waren die Ungetüme in meinen Kinderaugen gigantisch groß, obwohl es vermutlich ganz gewöhnliche kleine Spinnen waren, die jeder Haushalt ab und zu mal als Besucher hat. Über diese Tatsache kann er sich noch heute köstlich amüsieren und zieht mich damit auf.

Dass es hier in Schweden auf dem Kullaberg irgendwelche speziellen Spinnenarten von enormer Größe gibt, damit habe ich nicht gerechnet. Vermutlich sind sie gar nicht giftig, auch wenn sie auf dieser Infotafel sehr danach aussehen, aber wir können den dazugehörigen Text auf Schwedisch nicht lesen. Der Wanderweg an der Steilküste entlang bis zum Leuchtturm an der Spitze soll 5,5 Kilometer umfassen. Für uns unerfahrene Wanderer natürlich eine nicht zu unterschätzende Strecke. Der Rückweg muss ja auch noch eingerechnet werden.

Bestens gelaunt treten wir den Pfad an, der wirklich sehenswert ist. Links von uns geht's steil bergab, und das sich tief unten erstreckende Meer glitzert fabelhaft im Sonnenschein. Rechts von uns Felsen und Bäume. Am Leuchtturm soll es sogar richtige Felsgrotten geben.

Kurz bevor die Dämmerung anbricht, sind wir erst wieder zurück an Bord. Zum Glück haben wir nur Schafe angetroffen und keine Spinnen. Was für eine Wanderung. Ich bin sicher, heute werde ich wieder fix und alle, aber glücklich einschlafen. Doch wie aus heiterem Himmel zieht sich nach diesem sonnigen Tag plötzlich der Himmel zu und es regnet wie aus Kübeln.

Mittlerweile sind wir auch nicht mehr das einzige Schiff, der kleine Hafen hat sich mit bestimmt zwanzig weiteren Segelbooten gefüllt. Wo kommen die denn auf einmal alle her? In diesem Moment schießt es mir durch den Kopf, es ist Samstagabend. Mölle ist anscheinend ein beliebtes Wochenendziel, offenbar nicht nur bei den Schweden, denn auch die Dänen sind ordentlich vertreten. Immerhin: Im Westen ist ein schmales Band blauer Himmel zu erkennen, den die Sonne nutzt, um feuerrot zu glühen, bevor sie ganz verschwindet.

Ich rufe meine Eltern an. Viel zu lange habe ich mich nicht bei ihnen gemeldet, ich hatte die Zeit dazu einfach nicht gefunden. Gefühlt ist immer etwas zu tun, wir treffen Leute, sind auf dem Wasser oder an Land unterwegs. Ein wenig schäme ich mich deswegen.

»Hallo Anna, unsere Schwedin«, höre ich meinen Vater sagen. »Hier ist Jürgen aus Osternburg. Wie geht es dir?« Das sagt er immer. Wie habe ich das vermisst. Mama ruft aus dem Hintergrund: »Wir vorfolgen euch ja fleißig über Instagram und YouTube. Ich gucke täglich, ob es etwas Neues gibt.« Obwohl beide unsere heutige Wanderung schon auf ein paar Bildern im Internet gesehen haben, erzähle ich ihnen noch mal alles im Detail. Auch die ganzen News der letzten Wochen tauschen wir aus. Bei ihnen ist zum Glück alles beim Alten. »Uns geht's gut, nur der Corona-Kram nervt«, sagt Papa.

Es tut so gut, ihren Stimmen zu lauschen,

und ich merke, wie sehr sie mir fehlen. Ich würde in diesem Augenblick gern für einen Tag zu ihnen düsen. Sie umarmen. Denn: Ich bin ein Familienmensch. Durch und durch. Wenn es einen Grund für mich geben würde, diese Reise abzubrechen, dann wäre es meine Familie. Zurzeit komme ich mit dem leichten Heimweh gut zurecht. Und ich bin sehr dankbar, dass meine gesamte Familie sich trotz kleiner Zankereien verträgt und im Ernstfall immer zusammenhält.

Ich glaube, Eltern zu sein ist nicht leicht. Es ist ein harter Job, wenn nicht der härteste, die Kinder großzuziehen, sie aufwachsen zu sehen, Pläne für sie zu machen. Sich auszumalen, was diese kleinen Knirpse aus ihren Leben machen könnten. Wirklich alles für sie zu tun. Die eigenen Bedürfnisse hintenanstellen. Und dann, in Nullkommanichts, sind sie erwachsen. Die Eltern lassen ihre Kinder in die große weite Welt ziehen, und mit diesem Moment machen sie alles anders, als Vater und Mutter es sich gewünscht haben (insgeheim hoffe ich, dass es bei mir nicht so war). Sie können nichts daran ändern, wenn der Nachwuchs plötzlich sagt: »Ich möchte nach Kanada auswandern.« Oder: »Ich will Astronaut werden.« Oder: »Ich kaufe mir jetzt ein Segelboot und segele durch die Weltgeschichte auf unbestimmte Zeit.« Ich würde als Mutter durchdrehen. Anfangs hatte ich meinen Eltern gesagt, Malin und ich würden das nur für ein Jahr machen, um sie zu beruhigen. Inzwischen können sie das auch nicht mehr glauben.

»Bist du noch da?«, höre ich abgehackt auf der anderen Seite der Leitung die Stimme meines Vaters.

»Hallo, hallo?«

»Schlechte Verbindung« lese ich auf meinem Bildschirm. Vorbei ist das Telefonat.

Meine Eltern werden mich immer unterstützen, egal was für einen Mist ich baue und was für Flausen ich mir in den Kopf setze. Zum Glück. Familie ist mein Anker, der mich hält, auch wenn ich weit weg bin.

ANNA, 27. SEPTEMBER 2020 – HELSINGBORG

Von Mölle geht's heute nach Helsingborg, ab in den Öresund, die Meerenge zwischen Schweden und Dänemark. Kurz vor der engsten Stelle verlieren wir an Geschwindigkeit. Eben noch sind wir mit sechs Knoten nur so dahingesaust, und nun scheinen wir stillzustehen. Später am Tag erfahren wir von anderen Seglern, dass es hier, wie schon vermutet, starke Strömungen geben kann.

Der Tag ist abermals nur so an mir vorbeigeflogen. Schön gesegelt. Abends nett mit anderen Seglern geplauscht, und schon finde ich mich in der Koje wieder. Gern können die Tage doppelt so viele Stunden haben. Ich drehe mich um, knipse meine Lampe aus und ziehe mir die Decke über den Kopf. »Gute Nacht«, höre ich Malin noch flüstern.

Plötzlich schrecke ich auf. Geräusche. Ich kenne sie von irgendwoher. Jetzt ist es wieder still. Im Halbschlaf fängt es in meinem Kopf zu rattern an. Woher um Himmels willen kenne ich diese Geräusche? Da läuft doch etwas übers Deck. Malin schläft tief und fest. Die merkt nie was. Nicht einmal, wenn wir Einbrecher auf dem Schiff hätten, würde dieser Siebenschläfer aufwachen, sie schläft wie ein Stein. Erneut diese Geräusche. Ich halte den Atem an. »Ratten«, schießt es aus mir heraus. Und dann wird mir klar, woher ich den Sound von diesen kleinen schnellen Füßchen über meinem Kopf kenne. Aus Frankreich. Als wir durch die Kanäle in Frankreich fuhren, hatten wir in allen großen Städten, in Paris oder Lyon, in der Nacht Ratten an Bord. Dort waren sie eine echte Plage. Und bis wir damals darauf kamen, was uns nachts wachgehalten hatte, verging eine geraume Weile. Noch gut erinnere ich mich an die Jagd nach den unbekannten Wesen. Immer, wenn wir nachts etwas hörten, bewaffneten wir uns mit Taschenlampen und schlichen aus dem Schiff. Doch die Ratten hatten uns schon längst gehört und waren schneller weg, als wir gucken konnten.

Am nächsten Morgen nahmen wir das gesamte Schiff auseinander, um die blinden Passagiere zu enttarnen, fanden aber nichts. Bis ich eines Nachts in Lyon die Gardinen unserer Fenster geöffnet ließ und mich auf die Lauer legte. Als ich dann dieses fiese Tippeln an Bord hörte, stockte mir der Atem. Ohne mich viel zu bewegen, klebte ich mich von innen im Dunkeln an die Fensterscheibe. Draußen erleuchteten die Lichter der Stadt die Umgebung, und dann sah ich sie. Die Ratte rannte nicht mal zwanzig Zentimeter vor meiner Nase an meinem Gesicht vorbei. Im ersten Moment schreckte ich zurück, blieb dann aber den Rest der Nacht hinter der Scheibe. Die Ratten balancierten ganz geschickt über unsere Leinen, so kamen sie an Bord. Sie drehten eine Runde auf dem Deck, und als sie merkten, dass es bei uns kein Essen zu holen gab, verließen sie Fiete ebenso elegant und schnell, wie sie aufgetaucht waren. Ich fand Gefallen daran, diese Tiere zu beobachten, und durch mein kleines Guckloch fühlte ich mich sicher.

Die Gedanken von damals holen mich ein und ich überlege, wie diese schwedische Ratte auf Hevi gelangen konnte. Bei Fiete hatten wir manchmal Geschirrhandtücher in die Lüftungsschlitze gestopft, damit diese flinken Tiere keine Chance hatten, ins Innere des Schiffs zu gelangen. Und hier? Das Ofenrohr wäre wohl die einzige Möglichkeit – aber was will die Ratte im Ofen? Möglichst leise versuche ich aus der Koje zu schleichen, um aus dem Fenster spähen zu können. Das funktioniert nicht, denn das Tippeln verstummt. Ich höre, wie sich Malin in der Koje dreht, sonst nichts. Totenstille. Noch bestimmt fünfzehn Minuten verharre ich am Fenster. Meine Bestätigung, dass wir tatsächlich auch in Schweden eine Ratte an Bord haben, bleibt aus. Doch dieses Geräusch würde ich immer wiedererkennen …

Als ich Malin am nächsten Morgen von meiner Nacht berichte, entgegnet sie bloß: »Also, ich hab nichts gehört, hab geschlafen wie ein Stein. Aber eine Ratte, meinst du echt?« Ich bin mir so sicher, dass ich keine Nacht länger an dieser Mauer verbringen möchte, und wir entschließen uns, das Land zu wechseln. Nirgends ist Dänemark so nah an Schweden wie in Helsingborg, also soll es jetzt rüber nach Dänemark gehen. Dieses Nadelöhr gerät zum Nervenspiel, denn es ist eine Hauptverkehrswasserstraße für die Berufsschifffahrt, es ist also viel los. Wir schlängeln uns an riesigen Containerschiffen vorbei und halten auf das Hamlet-Schloss zu, das vor den Mauern der dänischen Stadt Helsingør am Wasser thront.

MALIN, 30. SEPTEMBER 2020 – HELSINGØR NACH VEDBÆK

»Die Leinen sind viel zu kurz. Wie soll das gehen?«, rufe ich Anna vom Bug aus zu. Wir sind in den Hafen von Vedbæk, einer idyllischen dänischen Siedlung, eingelaufen. Vom Wasser aus konnten wir schon einen traumhaften Sandstrand erspähen, an dem die Kiter und Surfer sich für den nächsten Wellenritt vorbereiteten.

»Wir sind viel zu klein für diese Boxen. Wir dürfen hier bestimmt nicht festmachen«, ruft Anna vom Heck zurück und drückt sich mit aller Kraft vom neben uns liegenden, mindestens doppelt so langem Segelboot ab.

Wir hängen schräg in einer Box, so nennt man die »Parklücken«, bei denen man den Bug vorne am Steg und das Heck an zwei im Wasser stehenden Pfählen festmacht.

Beim Reinfahren in diese Lücke habe ich beim Vorbeifahren die Heckleinen schnell über die Pfähle geworfen und Anna in die Hand gedrückt. Sie steuerte gleichzeitig das Schiff mit geringer Geschwindigkeit, sodass ich vorne am Bug mit den Vorderleinen an den Steg springen und

Meistens machen wir kleine Hafenspaziergänge.

sie dort befestigen kann. Mit stolzem Gefühl kletterte ich zurück aufs Schiff und hörte Anna laut »Aua« schreien.

»Ich habe mich voll an den Tauen verbrannt!«, sagt sie mit schmerzverzogenem Gesicht und zeigt auf ihre Hände.

»Oh je, das sieht ja schlimm aus. Wir müssen das schnell kühlen!«

»Nein, erst müssen wir das Schiff festmachen, es treibt immer mehr gegen das andere Boot.«

»Die Leinen sind ja gar nicht fest«, stelle ich hektisch fest.

Ich eile zu den Leinen und versuche gleichzeitig, uns von dem blank polierten Rumpf der Luxusyacht abzudrücken, muss dann aber realisieren, dass die Pfähle im Wasser viel zu weit entfernt sind, um da irgendwie eine Leine rüber sie zu werfen.

Ich stehe nun am Bug und möchte an den Vorleinen so viel Länge geben, dass das Schiff zurück zu den Pfählen treibt – aber auch das funktioniert nicht.

»Noch mehr Leine kann ich nicht geben. Dann ist das Schiff vorne auch nicht mehr vertäut«, rufe ich gestresst, »und du kommst hinten trotzdem nicht bis zu den Pfählen!« Die Fender quietschen. Hevandelli wird durch den Seitenwind weiter gegen den schönen Rumpf des Nachbarboots gepresst. Hoffentlich ist da niemand an Bord oder kommt gleich am Steg angelaufen, denke ich.

Ich laufe zurück zum Heck und löse Anna mit ihren verbrannten Handinnenflächen schnell vom Abdrücken ab.

»Was machen wir jetzt? Wir können hier nicht liegen.«

Anna antwortet nicht, schnappt sich zwei Leinen, knotet sie zusammen und zieht sich aus, erst ihre blaue Jeans, dann den Wollpullover und schließlich das graue T-Shirt, das sie unter dem Pullover trägt.

Ehe ich fragen kann, was sie vorhat, höre ich ein Platsch, und sie ist im Hafenbecken.

»Anders geht's nicht. Der Hafen ist schon überfüllt. Das hier ist bestimmt der letzte freie Platz«, sagt sie, ohne eine Miene zu verziehen.

Sie schwimmt mit den zusammengeknoteten Leinen zum ungefähr sechs Meter entfernten Pfahl, schwimmt einmal um ihn herum und bringt die Leine zurück zum Schiff.

»Du siehst aus wie ein Hund, der das Stöckchen ganz brav zurück zum Herrchen bringt«, sage ich.

Das Gleiche macht sie in dem 13 Grad warmen Hafenbecken noch für die Backbord-Leine, taucht noch einmal unter, damit auch die Haare nass werden, und zieht sich an der Badeleiter zurück an Bord.

»Anna, du bist so cool! Ich wäre da niemals reingesprungen. Vorher hätte ich das Schlauchboot aufgepumpt oder wäre gar in den nächsten Hafen gesegelt.«

»Das war Hafenkino. Meinst du, jemand hat uns beobachtet?«, fragt sie mit schwerer Atmung und zitternden Wangen. Dabei schaut sie sich um und scannt jedes Cockpit der anderen Schiffe.

Hafenkino nennt man alle unperfekten Manöver von Bootseignern, die zur Unterhaltung der Hafengäste dienen, welche aus ihren Cockpits alles genauestens beobachten, wohlmöglich noch zum Fernglas greifen und ihre ganze Crew zusammentrommeln. Ich behaupte mal, dass schon jeder Schiffsführer ein unterhaltsames Hafenkino hingelegt hat. Ein Schiff anzulegen ist nicht so einfach, wie ein Auto in eine schmale Parklücke zu bugsieren. Beim Anlegemanöver muss man zum Beispiel Wind- und Strömungsverhältnisse mit einberechnen. Aber dieses Manöver war besonders. Die Schiffsleinen schwimmend ausbringen und das Ende September im kalten Öresund – das hatte Stil.

»So, jetzt müssen wir deine Hände dringend kühlen!«, sage ich zu Anna, während ich den Niedergang hinuntersteige und den Deckel vom Kühlschrank hochnehme.

»Ich habe mir sie nicht nur verbrannt, als mir die zu kurzen Heckleinen durch die Handflächen gerauscht sind und ich noch versuchte, sie mit aller Kraft zu halten, sondern ich habe sie mir eben auch noch an den muschelbewachsenen Pfählen aufgeschnitten«, sagt Anna, die mir hinterherläuft und ihre Hände gespreizt vorm Körper hält.

Die Handflächen sehen wirklich nicht gut aus. Mehrere große und ein paar kleine Brandblasen, dazu blutige Kratzer.

»Die nächsten Tage werde ich die Segel allein setzen. Du kannst damit keine Griffkraft ausüben«, erkläre ich besorgt, während ich ihre Handflächen mit einem feuchten Tuch vorsichtig abwische, und anschließend mit Desinfektionsmittel besprühe. »Und nun raus aus der nassen Unterwäsche!«

ANNA, 1. OKTOBER 2020 – KOPENHAGEN

Kopenhagen – diese Stadt soll so etwas wie unsere Winterbasis werden. Zumindest hatten wir uns das in den letzten Wochen überlegt. Einfach mal ein paar Monate in Kopenhagen wohnen, das wäre doch was, und auf einem Schiff in der Landeshauptstadt zu leben, ist wesentlich günstiger als in einem Appartement. Und bisher gefällt uns Kopenhagen auch ziemlich gut. Trotz Corona pulsiert das Leben. Zwar nur mit wenigen Touristen, was uns bei den Sehenswürdigkeiten wie der Kleinen Meerjungfrau oder dem Nyhavn jedoch sehr zugutekommt. Mich begeistern besonders die vielen Straßencafés und Restaurants. Modisch gekleidete Menschen überall, es herrscht ein reges Treiben.

Heute erreicht uns das erste Paket aus der Heimat, mit der selbst gemachten Marmelade von Oma und Mama, an die kommt keine andere ran.

> Auch eine Heizdecke und ein Wintermantel sind dabei, erste Vorboten für den anstehenden, hoffentlich nicht so kalten Winter.

Die Gedanken an die kalten Monate werden schnell verworfen. Wir genießen das Stadtleben bei angenehmen Temperaturen. Die Entscheidung, wann wir wieder für unseren Winteraufenthalt nach Kopenhagen zurückkommen werden, schieben wir weg, denn die Temperaturen lassen es noch zu, dass wir weitersegeln.

Dänemarks Hauptstadt hat nicht nur viele Menschen zu bieten, die auf ihren Booten leben – hier gibt es sogar richtige Wohnhäfen –, sondern auch die meisten Radfahrer, die ich je zu Gesicht bekommen habe. Alle sind am Radeln. Nicht ohne Grund ist Kopenhagen eine der fahrradfreundlichsten Städte weltweit. Hier soll es mehr Fahrräder geben als Autos. Sehr sympathisch. Und die vielen Radfahrer erinnern mich an Oldenburg. Denn auch unsere Heimatstadt ist Fahrradstadt. Irgendwo habe ich mal gelesen, dass pro Oldenburger zwei Fahrräder gezählt werden. Doch hier an den Ampeln in Kopenhagen habe ich Angst, von einem Fahrradfahrer erwischt zu werden. Die Durchschnittsgeschwindigkeit liegt nach meiner Schätzung bei bestimmt achtundzwanzig Stundenkilometern. Kein langsames Pflaster, da ist Oldenburg etwas anders. Ich bin heilfroh, dass wir hier nicht mit unseren Bootsklapprädern herumgurken, sondern mit vernünftigen Bikes, die wir kostenlos am Hafen ausleihen konnten.

MALIN, 7. OKTOBER 2020 – VON KOPENHAGEN BIS MALMÖ

»Ciao Peter, and thank you very much!«, sage ich mit breitem Grinsen, als ich aus dem Büro des Hafenmeisters trete. Peter, der Hafenmeister vom Tuborg Hafen, hat uns von den sechs Nächten, die wir heute bei ihm bezahlen wollten, zwei Nächte Rabatt gegeben. Yes, 50 Euro gespart, war eh teuer genug, denke ich. Er sagte, er sei froh, dass sich dieses Jahr überhaupt ein paar Deutsche nach Kopenhagen getraut hätten, und zudem wollte er unbedingt, dass wir in seinem Hafen überwintern. Wir hatten ihm gleich bei unserer Ankunft von unserem Plan erzählt, den Winter in der Stadt auf dem Schiff zu verbringen, hier im Tuborg Havn. Er fand die Idee klasse, und ich glaube, dass es nicht nur an den monatlichen 400 Euro Hafengeld gelegen hat, die er in dem Fall von uns bekommen hätte, sondern weil er uns richtig mochte. In den letzten

Die bunten, Häuser in Nyhavn sind oft auf Postkarten zu sehen.

Tagen hatte er uns jedes Mal, wenn wir ihn sahen, gegrüßt und gefragt, wie es uns gehe und was wir heute vorhätten.

Am ersten Tag hatte er uns auch wie ein stolzer Hotelbesitzer die Sanitäranlagen präsentiert und erklärt, wo der nächste Supermarkt sei. Später zeigte er uns, wo die Schiffe liegen, die im Winter bewohnt sind. Laut ihm sei hier in den letzten Jahren eine echte »Liveaboard«-Community entstanden. So nennt man Leute, die auf ihren Schiffen leben, unabhängig davon, ob sie auch damit reisen. Das fanden Anna und ich natürlich super, denn wir hatten uns schon vorgestellt, wie es sein würde, wenn man allein in einem verlassenen Hafen liegt und keine neuen Menschen kennenlernt.

In den letzten Tagen haben wir uns immer mehr mit der Vorstellung angefreundet, länger an einem Ort, genauer gesagt hier in Kopenhagen zu bleiben. Mal ankommen, ohne gleich den Wind für den nächsten Tag zu checken und die Rettungswesten nicht zu tief in der Backbordkiste zu verstauen.

»Stell dir vor, Anna, zu diesen schönen Duschen tapern wir dann jeden Morgen. Jeden Morgen kannst du dich hier mit warmem Wasser waschen«, sagte ich.

„Und hast du das Café mit den roten Samtsesseln gesehen,

als wir vorhin durch die Stadt radelten? Das wird unser Stamm-Café«, antwortete sie.

»Ja, und erst das Fitnessstudio ... Die bieten dort monatliche Mitgliedschaften an. Da hätte ich Lust drauf.«

»Wenn wir fest hier liegen, brauchen wir auch keine Monstereinkäufe mehr für die nächsten Wochen zu machen, sondern können uns frische Brötchen an der Backstation holen.«

»Und abends gehen wir in den Supermarkt und kaufen die Zutaten für ein spontanes Rezept.«

Ich erwischte uns dabei, wie wir immer intensiver mit dem Gedanken spielten, hier zu pausieren, wies Anna aber darauf hin, dass wir bestimmt noch zwei Monate segeln könnten und wir das genießen sollten.

»Auf jeden Fall machen wir das, ich denke ja nur darüber nach, wie es ist, länger an einem Ort zu bleiben. Es wäre bestimmt ein ganz eigenes Abenteuer.«

Recht hat sie. Auch wenn man einen großen Supermarkt, ein Fitnessstudio, warme Duschen und ein gemütliches Café mit roten Samtsesseln vor seinen Schotten hat, denn Wohnen auf einem kleinen Segelboot kann tatsächlich jederzeit zu einem Abenteuer werden. Wenn etwa die Toilette meint, sie sei durch See-Algen verstopft, wenn der Fäkalientank sich im Schiff leert und alles in die Bilgen läuft. Oder wenn sich das Schiff dazu entscheidet, nicht mehr ganz dicht zu sein.

Ich merke, wie ich in Gedanken immer häufiger bei der Überwinterung bin – und verurteile mich dafür: »Du wolltest unterwegs sein,

kein festes Zuhause haben und auf den ganzen unnötigen Luxus verzichten, und jetzt schwärmst du genau von diesen Sachen.«

Dass Anna ähnlich fühlt, beruhigt mich aber.

Als wir aus dem Hafen motoren, kommt Peter aus seinem Büro und
winkt uns noch hinterher.

»Wie gastfreundlich kann man eigentlich sein?«, fragt Anna, während sie die Fender von der Reling einsammelt und ins Cockpit wirft.

»Wenn alle dänischen Männer so sind …«

Heute segeln wir nach Malmö. Es weht ein mäßiger Wind mit drei
bis vier Beaufort von der Seite, also 90 Grad zum Schiff, in unsere Segel
rein. Wenn der Wind von der Seite kommt, nennt man ihn »halben
Wind«. Es sind optimale Bedingungen. Wir segeln quer durch den
Öresund, kreuzen das stark befahrene Fahrwasser. Die beeindrucken-
den Erfahrungen aus Kopenhagen haben wir noch nicht annähernd
verarbeitet, da taucht schon die Skyline von Malmö am Horizont auf.

Ich fühle mich noch nicht bereit für einen neuen Ort, vielmehr für
eine neue Großstadt, Schwedens drittgrößte. »Stimmt, wir sind ja wieder in Schweden«, sage ich laut zu Anna, die es offensichtlich auch ver-
plant hatte, denn die Landesgrenze befindet sich in der Mitte des Öresunds, so wird es jedenfalls von unserem Navigations-Plotter angezeigt.

Das lasse ich mir nicht nehmen, denke ich. Ich steige den Niedergang hinunter und laufe mit geducktem Kopf, denn anders lässt es die
Deckenhöhe unserer Hevandelli nicht zu, zum Vorschiff. Hier irgendwo, unter all meinen Klamotten, die schon seit Tagen keinen Platz
mehr im Schrank gefunden haben, unter den Segelsäcken, die locker
so groß wie ich sind, müssten unsere Gastlandflaggen liegen. Kuba, Italien, Frankreich, Niederlande, Schottland, und irgendwann halte ich
auch die schwedische Flagge in meinen Händen. Es ist immer ein schönes Gefühl, eine neue Landesflagge in den Mast zu ziehen, auch wenn
Dänemark und Schweden nahe der Öresundbrücke gerade mal zwölf
Seemeilen auseinanderliegen.

Während ich die dänische Flagge den Mast runterziehe, den Palstek
löse, um dann an dem Knoten die schwedische Flagge anzubringen,
denke ich an Kopenhagen. Kopenhagen ist eine der bedeutendsten
Metropolen Nordeuropas. Und das haben wir zu spüren bekommen.
Überall haben wir Menschen verschiedenster Nationalitäten durch die

engen Gassen laufen sehen, die mit alten und bunten Häusern ein wunderschön idyllisches Stadtbild abgegeben haben. Immer wieder waren wir am Wasser gelandet, an den kleinen Kanälen, über die Fuß- und Fahrradbrücken führten. Kopenhagen hatte fast wie eine mediterrane Stadt gewirkt.

Das Wahrzeichen von Kopenhagen: die kleine Meerjungfrau

Als wir die Kleine Meerjungfrau sahen, das Wahrzeichen von Kopenhagen, hatten wir nicht glauben können, dass diese nur ein Meter fünfundzwanzig hohe Bronzefigur jährlich Millionen von Touristen anzieht. Wir hatten sie zumindest für uns alleine gehabt und eine halbe Stunde auf der Treppe am Wasser neben ihrem Felsen verbracht, auf dem sie sitzt. Ich hatte Anna die merkwürdigsten Fakten über die Statue erzählt, die ich zeitgleich im Handy heraussuchte.

»Ihr wurde schon zweimal der Kopf und einmal der rechte Arm abgesägt. 2003 sprengte jemand sie von ihrem Felsen, und mit Farbe wird sie regelmäßig besprüht.«

»Die Arme. Wirklich bemitleidenswert«, sagte Anna.

Kopenhagen hatte noch mehr zu bieten gehabt als eines der kleinsten Wahrzeichen weltweit. Zum Beispiel Strøget, die älteste und längste Fußgängerzone weltweit. Hier wurde uns aber der Trubel zu viel, zu viele Menschen, die gehetzt von Geschäft zu Geschäft liefen. Zu groß die Reizüberflutung. Zeitgleich hatten wir schlechte Laune bekommen und waren zum Boot geflüchtet, das vier Kilometer außerhalb des Zentrums lag. Für den darauffolgenden Tag, erholt vom Strøget-Erlebnis, hatten die Schlösser und Museen Kopenhagens auf unserer imaginären Must-see-Liste gestanden. Am imposantesten fanden wir das Schloss Amalienborg, eine der Residenzen der dänischen Königin Margrethe II. Vier einzelne Palais, die alle schon separat ein majestätisches Bild abgegeben hatten, bildeten einen großen achteckigen Platz, auf dem die Königliche Garde mit ihren blau-schwarzen Anzügen, langen Gewehren und noch längeren schwarzen Grenadiermützen wachte.

»Nicht zu hoch ziehen!«, ruft Anna.

Ich schaue zum Mast hinauf und sehe, dass die schwedische Flagge schon direkt unter der Saling, den zwei Querstreben in der Mitte des Masts, sitzt. Anna hat mir mal mitgeteilt, dass sie es ästhetischer findet, wenn die Flaggen mit einem Abstand von ungefähr dreißig Zentimetern unter der Saling wehen. Warum die Ästhetik dort oben im Mast eine Rolle spielt, kann ich nicht nachvollziehen, aber ich befolge ihren Wunsch, denn sonst würde sie eh kommentarlos nach vorne gehen und es ändern. Also ziehe ich die Flagge mit dem anderen Ende der Leine ein wenig nach unten.

»So, jetzt sind wir auch offiziell wieder in Schweden!«, brülle ich, denn durch das Rauschen von Wellen und Wind kann sie mich nur schwer verstehen.

»Endlich wieder Zimtschnecken und günstigere Süßigkeiten!« Typisch Anna, die denkt noch häufiger an Essen als ich. Sie hat die schwedischen Kanellbullar, die mit Zimt und Kardamom gewürzt und mit Hagelzucker bestreut sind, wirklich vermisst. Und dass Dänemark teurer als Schweden ist, hätten wir auch nicht gedacht. In Schweden hatten wir die letzten Monate zwar immer Lebensmittelkosten von fast 1000 Euro gehabt (auf der Kanaltour mit Fiete waren es durchschnittlich nur 500 bis 600 Euro gewesen), aber in Dänemark war es noch mehr gewesen. Doch irgendwie haben wir uns in Schweden verliebt, in jenes Land, dem wir ursprünglich nur einen kurzen Besuch abstatten wollten, um dann weiter nach Norwegen zu segeln.

ANNA, 7. OKTOBER 2020 – MALMÖ

In Malmö fühlen wir uns wie in Kopenhagen auf Anhieb wohl. Alte Gebäude, ergänzt um moderne Architektur. Trotz Großstadtfeeling ist es überall super sauber und aufgeräumt, zumindest im Hafenviertel. Was Bremen nicht von sich behaupten kann. Schweden macht allgemein einen sehr sauberen, aufgeräumten und auch fortschrittlichen Eindruck. Klar, dass es uns wieder hierherzog. Viele Orte, die wir bisher gesehen haben, würde ich gern noch einmal besuchen, weil sie so

bezaubernd schön waren und es sicher noch sehr viel an ihnen zu entdecken gibt. Dann realisiere ich, dass die Welt zu groß ist und unsere
Zeit zu begrenzt. Niemals werde ich alle wunderbaren Orte dieser Erde
kennenlernen, geschweige denn, einige von ihnen ein zweites Mal auf-
suchen können. Leider. Und so verhält es sich mit Orten ähnlich wie
mit Menschen.

Tatsächlich hatten wir zuvor von Schweden und Dänen, die wir
unterwegs in den Häfen getroffen hatten, viel Negatives über Malmö
gehört, und googelt man »Malmö« und »Kriminalität«, nehmen die
erschreckenden Artikel kein Ende. Die ursprüngliche Industrie- und
Hafenstadt wird als ein regelrechter Schandfleck Schwedens beschrieben. So sollen 2019 rund dreißig Bomben in der Stadt explodiert sein
und über fünfzig Schießereien stattgefunden haben. Das kann ich mir
bei einem Volk wie dem schwedischen nur schwer vorstellen.

Malmö und die Öresundbrücke, die Dänemark und Schweden verbindet

Aufgrund der gehörten Meinungen sind wir ohne Erwartungen nach Malmö gefahren, und umso überraschter sind wir, dass die Stadt uns ruckzuck mit ihrem ganz eigenen Charme verzaubert. Schon komisch, dass es hier so eine hohe Kriminalitätsrate geben soll. Malin und ich sind uns da einig: Es kann niemals eine Lösung sein, kriminell zu werden, sich zu bekämpfen oder gar zu töten. Die einzige Lösung für Konflikte kann und sollte Kommunikation sein.

MALIN, 13. OKTOBER 2020 – VON SKANÖR BIS RØDVIG

Anna startet den Motor. Ich fange schnell die Drohne ein, mit welcher wir für unsere YouTube-Videos eindrucksvolle Aufnahmen aus der Luft machen.

»Hab sie, wir können los. Willst du ablegen – oder soll ich?«

»Mir egal. Ich kann das schon tun.«

»Okay, dann gehe ich nach vorne und mache die Leinen los.«

Ich löse beide Leinen, drücke uns ein wenig mit dem Fuß vom Steg ab, und Anna fährt gekonnt und entspannt aus dem leeren Hafen von Skanör heraus. Es weht nur ein kleiner Hauch und die Sonne brennt am blauen Himmel. Gut, sie brennt nicht wirklich. Es ist schließlich Oktober, und das spürt man. Sie wärmt nicht mehr so stark und sie steht auch nicht mehr so hoch. Aber wir schätzen uns glücklich für einen solchen eher spätsommerlichen Tag. Den wollten wir fürs Segeln nutzen, obwohl es uns in Skanör wundervoll gefallen hat. Anna hat gestern gesagt, hier wolle sie am liebsten zwei Wochen bleiben. Das hat mich verwundert. So etwas hat sie noch nie gesagt. Eigentlich will sie immer noch zügiger weiter als ich.

So einen traumhaften Tag müssen wir einfach nutzen, und zudem soll es hier in zwei Tagen stürmen. Deswegen wollen wir heute nach Rødvig in Dänemark. Wir fahren also mal wieder über die Landesgrenze. Auch dort soll es stürmisch werden, jedoch liegt man in dem Hafen deutlich geschützter. Das hoffen wir zumindest. Jetzt ist erst mal nicht an Sturm zu denken. Das Wasser ist spiegelglatt, keine Welle, die unser Boot hin- und herschaukelt. Und leider auch nicht wirklich viel Wind, der Hevandelli nach Dänemark treibt. Wir segeln mit einem Knoten über die Grenze, das sind gerade mal 1,8 Kilometer pro Stunde. So langsam läuft nicht mal ein Fußgänger.

»Lass uns den Motor anmachen, wir fahren ja gleich rückwärts«, sagt Anna, müde an der Pinne sitzend.

»Nein, ich setze den Blister. Meinst du das funktioniert?«, schlage ich mit motivierender Tonlage vor.

»Der wird niemals stehen. Nicht mal für den weht genug Wind.«

»Doch, ich glaube schon. Lass es mich probieren«, sage ich, während ich eine Stufe des Niedergangs runtersteige und die anderen beiden überspringe. Im Vorschiff krame ich den Blister hervor. Gelagert in einem wirklich großen Sack, nimmt er die Hälfte der Matratze ein. Auf der anderen Hälfte liegen Klamotten von mir herum.

Der Blister ist ein Leichtwindsegel. Er ist nicht wie die Standardsegel aus robustem, hartem, unflexiblem Stoff, sondern hauchdünn, leicht und überdimensioniert. Er bietet eine extrem große Segelfläche und fängt aus diesem Grund viel mehr Wind ein, sodass sich das Schiff auch bei wenig Wind fortbewegt. Natürlich bringt der Blister auch einige Risiken mit sich, denn er ist durch die Größe sehr unhandlich und kann sich im Mast verfangen. Wenn man ihn anschließend nicht mehr geborgen bekommt und der Wind aufbriest, kann der Blister reißen. Oder das Schiff lässt sich durch den großen Winddruck, der aufs Segel einwirkt, nicht mehr steuern. Darum brauchen wir uns heute hoffentlich keine Sorgen machen. Bis zum Sturm in zwei Tagen soll es schwachwindig sein, die Ruhe vor dem Sturm.

Ich schmeiße den Segelsack hoch ins Cockpit und krame das rot-blau-weiß gestreifte Segel heraus. Es ist das schönste Segel an Bord, und jedes Mal, wenn wir es setzen, sind wir beeindruckt von seiner Größe, seiner Form und seinen Farben.

»Schau, es steht doch. Sind wir schneller geworden?«, rufe ich Anna vom Vordeck zu.

»Ja, tatsächlich. Wir laufen mit 2,5 Knoten.«

»Super, Schrittgeschwindigkeit. Meine Oma wäre heute also genauso schnell zu Fuß in Dänemark wie wir mit unserem Schiff«, rufe ich laut zurück und strecke meine Arme hoch zum Segel. »Fotoshooting?«

»Ja, bleib da mal stehen, ich hole die Kamera.«

Für die nächste halbe Stunde steuert die Windsteueranlage das Schiff. Wir knipsen gegenseitig farbenfrohe Fotos von uns und dem eindrucksvollen Blister.

Dann zischt es. Es pustet aus dem Wasser und es platscht.

»Was war das?« Erschrocken dreht sich Anna um. «Hast du das gehört, Malin?«

»Ja, gehört schon, aber ich weiß nicht, was es war«, entgegne ich.

Und dann zischt es wieder. Direkt hinterm Heck pustet wer aus dem Wasser.

»Ein Schweinswal!«, flüstere ich und packe Anna am Unterarm. »Jetzt ist er wieder abgetaucht.«

»Was für ein Glück. Hätten wir die Maschine angeschmissen, wäre er nicht gekommen. Aber so

Beim Blick hoch zu dem Segel kriegt man ganz schön Respekt.

sind wir wie ein Teil der Natur, gleiten durchs Wasser wie ein Meeresbewohner, aus eigener Kraft«, sagt Anna verträumt, während sie nach Wali Ausschau hält. So heißt er nun, der Schweinswal. Anna gibt jedem Tier einen Namen. Meistens sehr ausgeklügelte, einfallsreiche Namen. Ihr Hase hieß Hasi, ihr Kuscheltier-Löwe hieß Löwi, ihr Teddy hieß Teddy, ihr Elch hieß Elchi. Bei ihrem Kater war sie äußerst kreativ. Er hieß Tom. Na ja, und der Schweinswal heißt nun Wali. Ich frage mich, wie ein zweiter Schweinswal geheißen hätte. Wahrscheinlich Schweini.

Die nächste halbe Stunde begleitet uns Wali, mal taucht er hinter dem Schiff auf, mal links vom Bug, mal rechts davon, mal eine Seemeile hinter uns, dann genau neben uns. Er findet Hevi wohl interessant, spielt mit ihr. Und wir mittendrin.

»Warum findet man es immer so besonders, wenn man wilde Tiere sieht, sie einem nah kommen und dich mit einbinden, als wäre man Teil der Natur?«, frage ich.

„Du bist Teil der Natur. Und das bekommt man gerade in solchen Momenten zu spüren.

Oft denkt man, man sei nicht Teil der Natur, sondern existiert neben ihr. Da der Mensch und hier die Natur, und zusammen bildet man die Erde. Der Mensch ist Teil der Natur. Ich weiß nicht, wie unsere Spezies darauf kommt zu denken, der Mensch sei etwas Besonderes«, entgegnet Anna.

Mit so einer Antwort habe ich nicht gerechnet. »Mmmhhh, ja, stimmt. Wir sind eigentlich nichts anderes als Wali. Wir denken nur, wir sind es«, sage ich, ebenfalls den Horizont nach Wali absuchend. Er scheint inzwischen ein anderes Ziel angepeilt zu haben.

Rødvig ist in Sicht, wir bergen den Blister, zum Glück ohne weitere Probleme, und fahren in den schönen Hafen des 1800-Einwohner-Dorfs.

»Ein Segeltörn, wie er im Buche steht«, sagt Anna, als ich ihr die Leinen zurückgebe, nachdem ich sie um die Festmacherpoller gelegt habe.

MALIN, 15. OKTOBER 2020 – RØDVIG

Immer noch im Hafen von Rødvig. So war es geplant, denn bei Sturm fahren wir nicht raus. Aber dass wir nicht mal an Land kommen, war nicht geplant. Wir liegen schließlich im Hafen, festgemacht an einem Steg und nicht an einem Ankerplatz, der von Wasser umgeben ist. Inzwischen stimmt es so nicht mehr. Seit heute Morgen sehen wir nichts als Wasser. Hochwasser. Alle Stege, die Stromsäulen und die Poller, um denen unsere Leinen liegen, sind unter Wasser. Hevandelli, die normalerweise neben dem Steg liegt, liegt fast auf dem Steg. Durch den Sturm aus Osten wurde das Wasser aus der östlichen Ostsee in den schmalen Öresund gedrückt, die Meerenge zwischen Dänemark und Schweden, in der wir uns gerade befinden. Das lernen wir von unserer Community, als wir im Netz von der Problematik berichten und es mit Humor nehmen. In Gummistiefeln und kurzen Shorts steigen wir durchs kniehohe Wasser über die Stege an Land.

Hinter uns liegt eine laute, nahezu schlaflose Nacht. So ist das nun mal an Bord. Mittlerweile ist es für uns normal, dass wir durch die Geräuschkulisse und das Rucken des Schiffs alle zwei, drei Wochen eine schlaflose Nacht haben. Wir stellen uns darauf ein. Anna kann wahrscheinlich noch öfter nicht gut schlafen. Es muss nur ein Marmeladenglas im Schrank hin und her rollen oder eine Leine draußen regelmäßig gegen das Schiff schlagen, schon liegt sie wach und konzentriert sich nur noch auf das Geräusch. Aufstehen und es ändern tut sie selten. Das verstehe ich nicht. Manchmal stört sie sogar das Ticken der Uhr, obwohl sie vierundzwanzig Stunden tickt, jeden Tag. Das ist schließlich ihr Job. Aber wenn sich Anna darauf konzentriert, dann kann sie nicht wieder einschlafen.

Morgen wollen wir weitersegeln. Also bleibt nur noch heute, um Stevns Klint, die bis zu einundvierzig Meter hohe Steilküste, zu bestaunen. Das Kliff hat eine Länge von etwa fünfzehn Kilometern, und wir haben es schon vorgestern beim Blistersegeln aus der Ferne betrachten können. Stevns Klint gehört zum UNESCO-Weltnaturerbe, spätestens als wir das herausgefunden haben, war klar, dass wir trotz Hochwasser das Schiff verlassen und uns die Kreideküste anschauen müssen.

»An einer Stelle soll in der Kalkablagerung ein schmales dunkles Band sichtbar sein. Dort soll man viele Fossilien gefunden haben. Das dunkle Band entstand zu der Zeit, als die Dinosaurier ausgestorben sind. Da will ich unbedingt hin. So nah war ich den Dinosauriern noch nie«, trage ich Anna vor. Ich hatte zuvor im Internet einige Informationen zu der Steilküste recherchiert, denn mich hat diese für Dänemark sehr untypische Küste verwundert. So etwas hatte ich in dem sonst sehr flachen Land nicht erwartet.

ANNA, 16. OKTOBER 2020 – INSEL MÖN, KLINTHOLM

Die längste und höchste Steilküste des Landes hatten wir gestern schon vom Wasser aus bestaunt. Doch jetzt stehe ich am 128 Meter hohen Aussichtspunkt, vor dem sicheren Fall schützt mich lediglich ein hüfthoher Holzzaun. Hier oben fühl ich mich wie die Herrin der Weltmeere, der weite Blick fesselt mich. Ich beobachte ein Schiff am Horizont, gestern waren wir genau dort entlanggesegelt, da hatten wir keine Menschen gesehen, die aufs Wasser guckten. Die Weite ist ergreifend, doch man selbst ist auf dem Wasser komplett schutzlos. Das macht den Reiz des Segelns aus. An Land fühle ich mich immer, wirklich immer sicher. Bei jedem Wetter und jedem Wind. Sogar dieser klapprige Holzzaun vor mir gibt mir Sicherheit. Abgesehen von meiner leicht ausgeprägten Höhenangst, die sich mit einem Blick nach unten bemerkbar macht. Sofort gehe ich einen Schritt zurück. Mir wird sonst noch ganz schummerig.

Der Ausblick ist jedoch unbezahlbar. Auf den unzähligen Infotafeln an diesem touristischen Ort lese ich auf Englisch, dass die Kreide der Kalksteinwand vor rund siebzig Millionen Jahren entstand. Siebzig Millionen Jahre! Damals lebten noch Dinosaurier! Das muss man sich mal vorstellen: Richtige, echte Dinosaurier waren hier, genau an der Stelle, wo ich gerade stehe. Unbegreiflich. Dieser Ort wäre vermutlich noch viel magischer, könnten wir ihn allein entdecken. Allerdings sind wir nicht die einzigen, die sich die Kreideklippen anschauen möchten, Hunderte Dänen laufen uns über den Weg. Wenn wir schon mal hier sind, wollen wir auch alles sehen. Wir entscheiden uns, die Holztreppe mit den fast 500 Stufen runter zum Wasser zu nehmen. Dass wir am Ende wieder hoch müssen zu unseren Klapprädern, haben wir zu diesem Zeitpunkt nicht bedacht.

Am Abend, zurück auf dem Schiff, habe ich mein Work-out für heute definitiv erledigt. Als mir dann beim Wegräumen des Abwaschs ein Glas aus der Hand rutscht und auf dem Boden, wie sollte es anders sein, in tausend Scherben zerspringt, bin ich im ersten Moment völlig bedient. »Musste das sein?«, zische ich mir selbst zu. Na ja, Scherben bringen ja bekanntlich Glück, und ein wenig Schwund ist immer.

Beim Zusammenfegen frage ich mich, ob es denn jetzt wirklich tragisch ist, ein Glas weniger zu haben. Uns ist im letzten Monat schon einmal eines zu Bruch gegangen, dennoch haben wir immer noch genug Gläser (obwohl es jetzt zwei weniger sind). Wieso fehlen sie uns nicht? Ganz einfach, sie waren zu einfach viele. Zumal es keine teuren Markengläser waren, sondern nur leere Senfgläser. Also ein Produkt, das, hätte meine Oma es nicht wiederverwendet, im Altglascontainer gelandet wäre. Noch in Bremen hatte ich angefangen, mich mit Nachhaltigkeit und Minimalismus zu beschäftigen. Doch was ist Nachhaltigkeit überhaupt? Nachhaltigkeit bedeutet: Weiterdenken. Es bedeutet, zu hinterfragen, welche Ressourcen verbraucht werden können, ohne der Umwelt besonders zu schaden. Nachhaltigkeit bedeutet, umsichtig zu konsumieren. Es gibt viele Zusammenhänge zwischen Nachhaltigkeit und Minimalismus. Denn je weniger ich besitze und je weniger ich neu anschaffe, sondern die Dinge dauerhaft nutze, desto nachhaltiger lebe ich in der Regel. Ressourcenschonend meint, im Einklang mit der Natur zu leben.

Damals hatte ich mir ein Buch gekauft, »Einfach leben« von Lina Jachmann, das bis heute mein absolutes Lieblingsbuch ist, weil es mich zum Umdenken bewegt hat. Ich verleihe es seit Jahren an verschiedene Freunde und Bekannte. Ursprünglich hatte mich an ihm die Begeisterung für eine cleane Ästhetik angesprochen.

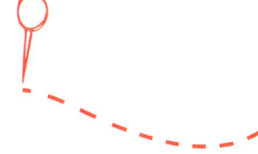

Wenig zu besitzen fand ich cool.

Ebenso, dass Räume aufgeräumt und sauber sein sollten. Weniger ist mehr. Denn je weniger ich besitze, desto mehr Zeit habe ich für die wirklich wichtigen Dinge im Leben. Besitz bedeutet Verantwortung, Pflege, Instandhaltung. Beim Reisen mit dem Segelboot sind wir fast dazu gezwungen, unseren Besitz zu minimieren. Wir haben wenig Platz, und je mehr Zeug auf dem Boot herumfliegt, desto gefährlicher wird's, wenn wir segeln und nicht alles gut verstaut wurde. Gegenstände fliegen bei Schräglage gern mal durchs Schiff. Es muss sich alles gesichert an seinem dafür vorgesehenen Platz befinden. Und je weniger Gewicht wir an Bord haben, desto schneller können wir uns fortbewegen. Es ist ein großer, zusammenhängender Kreislauf. Es bringt mir unendlich viel Spaß, alles zu hinterfragen: Brauche ich diesen Gegenstand wirklich? Ich liebe es auszusortieren, und als wir unsere Wohnung aufgelöst und alles verkauft hatten, da habe ich mich plötzlich ganz frei gefühlt. Mein gesamtes Leben befindet sich inzwischen auf der Hevandelli, und heute habe ich ganz unerwartet ein weiteres, eigentlich nicht benötigtes Glas aussortiert.

MALIN, 20. OKTOBER 2020 – GULDBORG

Der Nebel verschlingt fast unseren Bug, und der dazu passende Nieselregen macht es auch nicht besser. Es herrscht eine mystische Stimmung. Der erste richtige Herbsttag kommt Ende Oktober relativ spät. Zuvor war der Herbst eher golden, mit viel Sonnenschein und milden Temperaturen. Vor der Klappbrücke vom Guldborgsund versuchen wir zu-

nächst vergebens, diese über unser Funkgerät zu erreichen. In den Seekarten konnten wir bisher keinen Funkkanal finden. »Guldborgbridge,
Guldborgbridge, Guldborgbridge, this is sailboat Hevandelli«, rufe ich
ins Mikrofon. Keine Antwort ist auch eine Antwort. Oft hatten wir Brücken und Schleusen während unserer Kanaltour mit Fiete angefunkt,
und obwohl wir häufig keine Antwort bekamen, öffnete man sie für uns.

Wir fahren weiter auf die Straßenbrücke mit ihren zwei Bogenseg-
menten zu. Falls hier ein Brückenwärter sitzt, muss er uns spätestens
jetzt sehen, falls er nicht gerade die Toilette besucht oder versehentlich
eingeschlafen ist. Nur wenige hundert Meter trennen uns noch von den
Stahlpfeilern der Brücke. Langsam aber sicher kommt sie beängstigend
nahe. Ein weißes Licht. Endlich, die Brücke setzt auch ohne Funk zum
Öffnen an.

Dahinter wartet der kleinste Hafen, den wir bisher angesteuert
haben. Superenge Boxen und wenig Platz zum Wenden. Beim ersten
Versuch, Hevandelli in eine Box zu manövrieren, ruckt es ordentlich
im Schiff. Beim Blick aufs Echolot wird mir klar, warum. Wir haben
Grundberührung. Shit. Was nun? Auch der nicht gerade schwache
Wind drückt uns nun gegen die Holzdalben. Vollgas rückwärts. Un-
kontrolliert treiben wir durch den fast leeren Hafen. Leichte Panik
macht sich breit. Jetzt nicht die Fassung verlieren. Ich blicke hektisch
umher. Wie kommen wir hier am besten aus der Sache heraus? Vorwärts, rückwärts, vorwärts. Der Motor muss alles geben.

Schließlich winkt uns ein Mann in Richtung Holzsteg. »Hier ist es
bestimmt tief genug«, ruft er. Na gut, letzter Versuch. Ansonsten müssen wir, inzwischen völlig durchgefroren, noch ein ganzes Stück weiterfahren. Jedoch: geschafft. Nach zehn Minuten liegen wir sicher am Steg
und bedanken uns für die Hilfe.

»Der Hafen versandet durch die Strömungen im Sund immer mehr,
und wenn die Saison im Herbst vorbei ist, wird auch nicht mehr aus-
gebaggert«, erklärt uns der Mann, der uns netterweise beim Anlegen
geholfen hat.

ANNA, 24. OKTOBER 2020 – NYKØBING

Seitdem wir in Nykøbing angelegt haben, sitzt jeden Tag ein Mann auf
der Bank vor unserem Schiff. Auf mich macht er einen gruseligen Ein-

druck. Lange graue Haare, Vollbart, Lederjacke, Sonnenbrille, vormittags schon eine Bierdose in der Hand. Dem möchte ich nachts im Dunkeln nicht begegnen, schon gar nicht allein. So dicht wie er an unserem Zuhause sitzt, fühle ich mich aber auch etwas unwohl. Malin sieht das ähnlich, und so schmieden wir den Plan, sollte er morgen wiederkommen, dann geht eine von uns zu ihm hin und spricht ihn an. Mal fragen, was er hier jeden Tag so macht, kostet ja nichts.

Nach Nykøbing, eine Kleinstadt an der Westküste der Insel Falster, sind wir nur gefahren, weil hier die Verkehrsanbindung sehr gut ist. Denn seit gestern haben wir Besuch, Theresa ist an Bord. Goldblonde Haare, helle Haut, schlank, Sommersprossen. Modebewusst, kreativ, immer gut gelaunt und lustig. Ja, das ist Theresa. Sie ist mit dem Zug aus Bremen über Fehmarn mit der Fähre angereist, um uns übers Wochenende zu besuchen. Trotz Corona. By the way, ab übermorgen soll eine Einreise aus Deutschland nach Dänemark nicht mehr möglich sein. Schade. Wäre da dieses Virus nicht, hätte das Reisen so nahe der Heimat einen riesigen Vorteil: Freunde und Familie könnten uns besuchten. Wie gern würde ich meinen Brüdern, meinen Eltern oder auch meinen besten Freunden stolz unser Leben auf dem Segelboot zeigen, auch das Segeln selbst, also was wir alles inzwischen dazugelernt haben.

Theresa hat das Tätowieren für sich entdeckt, und da sie extrem gut zeichnen kann, liegt ihr das Stechen von Bildern in die Haut besonders gut. Wenn das mal keine Einladung ist, diese Reise für die Ewigkeit auf dem Körper zu tragen. Mutig zu sein, das hatte ich mir ohnehin vorgenommen. In meinem Nacken pocht es, doch der Schmerz lässt langsam nach. Das Surren der Nadel höre ich noch im Hinterkopf. Die Pizza vor mir auf dem Teller duftet nach Italien und macht den Schmerz wieder wett. Ich bin oberhappy. Das ist das Leben! Heute hatte Theresa uns tatsächlich auf dem Boot tätowiert, Erinnerungen aus schwarzer Tinte, und jetzt gönnen wir uns als Belohnung den ersten Restaurantbesuch unserer Reise in einer dänischen Pizzeria.

Nach dem intensiven Wochenende mit Theresa wird mir eins mal wieder so richtig klar – und zwar, dass ich genau das Richtige tue. Reisen. Neues wagen. Groß denken. Mit groß denken meine ich: Visionen haben. Von einer Weltumsegelung oder einer eigenen Modelinie

Ein Anker-Tattoo, gestochen an Bord, schmückt nun Annas Rücken.

träumen. Die Möglichkeiten sind unendlich. Denn am Ende bereut man eh nur das, was man nicht getan hat. Ich gucke nach draußen, Malin steht tatsächlich am Steg und quatscht mit dem mysteriösen langhaarigen Mann.

Es stellt sich heraus, dass er Preben heißt, nur vorübergehend in Dänemark weilt und eigentlich in Spanien wohnt. Er ist liebenswürdig und offen. Zum Abschied schenkt er uns noch ein Buch, welches er dabeihat: »Sailing Alone Around the World« von Captain Joshua Slocum; der gebürtige Kanadier segelte von 1895 bis 1889 als Erster allein um die Welt. Eine Legende. Sein Reisebericht wurde erstmal erstmals 1899 veröffentlich und bald ein Klassiker. Prebens Ausgabe sieht aus, als wäre sie nicht viel später erschienen, so abgerockt wirkt sie. Völlig selbstlos schenkt er uns sein Exemplar mit den Worten: »Mädels, ihr könnt das wesentlich besser gebrauchen. Ich kenne es eh in und auswendig.« Ich schäme mich für meine Vorverurteilung dieses Menschen, ohne ihn zu kennen, hatte mir im Kopf ein schlechtes Bild von Preben gemalt. Gefährlicher, ekeliger Alki. Ich habe ihn abgelehnt, diesen Mann, der eben noch lächelnd an Bord mit uns einen Kaffee geschlürft hat. Ich habe ihm Unrecht getan, und darauf kann ich nicht stolz sein. Viel zu oft stecken wir Menschen in Schubladen und denken sogar schlecht von ihnen. Unser Blick ist häufig von vornherein kritisch und nicht offen und unvoreingenommen. Woher kommt das? Warum beurteilen wir Personen so schnell, ihre Handlungen, ihr Äußeres oder auch ihre Äußerungen, ohne mehr von ihnen zu wissen? Wir nehmen uns geradezu das Recht heraus, sie zu beurteilen, sie zu verurteilen. Fangen an zu lästern und tragen unsere Schlussfolgerungen im schlimmsten Fall noch in die Welt hinaus. Eine unangenehme Eigenschaft, die ich auch bei mir selbst beobachtet habe.

Sollte ich es nicht besser wissen? Zum Glück hatte ich die Schublade mit Preben drin noch nicht zugeschoben. Ich nehme mir vor, mich in Zukunft an diese Situation zu erinnern, wenn ich mich dabei erwische, fremde oder auch bekannte Menschen zu taxieren.

ANNA, 1. NOVEMBER 2020 – STEGE

»Fuck!« Erneut versuche ich, den Motor zu starten. Vorglühen. Einundzwanzig, zweiundzwanzig, dreiundzwanzig, vierundzwanzig, fünfundzwanzig. Start. Außer ein paar Stottergeräuschen ist da wenig zu hören. Das kann doch nicht sein! Wieso um Himmels willen springt der Motor nicht an? Wir hatten doch noch nie Probleme gehabt. Und das gerade jetzt, wo der Wind aus Richtung Hafenausfahrt kommt. Das geht nicht. Das Fahrwasser ist extrem schmal, und zum Kreuzen haben wir eindeutig zu wenig Wind.

Leicht panisch überlege ich, welche Optionen wir haben. Malins Stimme wird auch immer eindringlicher »Anna, was sollen wir machen? Noch mal versuchen zu starten?« Sie beantwortet ihre Frage selbst: »Ah, wir können es mit dem Außenbordmotor probieren!« Gute Idee, nicht umsonst hat mein Opa extra eine Halterung für einen Motor hinten am Schiff montiert. Schnell ist geklärt, dass ich solange unter Segeln weitersteuere, wie es nur möglich ist, während Malin den 2,5 PS-Motor fit macht. Das ist Anspannung pur. Ich funktioniere, es bleibt gar keine Zeit, sich unnütze Gedanken zu machen. Ich kreuze das schmale Fahrwasser entlang. Alles passiert automatisch. Malin startet unseren Außenbordmotor. Ich lasse das Segel fallen und berge es provisorisch. Leinen und Fender verteile ich beidseitig. Das Hafenbecken gucke ich mir auf dem Plotter an. Laut Zeichnung müsste man so in den Hafen hineinfahren können. Es gibt einen Steg auf der rechten Seite, an dem wir anlegen können, wenn nicht andere Schiffe ihn okkupiert haben. Das müsste klappen.

Nach dem gelungenen Hafenmanöver rufen wir Opa Heiko an. Wir fragen ihn: »Woran kann es nur liegen, dass der Motor nicht anspringt?« Aber auch er ist sprachlos, kann sich keinen Reim darauf machen.

Das erinnert mich an die Nacht am Mittelmeer, als wir bemerkten, dass wir jede Menge Wasser in der Bilge von Fiete gefunden hatten. Auch damals riefen wir bei meinen Großeltern an. Es war zweiundzwanzig Uhr, Malin und ich hatten gerade begonnen, uns Süßkartoffeln und Auberginen in der Pfanne zu braten, als Malin ein kühles Getränk aus der Bilge holen wollte. Ich öffnete damals, um ihr zu helfen, die Klappe im Fußboden – und erschrak. Alle Getränkedosen schwammen mir entgegen. Wasser in Massen. Ratlos blickten wir uns an, und nach dem Telefonat mit Opa Heiko schöpften wir die rund zehn Liter Wasser aus dem Schiff, um uns anschließend auf die Suche nach dem Ursprung zu machen. Es konnte in unseren Augen nur der Achtzig-Liter-Wassertank ein Leck haben, obwohl das Wasser salzig schmeckte.

Genervt und hungrig, weil wir seit dem Frühstück nichts gegessen hatten, kochte ich weiter, während Malin vorne im Schiff nach der Ursache forschte. Als ich ihren Schrei hörte, erstarrte ich. Unsere Blicke trafen sich, mit schreckgeweiteten Augen schrie sie:

„Anna, wir haben ein Leck!"

Ich konnte kaum glauben, was ich nun sah: Ein Wasserstrahl schoss uns entgegen. Ein Strahl, der das Ende unserer Reise bedeuten konnte. »Anna, weck unsere Nachbarn, wir brauchen Hilfe! Schnell!«, brüllte Malin. Geistesgegenwärtig rannte ich zu unserem Nachbarschiff, die Briten trugen schon ihre Schlafanzüge. »Hey, what's up?«, fragte Rachel verschlafen, doch bis sie erkannte, dass es sich um etwas Ernstes handeln musste, verging nicht einmal eine Sekunde. Ich erklärte die Situation in wenigen Worten, und Rachel und ihr Mann Fred griffen ihre Bilgepumpe und weiteres Equipment.

Malin hatte in der Zwischenzeit versucht, Fietes Loch zu stopfen, bei ihren verzweifelten Versuchen war es nur noch größer geworden. Die Fontäne hatte nun für einen knietiefen Wasserstand im Innern des Schiffs gesorgt. Fred pumpte dann das Salzwasser per Hand aus dem Boot, Malin hielt den Schlauch und Rachel hatte sich auf den Weg zur Hafen-Security gemacht, während ich unsere Wertsachen, Pässe und unsere Elektronik aus dem sinkenden Schiff auf den Anleger transportierte.

Nach jeder Menge Verständigungsprobleme und mehreren Telefonaten hatte der Security-Mann es aber schließlich geschafft, einen Kranmeister zu organisieren – und das an einem Samstagabend. Um zu ihm zu gelangen, wollte Malin das Schiff steuern. Rachel pumpte während der Fahrt weiterhin Wasser aus dem Schiff, der Franzose von der Hafen-Security zeigte ihnen den Weg. Fred und ich blieben am Steg zurück und wollten den Kran über Land erreichen. Was wir allerdings nicht wussten, war, dass das Hafenbecken einen Umfang von rund sechs Kilometern hatte und wir uns auf der anderen Seite befanden. Somit war es praktisch unmöglich, den Kran im Dunkeln und ohne Wegbeschreibung zu finden. Außerdem hatte ich noch den Rucksack geschultert, in den ich all unsere Wertgegenstände gerettet hatte. Völlig wahnsinnig. Noch Tage nach diesem Fußmarsch holte ich Splitter aus meinen Sohlen, da ich barfuß losgelaufen war.

Als Fred und ich registrierten, dass wir den Kran nie entdecken würden, kehrten wir zum An- leger zurück. Seit dem Ablegen von Fiete war bestimmt schon eine ganze Stunde vergangen. Mein Kopf explodierte fast vor Sorgen: War es den dreien gelun- gen, Fiete sicher an Land zu kra- nen? Oder kämpften sie noch in- mitten des riesigen Hafenbeckens gegen das Sinken unseres Schiffs

Mehr Rost und Löcher als Stahl – Fietes Bug

an? Mussten wir die Bergung bezahlen? Wo waren sie abgeblieben? Die Nacht war schwarz und windig, sodass wir in der Ferne nichts sehen oder hören konnten. Irgendwann fuhr ein Auto vor. Malin und Rachel! Meine Beine sackten unter mir weg, ich fiel zu Boden. Ich war am Ende meiner Kräfte, schluchzte los. Malin kam zu mir gerannt und legte sich auf mich. Unter Tränen erzählt sie: »Wir konnten Fiete retten, er steht sicher an Land. Die Leute dort waren so nett und hilfsbereit. Sie haben uns sogar mit dem Auto hierher zurückgefahren. Wir schlafen heute

Nacht bei Rachel und Fred, und morgen können wir dann zu Fiete und uns das Ausmaß des Schadens angucken. Es wird alles gut, Anna.« Ihre letzten Worte klangen für mich eher wie eine Frage. Wie sollte alles gut werden? Unser Schiff hatte ein Loch. Niemals würden wir das bezahlen können. Ich konnte nicht mehr denken. Ich wollte nur eines: aus diesem Albtraum erwachen. Noch heulend auf dem Anleger liegend, riefen wir erneut meine Großeltern an. Sie sagten: »Mädels, kommt nach Hause. Dieses Schiff wird euch keine Sicherheit mehr bieten. Ihr könnt unseres nehmen und eure Reise fortsetzen.« Zu diesem Zeitpunkt erschien mir Opas Vorschlag noch wie eine Schnapsidee.

Ferndiagnosen sind sowieso immer schwer. Ich habe absolut keine Ahnung von Motoren und auch keinerlei Interesse daran, aber das wird sich ändern müssen, um unser jetziges Problem zu lösen. Dringend. Das ist meine Erkenntnis des Tages. Es ist das erste Mal, dass wir Schwierigkeiten mit diesem perfekt ausgestatteten, gerade mal zwanzig Jahre altem Boot haben. Das ist für einen Segler noch ein junges Alter, und Opa Heiko hat das Schiff wirklich gut gehegt und gepflegt. Wir hatten die besten Voraussetzungen, um ein gebrauchtes Boot zu übernehmen.

Jedenfalls: Am nächsten Morgen hatten wir Fiete genau unter die Lupe genommen. Unsere nassen Klamotten waren noch das kleinste Übel. Die folgenden Tage verbachten wir mit Schweißern, die unseren Rumpf reparieren wollten, es gab lange Diskussionen im Hafenbüro über die Kosten und wir machten uns Gedanken darüber, wie es weitergehen sollte.

> Wir wollten uns einfach nicht von unserem ersten kleinen Schiff, unserem Zuhause, mit dem wir die letzten drei Monate eine enorme Strecke zurückgelegt hatten, trennen.

Wir wollten es nicht wahrhaben, dass die Reise zu Ende sein könnte. Fiete war uns ans Herz gewachsen, war ein Teil von uns geworden. Gemeinsam hatten wir es bis an Mittelmeer geschafft. Gerade waren wir

angekommen, nun sollte es doch erst richtig losgehen mit den Abenteuern. Andererseits: Nie hatten wir bei dem Schiff ein tiefes Gefühl
von Sicherheit und Vertrauen gehabt. Mal abgesehen von den Repara-
turkosten, die uns bevorstanden – oder gar denen einer Verschrottung.
Es war ein tagelanges, nein, ein wochenlanges Hin und Her. Mit einem
schwerfallenden, aber einzig richtigem Entschluss: Diese Reise müssen
wir erst einmal abbrechen.

Heute bin froh, dass alles so gekommen ist. Ich bin froh, dass wir
Fiete zwar aufgegeben haben, aber unseren Traum vom Reisen nicht.
Ich bin froh, jetzt hier zu sein, mit einem Motorproblem, immerhin
keinem Leck im Schiff. Denn all diese Erfahrungen machen uns stärker. Keep growing.

Viele Menschen leben nach dem Motto: »Vorsicht ist besser als Nach-
sicht«, und daran ist erst einmal nicht unbedingt etwas Schlechtes. Aber
verpassen sie dadurch nicht etwas? Womöglich auch das Scheitern? Die
meisten Menschen setzen alles daran, ein Scheitern oder einen Miss-
erfolg zu umgehen. Wer nur Sicherheit will, verpasst vermutlich die
Erfahrungen, die das Leben bereichern. Nicht ohne Grund heißt es:
»No risk, no fun.« Denn ab und zu muss auch mal was riskiert werden.
Mit Fiete sind wir zwar gescheitert, wir sind deshalb noch lange keine
Verliererinnen, nur weil wir unser erstes Schiff verloren haben. Mit Fiete haben wir so unendlich viel dazugelernt. Wir sind mit jedem Fehler,
den wir gemacht hatten, gewachsen. Denn all das, was schiefgelaufen
ist, können wir jetzt besser machen.

MALIN, 2. NOVEMBER 2020 – STEGE

»Okay Ulf, danke dir vielmals. Wir melden uns dann mit Neuigkeiten.
Ciao!«, sagt Anna in ihr Handy und legt anschließend auf.

Ulf hat uns seit gestern Nachmittag mit Rat zur Seite gestanden. Seitdem wir hier als mal wieder einziges Schiff im Hafen liegen und an
unserem Motor verzweifeln. Er steht uns allgemein zur Seite, seitdem
wir ihn zusammen mit seiner Frau Gaby auf einer Bootsmesse kennengelernt und anschließend im Kiel-Kanal, auch Nord-Ostsee-Kanal genannt, aufs Schiff eingeladen haben. Er ist unser Telefonjoker, und wir
haben schon eine Menge von ihm gelernt. Bei so einem größeren Problem kann es selbst für einen Experten schwierig sein, zwei ahnungs-

losen Mädels, die gerade mal wissen, wo sich der Motor befindet, zu erklären, woran es liegen kann, dass er nicht anspringt.

Nun ist es abends. Draußen regnet es und wir wissen immer noch nicht, was die Maschine für ein Problem hat. »Es kann der Anlasser sein oder die Batterie oder die Kabel«, sagte Ulf am Telefon.

»Was ist denn bitte ein Anlasser? Welche Batterie von den dreien ist denn die Starterbatterie? Hier sind endlos viele Kabel, alle sehen gleich aus und verschwinden hinter der nächsten Wand.«

Wir fühlen uns ahnungslos und sind es auch. Wir wissen nicht mehr weiter.

»Malin, es nützt nichts. Wir kommen mit Ferndiagnosen allein nicht weiter. Wir wissen nicht mal, wie man die Spannung einer Batterie misst. Haben keine Ahnung, was Spannung überhaupt ist. Jetzt hilft nur, Geld in die Hand zu nehmen und den Motorenservice zu beauftragen.«

»Ja, du hast recht. Das wird bestimmt teuer. Stell dir vor, das könnte das Ende unserer Reise sein, weil die Reparatur viel zu viel kostet.«

Wir fangen beide an zu weinen. Ich sitze auf den Treppen des Niedergangs, den Kopf auf den Händen abgestützt, die Ellenbogen auf den Knien, und weine in meine Handflächen hinein. Anna sitzt am Tisch, den Kopf auf ihm abgelegt, und schluchzt.

»Lass uns pennen gehen. Heute werden wir eh nichts mehr machen können.«

MALIN, 4. NOVEMBER 2020 – STEGE

Zwei Tage am Stück war nun ein blonder, junger Mann vom Bootsmotoren-Service hier. Wir sind über 500 Euro, aber dafür auch um ein Problem ärmer. Es hat sich gelohnt. Auf einen Motor sollte man sich verlassen können. Er muss in Notsituationen anspringen, sonst kann es schnell lebensgefährlich werden. Wir haben zwar nicht ganz verstanden, was der Mechaniker gemacht hat, aber versucht, ihm auf die Finger zu schauen. Zumindest haben wir jetzt begriffen, wo der Anlasser sitzt und was sein Job ist. Man nennt ihn auch Starter, und wie der Name schon sagt, startet er den Motor. Und genau das war das Problem. Wir konnten den Motor nicht mehr starten. Nachdem der Mechaniker den neuen Starter eingebaut hat, läuft die Maschine wieder.

Wir sind happy, dass die Reise weitergehen kann.

»Ich koche uns Nudeln. Daran kannst du dich gewöhnen. In den nächsten Wochen gibt's es nur noch Nudeln oder Reis. Dann haben wir bald unseren neuen Anlasser wieder drin!«, sage ich, krame in dem Vorratsschrank rum und finde noch eine halb volle Tüte mit Penne.

»Das kannst du vergessen!«, kontert Anna. »Wenn wir irgendwann wieder in Schweden sind, dann kaufe ich mir Zimtschnecken.«

Wir hätten schon wieder Lust auf Schweden. Wir mögen Dänemark, in Schweden haben wir uns verliebt. In die hilfsbereiten Leute, in die schönen, einsamen Häfen und vor allem in die Natur. In die günstigeren Supermärkte im Vergleich zu Dänemark.

»Schon krass, wie viel wir in den letzten Tagen gelernt haben, oder? Nicht nur, wie wir bei einem Maschinenausfall in einen Hafen einlaufen, sondern auch, wie man eine Batteriespannung misst, dieses Voltmeter bedient, die Funktionsweise eines Dieselmotors, wo der Anlasser sitzt, wie er funktioniert und welches Werkzeug man benötigt, um ihn auszubauen«, sage ich stolz zu Anna in der Hoffnung, dass auch sie sich gedanklich auf die Schulter klopft.

»Ja, fürs nächste Mal wissen wir, was zu tun ist. Mit dem Wissen kann man eine Menge Geld sparen und macht sich nicht abhängig.«

Viele, sehr viele Menschen haben uns gesagt: »Mädels, bevor ihr mit so einem Abenteuer startet, macht doch erst mal einen Motorkurs, einen Segelschein, ein Schwerwettertraining, ein Trimmtraining.« Wir wären jetzt noch nicht gestartet, wenn wir diese Ratschläge befolgt hätten. Das Schiffsystem ist so komplex, das haben wir in letzter Zeit zu spüren bekommen. Man kann nicht alles auf einmal lernen, und vor allem kann man sich nicht alles vor der Reise aneignen. Wir beschäftigen uns mit den Problemen dann, wenn sie auftreten. Wir starten bei Null und widmen uns dann intensiv dem Problem. An den letzten Abenden habe ich Anna statt der gewohnten Abendlektüre von Eckhart Tolle ein Buch über die Funktionsweise des Dieselmotors vorgelesen. Und ja, sie ist so schnell eingeschlafen wie noch nie, mitgenommen haben wir trotzdem etwas.

Man kann sich sowieso nicht auf jedes Problem vorbereiten. Wir werden weiterhin genauso vorgehen. Solange etwas am Schiff funktioniert, werden wir uns damit nicht auseinandersetzen. Dafür gibt es genug Dinge, die mehr Aufmerksamkeit benötigen. In meinen Augen machen wir alles richtig.

ANNA, 7. NOVEMBER 2020 - RØDVIG

Nachdem wir ungewollt eine Woche in Stege verbracht haben, können wir erstmals wieder die Segel setzen. In den letzten Tagen habe ich unglaublich viel über Motoren gelernt, was auch nicht wirklich hilft. Nicht in diesem Moment. In Stege haben wir von einem Yachtservice überteuert unseren Starter austauschen lassen, danach lief der Motor wieder. Jetzt, auf dem Wasser, kurz vor dem nächsten Hafen, fängt der Motor wieder an zu stottern. Zum Glück springt er nach dem dritten Versuch doch noch an. Aufatmen. Trotzdem macht sich eine extreme schlechte Laune zwischen uns breit. Diese Fehlersuche im Dunkeln zehren an den Nerven. Danach versauen wir auch noch das Anlegemanöver und sorgen für ein herrliches Hafenkino. Schließlich fahren wir spontan in eine freie Box, in die wir gar nicht hineinwollen. Nur weil uns der Wind dort hineindrückt und wir es nicht schaffen, wieder aus ihr herauszukommen. Unsere Nerven liegen mittlerweile blank.

Eigentlich wollen wir morgen nach Schweden segeln und ein weiteres Mal Jule und Lukas treffen, bevor sie ihre Heimreise nach Deutschland antreten. Womöglich können wir diesen Plan gleich wieder streichen. Kaum angekommen, kümmern wir uns um Lösungen, damit wir doch noch fahren können, aber keine bringt ein vielversprechendes Ergebnis. Mies gestimmt, müde, hungrig und in Gedanken beim Motor verabschieden wir uns am späten Abend in die Koje. »Morgen ist ein neuer Tag«, sage ich noch zur Aufmunterung.

Am nächsten Morgen wachen wir ähnlich schlecht gelaunt auf, denn das Problem mit dem Motor hat sich nicht über Nacht aufgelöst. Auch wenn ich es mir so sehr gewünscht hätte. Doch als ich zum Lüften die Schotten öffne, traue ich meinen Augen kaum. Auf unserem Korb im Heck sitzt ein riesiger blauer Vogel. Ein Papagei, und wie sich später herausstellt, ein Gelbbrustara. Er blickt mich direkt an. Ich bin mir in diesem Moment nicht sicher, ob ich die Türen nicht wieder zuschmeißen soll. Darauf bin ich so früh am Morgen nicht vorbereitet. Stattdessen rufe ich Malin. Mit Zahnbürste im Mund ist sie nicht weniger erstaunt. »Wo kommt der denn her?«, nuschelt sie.

Neugierig hüpft der Vogel Richtung Schiffseingang.

Nee, nee, nee, du kommst hier nicht rein. Schnell schließe ich die Schotten und beobachte das leuchtende Gefieder durch die kleinen Plexiglasfenster in den Türen. Mit seiner schwarzen Zunge und dem großen Schnabel tastet der Ara alle Untergründe und Gegenstände behutsam ab. Ich bin völlig fasziniert. Wir taufen ihn Blacky, nach dem Papagei aus den Büchern beziehungsweise Hörbüchern mit den drei Fragezeichen. Neben der ZDF-Serie »Bares für Rares« hören wir sie fast jeden Abend beim Kochen. Blacky hat es uns sogar so sehr angetan, dass wir ihn für das perfekte Tier an Bord halten. Er könnte überall frei herumfliegen, auf allen Ozeanen dieser Welt. Irgendwann hat der Ara sich dazu entschieden, zu seinem Zuhause zurückzukehren.

Nach einiger Überlegung kommen wir zu dem Entschluss, dass unser Motorproblem auch in Schweden gelöst werden kann. Unser Abstecher nach Dänemark hat uns landschaftlich sowieso nicht besonders zugesagt. Natürlich ist es hier auch schön, aber in Schweden haben wir uns aus unerklärlichen Gründen wohler gefühlt. Das ist wiederum auch ein Entschluss für ein Winterquartier in Schweden. Kopenhagen ist Vergangenheit. Zudem: Das Coronavirus schlägt in Dänemark gerade richtig zu und die Einschränkungen im alltäglichen Leben werden ständig verschärft. Eine mutierte Variante des Virus ist unterwegs. In Schweden fühlen wir uns willkommener. Es mag auch mit dem Motorstress der letzten Woche zusammenhängen und der Tatsache, dass in Skanör altbekannte Gesichter auf uns warten. In dieses Urlauber-

Blacky fühlt sich wohl bei uns an Bord. Wir haben gehörigen Respekt.

paradies wollte ich sowieso gern zurück, oft habe ich in den letzten Wochen an diesen Ort gedacht. Der Sandstrand, die bunten Holzhütten, der leere, kleine Hafen – sie hatten es mir angetan.

Den Motor lassen wir während der gesamten Überfahrt laufen. Wir wollen kein Risiko eingehen, dass er auf dem Wasser kurz vor der Hafeneinfahrt plötzlich nicht mehr anspringen will. Nach fünf Stunden auf See erreichen wir unser Ziel. Ich bin erleichtert und froh, hier zu sein und das Schiff sicher am Steg zu vertäuen.

MALIN, 11. NOVEMBER 2020 – SKANÖR

Jule und Lukas sind auf dem Rückweg, ihre Zeit in Schweden ist um. Sie haben in den letzten acht Wochen sehr viel mehr Strecke zurückgelegt als wir. Ihre Reisezeit ist begrenzt, da macht ein schnelleres Fortbewegungsmittel natürlich Sinn. Gestern Abend haben sie uns im Hafen besucht, und heute wollten sie die Fähre Richtung Deutschland nehmen. Allerdings hat es ihnen bei uns so gut gefallen, dass sie nun erst in zwei Tagen die Heimreise antreten werden.

Wir tauschen uns über die vergangenen Wochen aus, abends kochen wir gemeinsam. Jule und Lukas geben uns noch einige Geheimtipps für die Ostküste, die wir bereisen wollen, sobald die Temperaturen im nächsten Jahr wieder ansteigen. Lukas schwärmt: »Manchmal war es dort sehr einsam, an manchen Tagen haben wir nicht einen Menschen gesehen, doch das hat auch etwas Mystisches gehabt. Wir haben uns dann so gefühlt, als wären wir nur zu zweit auf der Welt, inmitten unberührter Natur.«

Es muss sich komisch anfühlen, nach einer so tollen Zeit ins deutsche Alltagsleben zurückzukehren. Die Tage nach dem Urlaub waren für mich immer die schlimmsten gewesen. Ich konnte mich nur schwer mit dem üblichen Lebenskarussell arrangieren, das für mich nur wenige Glücksmomente bereithielt. Ich kann mir gerade nicht vorstellen, wieder wie Lukas und Jule in dieses einzusteigen. Schon beim Gedanken daran wird mir ganz schwindlig. Lieber lasse ich mich von Wellen durchschütteln und spüre den Wind auf meiner Haut. Mir ist klar, dass man davon nicht leben kann. Dass uns irgendwann das Geld ausgehen wird. Ich denke, unser Wille zur Freiheit wird uns schon den Weg weisen. Hat uns schon den Weg gewiesen. Da unsere Reichweite über die sozialen Medien täglich wächst, verdienen wir inzwischen ein kleines Taschengeld. Die Videos auf YouTube haben wir monetarisiert, über unsere Website verkaufen wir Hoodies und Shirts mit unserem Logo, und in unseren Köpfen schwirren noch viele weitere Ideen, die umgesetzt werden wollen. Denn eine Sache habe ich, seitdem wir unterwegs sind, auf jeden Fall gelernt: Geld kann man mit fast allem verdienen, wenn man sich traut.

ANNA, 17. NOVEMBER 2020 – SKANÖR

Es pfeift gehörig. Nachdem sich Skanör in der letzten Woche von seiner schönen Seite gezeigt hat, zeigt es sich jetzt von einer nervigen, ätzenden Seite. Jule und Lukas sind inzwischen abgereist, am darauffolgenden Wochenende kam Jana zu Besuch, zuletzt hatte sie in Halmstad bei uns an Bord übernachtet. Wir unternahmen einige lange Spaziergänge am weißen Sandstrand und erkundeten mit ihrem Auto die Gegend. Ich war erstaunt über die Weite, die vielen Felder und Wälder.

Malin sagte: »Manchmal wünsche ich mir, auch das Binnenland mit dem Schiff angucken zu können.«

»Dann musst du Räder drunterschrauben«, scherzte ich.

Es nieselt. Und der Wind fängt an, mir auf die Nerven zu gehen. Im Schiff klappert und rappelt es, deshalb tut es gut, für einen Moment draußen zu sein. Trotz des ekeligen Wetters. Dieser ungeschützte Hafen, den ich letzte Woche noch als meinen Lieblingsort auserkoren habe, verliert seinen Charme. Seltsam, wie ein Ort plötzlich an Bedeutung verliert ohne die schönen Momente und die Menschen, die ihn lebendig gemacht haben. Bei mir war es vermutlich auch der Sonnenschein, der Skanör hat so wunderbar strahlen lassen.

Die Steine unter mir sind nass. Ich ärgere mich über mich selbst. So unnötig ist diese kleine Zankerei mit Malin eben gewesen. Alles an Bord hatte mich aufgeregt. Das Schaukeln. Die Geräusche. Gereizt reagierte ich, als wir darüber diskutierten, ob wir weiterfahren oder bleiben sollen. Die Wind- und Wettervorhersage geben keine Hoffnung auf Besserung, es soll nur noch stürmischer werden. Doch wenn wir Skanör verlassen, wohin soll es dann gehen? Zurück nach Malmö, ins verfrühte Winterlager, oder die Südküste Schwedens entlang Richtung Osten? Keiner von und beiden konnte sich entscheiden. Dazu kommen unsere

Sorgen um den Motor. Mal springt er an, mal nicht. »Segel doch alleine weiter«, habe ich Malin angeschrien. »Ich habe keinen Bock mehr!« Dabei kann sie ja auch nichts für unsere missliche Lage, dafür, dass wir uns schwertun mit unseren Entschlüssen.

Das ungemütliche Wetter lässt meine Gedanken an einen Winter in Skandinavien nicht besser werden. Schon lange habe ich mich damit abgefunden, nicht mehr in den Süden zu segeln und in Schweden zu überwintern, mein Reise-Sommerherz blutet trotzdem. In diesen grauen Tagen vermisse ich die Sonne. Ihre Wärme und den blauen Himmel. Grau bedrückt mich, und die Aussicht auf noch mehr Grau ist nicht besonders berauschend. Aber wie Malin sagt: »Stell dir doch mal den ganzen Schnee vor und die gemütlichen Abende vorm Kamin. Wir trinken Glögg und backen Kekse. Das sind richtige Winter-Vibes.«

Hier hatte Skanör noch seinen Charme. Kein Wind, keine Welle im leeren Hafen.

Stimmt ja. Nur: Einen Cocktail unter Palmen im Bikini würde ich auch nicht ablehnen.

Weg mit den Sorgen, ich stapfe wieder Richtung Boot. Denn wenn der Haussegen oder besser gesagt der Bootssegen schief hängt, ist das total unnötig und hilft keinem weiter. Auf unserem kleinen Raum ist da sowieso kein Platz für übrig. Immer wieder werden wir gefragt, ob wir uns auf so engem Raum nicht öfter mal streiten würden. Malin und ich sind diesbezüglich ein eingespieltes Team. Beide hassen wir Streit und gehen ihm meistens aus dem Weg. Das heißt, sobald die eine von uns gereizt oder genervt ist, verschwindet die andere für ein paar Stunden. Das funktioniert natürlich nur im Hafen. Beim Segeln auf dem Wasser ist sowieso kein Platz für Differenzen. Da müssen wir zusammenhalten. Und bisher sind wir mit dieser Strategie ganz gut gefahren. Wir merken relativ schnell, wenn wir mal Zeit für uns brauchen.

»Also fahren wir morgen raus, ja?«, fragt Malin etwas unsicher.

»Genau, und wenn wir uns unsicher fühlen und uns das Ganze da draußen zu viel wird, drehen wir einfach wieder um«, entgegne ich. Somit haben wir uns entschlossen, wir wollen es wagen. Den Absprung nach Malmö. Die Flucht vor dem anstehenden Sturm. Die Luft ist raus, das habe ich schon in Dänemark gemerkt. Die große Freude über neue Orte, sie ist verflogen. Ich sehne mich nach einem festen Platz. Nach Gewohnheiten. Die neuen Erlebnisse konnte ich zuletzt gar nicht mehr ausreichend wertschätzen.

Ich fröstele. Das Wetter hat sich nicht verbessert, sondern eher verschlechtert, inzwischen gießt es wie aus Eimern, und da die Sicherung für unsere Bordelektrik durchgehend rausfliegt, hatten wir auch noch nicht mit Heizen anfangen kommen. Da kommt ein Saunabesuch doch ganz gelegen. Das nagelneue Kallbadhuset, wie die Schweden ihre Saunahäuser am Meer nennen, haben wir schon bei unserer Ankunft in Skanör entdeckt. Sauna und Skandinavien gehört für mich einfach zusammen, das hatte ich schon in Aarhus so empfunden, wo wir sogar das Glück gehabt hatten, durch das Panoramafenster der Sauna aufs Meer zu blicken.

Die Hitze und auch das Baden im Meer tun so gut. Der ganze Körper erholt sich, und hinterher in der Koje fühle ich mich fast wie neu geboren. Da kann der morgige Segeltag ja kommen!

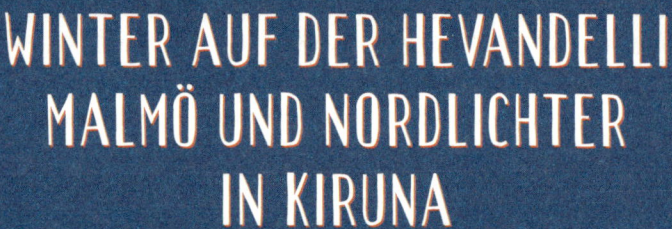

WINTER AUF DER HEVANDELLI MALMÖ UND NORDLICHTER IN KIRUNA

Wir überwintern auf der Hevandelli in Malmö,
gehen einkaufen, so etwas wie normaler Alltag
kehrt in unser Leben ein. Weihnachten zieht
es uns aber nach Hause zu unseren Familien,
mit der Bahn geht es nach Norddeutschland.
Der schwedische Winter ist bei unserer Rückkehr
kälter als erwartet, kurzerhand entschließen wir
uns, zum Polarkreis zu reisen: Wir wollen die Nordlichter sehen. Ein magisches Spektakel.

MALIN, 18. NOVEMBER 2020 – SKANÖR BIS MALMÖ

Ich liege auf dem Rücken in der Koje. Wieder eine schlaflose Nacht. Wieder Angst um die Leinen, ums Schiff. Mit jeder Windböe ruckten die vier Tonnen der Hevandelli an den Festmacherleinen. Und bei jedem Rucken drehte sich mein Körper auf die linke Seite. Wenn die Leinen sich vollends streckten, ruckte das Schiff mit Wucht zurück gegen den Anleger. Die Fender werden dabei so zerquetscht, dass es mich wundert, dass noch keiner von ihnen zerplatzt ist. Dabei drehte sich mein Körper erst zurück auf den Rücken, dann, beim Aufprall gegen den Steg, auf die rechte Seite. Dazu das laute Knarzen der Leinen, das nervige Quietschen der Fender, das angsteinflößende Heulen des Windes im Mast und das lautstarke Schlagen der Wellen unter das Heck. Selbst ich kann dabei nicht schlafen.

Ich schaue aufs Handy. 4:46 Uhr. In drei Stunden wollen wir aufstehen. Wir wollen den Hafen von Skanör verlassen, bevor es morgen mit zehn Windstärken genau hier in die Hafeneinfahrt bläst. Noch nie waren wir bei so viel Wind unterwegs. Ich liege im Bett und zweifle daran, dass wir in vier Stunden bei solchen Bedingungen mitten auf dem Wasser sein werden. Ich stelle mir vor, wie da draußen die Wellen toben. Wie wir von ihnen hin und her geworfen werden und wie wir es überhaupt schaffen sollen, bei diesem starken seitlichen Wind vom Anleger wegzufahren. Und wird der Motor anspringen, wenn wir ihn in der Not brauchen?

Endlich klingelt der Wecker. Angespannt, ohne viel miteinander zu sprechen, ziehe ich mir meine zwei paar Wollsocken, die Merinounterwäsche sowie das dicke und warme Ölzeug an. Anna macht im Schiff alles seefest. Auch sie weiß, dass es heute so windig und wellig wie noch nie sein wird, und verstaut Töpfe, Pfannen, Gläser und Blumen so, dass sie selbst bei extremer Schräglage nicht herunterfallen.

Ich bereite draußen alles vor, befreie die Segel von ihren Schutzkleidern und binde sogar schon das dritte Reff in das Großsegel. Kleiner kann man es nicht machen. Wenn auch diese Segelfläche zu groß sein wird, um das Schiff kontrolliert zu steuern, muss das Großsegel vollständig geborgen werden.

So eindringlich haben wir noch nie unser Ablegemanöver besprochen. Und dann geht es los. Schwimmweste anlegen, Motor starten –

und raus. Das Manöver war nicht das idealste, aber wir sind froh, ohne Schäden den Hafen verlassen zu haben.

Mit größer werdender Welle hinter der Ausfahrt setze ich die Segel mit viel Stress, denn dem Motor wollen wir es nicht weiter zumuten, bei so einem Geschaukel zu laufen. Das Schiff gleitet nur so dahin, wird von den Wellen Richtung Malmö geschoben. Es ist unser letzter Törn für dieses Jahr, in Malmö wollen wir unser Winterlager aufschlagen.

Anna steht mit ernster Miene im Niedergang und beobachtet, wie das Wasser ins Cockpit spritzt und welche Welle uns mehr erwischt. Ich steuere, die eine Hand festgekrallt ums Achterstag, ein am Heck befestigtes Seil, die andere Hand fest um die Pinne, bis zur Öresundbrücke. Sie markiert die Hälfte unseres Törns, und wenn wir es bis dahin geschafft haben, sollte der schwierigste Teil hinter uns liegen. Denn dann befinden wir uns im Schutz der Brücke, die bestimmt ein paar Wellen aufhält. So male ich es mir zumindest aus.

Bei diesen Bedingungen steuere ich gern selbst das Schiff. Ich vertraue mir und meiner Konzentrationsfähigkeit einfach mehr als der von Anna, das weiß sie auch. Und solange sie mich machen lässt, ist das keine schlechte Konstellation. Zudem ist der Ruderdruck extrem hoch, und da ich stärker bin als sie, sind die Aufgaben gut verteilt. Anna schaut immer wieder auf dem Plotter nach, ob wir noch auf Kurs sind oder ob irgendwelche Hindernisse existieren. Doch leider reagiert der Touchscreen des Kartenplotters nicht auf ihre eingefrorenen Hände. Egal, es muss auch so gehen.

Mit jeder Welle, die gegen die beiden Ruder unterm Schiff schlägt, versucht sich die Pinne aus meiner Hand zu reißen. Ich stemme mich mit meinem ganzen Körper dagegen und gebe mein Bestes, das Schiff nicht seitlich zur Welle kommen zu lassen. Doch kurz vor der Brücke, als sich die Wellen noch einmal türmen und wir unbedingt geradeaus steuern müssen, passiert es. An beiden Seiten befinden sich Fahrwassertonnen und wenig dahinter die riesigen Betonbalken der Brücke, an denen die Wellen nur so zerschellen und auf uns zurückrollen, und in diesem Moment habe ich keine Macht mehr über die Pinne. Sie entgleitet meiner Hand und das Schiff schlägt quer. Anna und ich werden durchs Cockpit geschmissen.

»Schotten dicht«, schreie ich, ich habe Angst, dass wir kentern. Die

Segel flattern, wir haben keine Fahrt mehr im Schiff und die nächste große Welle kommt angerollt.

Hevandelli war noch nie so schräg, und ich bin froh, dass wir beide angeleint sind.

Nachdem die Welle unter unserem Boot hindurchgerollt ist, bringen wir es mit Mühe wieder auf Kurs. Wir hatten einfach zu wenig Fahrt, weil der Wind in Brückennähe plötzlich nachgelassen hatte und die Strömung von vorne immer stärker wurde. Dadurch spielte das Meer mit uns wie mit einem Tischtennisball.

Unter großer Anspannung segeln wir mit zwei Knoten durch die gefährlich wirkenden Betonpfeiler hindurch. Danke für dein Vertrauen, Anna. Ich hätte ihr wahrscheinlich in der Situation das Steuer entrissen und selbst versucht (vergeblich), es besser zu machen. Wir sind erleichtert. Und tatsächlich, hinter der Brücke werden die Wellen kleiner und der Wind weniger.

Anna beschließt, das Reff vom Großsegel rauszubinden, um schneller und dadurch wieder sicherer zu segeln. »Pass auf, dass du nicht gegen die Großschot trittst«, höre ich Anna leise sagen, während ich in den bedrohlich ausschauenden, tristen Himmel blicke und völlig unkonzentriert bin. Ich muss an die Situation kurz vor der Brücke denken – und mir wird heiß. Ich zittere vor Angst. Dann sehe ich aus dem Augenwinkel, wie Anna verlassen mitten auf dem Schiff steht, und in diesem Moment komme ich aus Versehen mit dem Fuß gegen die Großschot. Diese rauscht durch den enormen Winddruck sofort aus, der Baum schlägt mit dem Großsegel zur Seite. Nach Backbord, dort, wo Anna ist. Ich bücke mich und greife schnell zur Großschot, um den Baum aufzuhalten. Ich schaue wieder hoch und suche nach Anna. Und da, endlich. Ihr Kopf taucht vorsichtig hinter dem Sprayhood auf, unserem Halbverdeck. »Das war haarscharf«, sagt sie und geht wieder ihrer Arbeit am Segel nach. Ich kriege kein Wort heraus, stehe wie angewurzelt da und fange an zu weinen. Hätte sie sich nicht so schnell gebückt, hätte ich sie jetzt umgebracht. Höchstwahrscheinlich wäre sie durch die Wucht des Baums gegen den Kopf bewusstlos über Bord gefallen. Ich kann es nicht glauben, dass mir so ein grober Fehler passiert ist, und schäme mich abgrundtief. Noch leicht abwesend löst mich Anna vom Steuerstand ab. Wir nähern uns der Skyline von Malmö, die hinter dem grauen Nebel auftaucht.

Wir haben es geschafft. Wir sind angekommen. Das Segeljahr 2020 ist jetzt zu Ende. Und als Abschluss, als Bestandsprobe sozusagen, blicken wir nun, während wir in trockenen Klamotten im warmen Schiff sitzen und der Ofen knistert, auf diesen Törn zurück. Der aufregendste bisher. Der abenteuerlichste und auch der gefährlichste.

Wir beschließen, uns mit einem DVD-Abend zu belohnen, mit »Freche Mädchen« und »Freche Mädchen 2«, danach noch ein Rosamunde-Pilcher-Film. Andere schauen Action- und Horrorfilme, weil ihr Leben sonst so langweilig ist, wir schauen die langweiligsten Teenie- und Oma-Filme, um uns von unserem Abenteuer namens Leben zu erholen.

ANNA, 18. NOVEMBER 2020 – MALMÖ

Mit drei Reffs, also der kleinsten Segelfläche, die wir haben können, geht es in schnellem Tempo Richtung Öresundbrücke. Halber Wind und die seitliche Welle lassen Hevandelli ordentlich rollen. Wir sind Frau der Lage, die Wachsamkeit lässt keineswegs nach. Ich beobachte abwechselnd Segel, Welle, Plotter und Windanzeiger im Mast.

Unten im Schiff suche ich nach der Kamera. »Anna, komm raus«, ruft Malin. »Ich möchte dich beim Passieren der Brücke dabeihaben.« Die Brückenpfeiler türmen sich vor uns auf. Der blanke Beton sieht in dem heute eher dunklen Licht bedrohlich aus. Brücken geben mir auf dem Wasser sowieso kein gutes Gefühl. Sie türmen sich vor einem auf und ich merke dann, wie klein wir auf unserem schwimmenden Joghurtbecher wirklich sind. Der Gedanke, man könnte gegen die Pfeiler getrieben werden, bleibt nicht aus. Und so sehr ich es auch will, ich kriege ihn nicht aus meinem Kopf. Hinzu kommt, dass der Wind durch die Brücke gestört werden kann und nicht mehr stetig aus derselben Richtung in unsere Segel weht. Es können im Wasser Strömungen entstehen, die man nicht unbedingt sieht. All das ist schwierig zu kalkulieren und macht die Brückendurchfahrt zu einem Herzstillstand-Moment.

Unter Deck bei Schräglage und Geschaukel

»Fuck!« Ich blicke in Malins aufgerissene Augen. Hevandelli dreht Richtung Wind. Wir liegen seitlich zur Welle, ordentliches Schaukeln. Ich stehe im Cockpit und greife blitzschnell nach der Reling, um nicht das Gleichgewicht zu verlieren und im Wasser zu landen. Das Schiff wird durch Wind und Welle für einige Sekunden stark zur Seite gedrückt. Wir haben eine enorme Schräglage. Bis Malin das Ruder wieder unter Kontrolle hat, dauert es nur einen kurzen Augenblick. Der Druck durch die starken Wellen war einfach zu groß. Das bedeutet, dass Hevandelli durch die Welle einfach zur Seite gedrückt wurde, obwohl Malin mit dem Ruder dagegen angegangen ist. Keine Chance. Für die unberechenbaren Umstände vor der Brücke ist unsere Segelfläche zu klein, wir hatten zu wenig Fahrt. Nur so kann ich mir die brenzlige Situation erklären.

Knapp zwei Stunden später laufen wir in den Hafen von Malmö ein. Endlich. Der Motor ist wider Erwarten angesprungen. Zum Glück, aber wir waren uns relativ sicher, wir hätten es auch ohne ihn in den Hafen geschafft, sei es unter Segeln oder mit dem kleinen Außenbordmotor. »Willkommen in deinem neuen Zuhause«, flüstere ich Hevandelli und auch mir erleichternd zu. Dieser Hafen wird unser Winterlager sein. In ihm hatten wir uns wohlgefühlt, als wir vor mehr als einem Monat hier waren, und ich bin mir sicher, wir werden uns auch jetzt wohlfühlen. Ein wenig scheint es, als bräuchten wir alle drei – Malin, das Schiff und ich – eine Pause. Eine Auszeit, um uns wieder mit neuer Entdeckerenergie aufzuladen, mit neuen Plänen und frischer Ausstattung. Ich bin angekommen, und das ist alles, was in diesem Moment zählt. Ich bin angekommen nach dieser angespannten Überfahrt. Ich bin angekommen nach einem halben Jahr Rastlosigkeit, einem halben Jahr außerhalb meiner Komfortzone, einem halben Jahr Abenteuer. Ich bin ein kleines bisschen mehr bei mir selbst. Und ich freu mich auf alles, was kommt. Jetzt gibt es erst einmal eine Pause. Für uns alle.

MALIN, 19. NOVEMBER 2020 – MALMÖ

Ich liege auf dem Rücken in der nicht mehr bequemen Koje. Die Matratze, ein dünner Schaumstoff, ist mittlerweile durchgelegen. Sie ist nicht dafür gemacht, um dort jede Nacht zu verbringen. Ich blättere verschlafen in meinem Journal und zähle durch, wie viele Nächte ich auf ihr verbracht habe.

»162«, sage ich laut.

Anna guckt mich verwirrt und noch äußerst verknautscht an. »162 was?«, fragt sie mit rauer Stimme.

»Wir haben jetzt 162 Nächte hier an Bord verbracht. Und das ist der Matratze anzumerken. Ist es bei dir auch so unbequem?«

Anna dreht sich auf die andere Seite, murmelt irgendwas und ist wieder eingeschlafen. Soll sie, denn es zieht uns nicht weiter. Wir sind in unserem Winterlager. Hier bleiben wir für mindestens zwei Monate, um das Schiff instand zu setzen. Nutzt man ein Boot so intensiv wie wir, geht immer mal was kaputt. Zudem wird es zunehmend kälter und spürbar häufiger stürmisch, sodass es ohnehin nicht mehr wirklich möglich ist, geschweige denn viel Spaß macht, weiter zu segeln.

Das Gefühl, angekommen zu sein, fühlt sich großartig an. Ich hätte nicht gedacht, dass ich es einmal vermissen könnte, aber die letzten Wochen haben gezeigt, dass wir der ständigen Ortswechsel ein wenig müde geworden sind. Immer öfter sind wir nicht nur eine Nacht in einem Hafen geblieben, sondern zwei, drei, vier Nächte.

Es war, als wäre der Tank vollgelaufen, noch mehr Eindrücke passten nicht mehr hinein.

Die Natur in ihrer Schönheit hatte ich nicht mehr genossen und meine Freiheit hatte ich nicht mehr so wertschätzen können wie am Anfang der Reise. Die Probleme mit dem Motor und das regnerische Herbstwetter haben das bestärkt. Es fehlte die Abenteuerlust, die uns nicht mehr abwarten ließ, einen neuen Platz zu erkunden. Oft blieben wir bei nassem Wetter im Schiff, entschieden uns, erst weiterzufahren, wenn uns danach sein würde.

Ich bin froh, dass Anna ähnlich gefühlt hat. »Irgendwie ist die Luft raus«, sagte sie. Wir hatten uns gestresst gefühlt, dabei waren wir ja schon deutlich langsamer als die meisten anderen Segler unterwegs gewesen. Ich hatte angefangen zu zweifeln, ob das Reisen überhaupt noch das Richtige für mich ist, wenn ich doch gar keine Lust mehr hatte, schnellstmöglich viel von der Umgebung zu entdecken um morgen schon wieder in der nächsten Fremde anzukommen. Seit unserer Ankunft sind diese Zweifel wieder verschwunden. Ich will noch in fünfzehn Jahren on tour sein und nicht an einem festen Ort. Aber ich sehe mich auch nicht täglich an neuen Ufern. Für mich ist dieser Gedanke zu meiner Definition von Freiheit geworden. In den letzten 163 Tagen und 162 Nächten haben wir gemerkt, wie wir am liebsten reisen. Wir wollen in den Orten, die wir uns aussuchen, ankommen, dort leben, uns nicht wie ein Tourist fühlen.

Malmö. Wir müssen nicht heute weiter, wir müssen nicht morgen weiter, wir müssen nicht in zwei Monaten weiter. Doch wann immer wir weiterwollen, können wir von einen auf den anderen Tag lossegeln. Das ist für mich Freiheit.

Auch ich lege mich auf die Seite, spüre das Holz durch die Matratze auf meine Hüfte drücken, und schließe nochmals meine Augen. Heute treibt uns nichts mehr. Herrje, ich höre mich an wie eine Rentnerin, die müde vom Leben ist. Aber das bin ich noch längst nicht.

Draußen gießt es in Strömen, es prasselt auf unser Deck, und unser kleiner elektrischer Heizlüfter gibt sein Bestes, die Schiffstemperatur über zwölf Grad Celsius zu halten.

MALIN, 30. NOVEMBER 2020 – MALMÖ

Wir haben uns in Malmö sofort pudelwohl gefühlt. Nicht weil wir schon mal hier waren, sondern weil wir rasch Kontakte geknüpft haben. Die Schweden machen es einem auch echt leicht. Wirklich jeder, egal in welchem Alter, spricht fließend Englisch, meistens besser als wir selbst, und bietet sofort seine Hilfe an. Manchmal wünsche ich mir eine

Weltsprache. Wäre es nicht schön, wenn sich alle Menschen ohne Probleme und sprachliche Missverständnis unterhalten könnten? Skandinavien ist da im Gegensatz zu Deutschland und dem Rest von Europa äußerst fortschrittlich. Nicht mal richtig angelegt und schon war das erste Gespräch mit unserem Bootsnachbarn in vollem Gange. Stu, eigentlich Stuard, ist Neuseeländer und nach eigenen Angaben überall auf der Welt zu Hause. Er lebt auf seinem Schiff und reist umher. Eigentlich wollte er dieses Jahr nach Frankreich, doch Corona hat auch seine Pläne durchkreuzt.

Unser Leben im Hafen von Malmö ist einfach. Vormittags sitzen wir meist an den Laptops, haben irgendwelche Telefonate zu erledigen oder machen uns Gedanken über Reparaturen am Schiff. Die Motorprobleme schieben wir dabei ganz weit weg. Nachmittags gibt es eine Kaffeepause, also die schwedische Fika, bei einem unserer Nachbar-

Eingefroren im Hafen von Malmö. −14 Grad war die kälteste Nacht.

boote. Darauf folgt ab und an ein Stadtbummel oder eine Radtour zum Wochenmarkt ans andere Ende der Stadt, wo wir Obst und Gemüse einkaufen. Wenn es dann Freitag ist, treffen wir Hafenbewohner uns auf einem der Schiffe und essen, trinken und quatschen. Dieses bisschen Alltag tut gut. Ähnliche Abläufe am gleichen Ort.

ANNA, 1. DEZEMBER 2020 - MALMÖ

An manchen Tagen stelle ich mir die Frage, wieso sich Menschen überhaupt für unsere Reise interessieren. Ich meine, viele Menschen sind unterwegs, viele erleben spannende Geschichten. Wir machen nichts Besonderes, oder? Bisher sind wir ja nicht einmal weit gekommen, haben Europa nicht verlassen und können auch nicht viele Seemeilen vorweisen. Ich vergesse dabei, dass unsere Art des Reisens für viele sehr speziell ist. Als wir Fiete gekauft hatten und im Oldenburger Hafen lagen, da hatten wir bereits das erste Interview für die lokale Tageszeitung. Ich war so aufgeregt. Ich konnte mir nicht vorstellen, dass sich die Allgemeinheit für unser kleines Projekt interessieren würde. Seit diesem Tag folgten jedoch noch einige Interviews. Fürs Radio, fürs Fernsehen, für Podcasts. Es war der Wahnsinn, wie viele Menschen mehr von unserem Leben auf dem Boot wissen wollten. Niemals hätte ich damit gerechnet. Wir waren ja bloß zwei Mädels, die die Welt entdecken wollten. Inzwischen habe ich realisiert: Diese Menschen finden uns nicht gut, weil wir viele Seemeilen sammeln oder irgendwelchen Stürmen trotzen, sondern weil wir sind, wie wir sind. Weil wir sie an unserem Alltagsleben an Bord teilhaben lassen und zu unseren kleinen und großen Abenteuern in dieser Welt mitnehmen. Weil wir die Schönheit der Natur nicht irgendwo auf weiten Ozeanen suchen, sondern sie fast vor unserer Haustür entdecken. In Europa. Und weil sie sich durch uns genau dorthin träumen können.

Ich schicke ein weiteres Interview für ein Segelmagazin per E-Mail ab. Denn wie schon Gorch Fock, der alte Seefahrer, sagte: »Du kannst dein Leben nicht verlängern noch verbreitern, nur vertiefen.« Und diese Tiefe baue ich jeden Tag aus und freue mich darüber, sie mit anderen Menschen teilen zu dürfen.

Die Zeit in Malmö vergeht wie im Flug. Heute ist schon wieder ein neuer Monat, der letzte in diesem Jahr. Ich blicke auf das zurück, was wir in den restlichen elf Monaten alles geschafft und erlebt haben. Anfang des Jahres saßen wir in Oldenburg, ohne Job und ohne Boot. Hatten keinen richtigen Plan und Fiete am Mittelmeer zurückgelassen. Die Idee von einem Winterquartier im Süden und der Gedanke an eine Reise mit Hevandelli waren noch sehr weit weg. Dann irgendwann fing der Frühling an, aber auch die Pandemie aus China kam immer näher. Wir strichen das Unterwasserschiff der Hevandelli und fuhren oft gemeinsam mit Opa Heiko zum Boot, um etwas zu

Sogar bei Windstärke 7 und Hagel hatte Malin noch Spaß am Steuer.

reparieren oder nachzurüsten. Wir wurden eine kleine Drei-Personen-Crew. Doch der Start unseres Abenteuers verschob sich immer weiter nach hinten. Eigentlich wollten wir Ende März unser Schiff zu Wasser lassen, das über den Winter auf einem Wagen an Land stand. Fehlanzeige. Unsere noch nicht einmal begonnenen Jobs zur Aufbesserung der Reisekasse wurden auch aufgrund des Virus schnell gekündigt.

Trotzdem ließen wir uns nicht unterkriegen. Uns blieb ja nur die Hoffnung auf das bald startende Abenteuer. So nah waren noch die Erinnerungen an die Zeit mit Fiete, an das Leben an Bord. Sie wollten uns nicht loslassen. Mitte Juni ging es dann endlich los. Im Oldenburger Stadthafen schmissen wir die Leinen los. Das gesamte Szenario erinnerte mich an den Start unserer ersten kleinen Reise, nur waren wir zu dritt und nicht zu zweit und das Schiff war ein anderes. Über einen Monat segelten wir zu dritt. Opa Heiko zeigte uns alles, was wir zum Schiff und übers Segeln wissen mussten. Trotzdem: Es war eng und manchmal auch ein schwieriges Zusammenleben verschiedener Generationen auf engstem Raum. Dann kam der 19. Juli, der Tag der Tage. Heiko verließ uns und unser Abenteuer begann erneut. Wir reisten quer durch die dänische Südsee und die schwedische Westküste gen

Norden entlang, drehten vor Norwegen um und segelten die Westküste zurück, um dann zwischen Dänemark und Schweden zu pendeln. Entschieden uns für einen Winter in Malmö und beenden hier dieses Jahr. Ein Reisejahr, in dem sich viel auch in mir getan hat. In dem ich gewachsen bin. Jeden Tag ein wenig mehr.

Malin und ich schlendern durch die weihnachtlich reich geschmückte Innenstadt. Jede noch so kleine Gasse ist beleuchtet. Vor uns, auf dem Marktplatz, ein atemberaubendes Bild.

Ein mächtiger Tannenbaum steht in der Mitte, behangen mit Geschenken, um ihn herum Fackeln.

Die Bäume am Rand des Platzes sind ebenfalls mit verschiedensten Lichterketten geschmückt. Alles leuchtet und funkelt. Mir wird ganz warm ums Herz. Jeder Balkon der Hochhäuser, die das Hafenbecken eingrenzen, ist mit den schönsten Weihnachtslichtern illuminiert. Wirklich jeder, und es sind eine ganze Menge. Sogar manche Schiffe haben Lichterketten bis in den Mast hinauf gezogen. Stu hatte uns berichtet, dass Weihnachten für die Schweden neben der Mittsommernacht die wichtigste Zeit im Jahr ist. Man könnte es sogar als fünfte Jahreszeit bezeichnen. Das leuchtende Spektakel auf dem Marktplatz ist ansteckend. Unsere Einkaufstaschen sind gefüllt mit schwedischen Spezialitäten – Pepparkakor (Lebkuchen), Punschrullar (Punschrollen), Glögg (Glühwein), schwedische Lakritz, Fisch aus der Tube und jeder Menge Geschenkpapier. Meine Vorfreude auf Weihnachten war noch nie so groß. Nicht einmal als Kind hatte ich mich so sehr darauf gefreut. Denn noch kurz vor unserem abendlichen Stadtbummel hatten wir Tickets gebucht.

ANNA, 6. DEZEMBER 2020 – OLDENBURG, DEUTSCHLAND

Wir sind auf dem Weg zum Bahnhof in Malmö. Wir fahren nach Hause, zu unseren Familien. Die Tränen stehen mir vor lauter Vorfreude in den Augen. Es ist vier Uhr morgens, in dreißig Minuten geht unser Zug nach Kopenhagen. Dort werden wir umsteigen, danach geht's direkt nach Hamburg. Wir sind froh, dass das Reisen durch Dänemark noch möglich ist, denn Corona macht es uns nicht leicht. In Deutschland müssen wir in Quarantäne, aber das ist erst mal egal. Ich könnte platzen vor Glück. In weniger als acht Stunden werde ich meine Familie sehen. Die gesamte Fahrt über höre ich in Dauerschleife »Driving Home For Christmas« von Chris Rea.

Trotz der Pandemie falle ich am Nachmittag meinen Eltern mit Tränen in den Augen in die Arme. Verrückt, denn eben waren sie noch so weit weg. Fast unerreichbar. Ach, was habe ich diese Menschen vermisst. Sechs gemeinsame Wochen liegen vor uns, und zu diesem Zeitpunkt kann ich mir nichts Besseres vorstellen, als genau hier, im Kreise meiner Lieben, zu sein und all das nachzuholen, was ich im letzten halben Jahr vermisst habe.

Während der sechstägigen Quarantäne beschäftigt mich Opa Heiko, ich soll ein Segel für sein kleines neues Schiff nähen. Ihn wiederzusehen, so wie er uns am 19. Juli in Kiel verabschiedet hat, löst Erleichterung in mir aus. Er schlurft noch genauso lebendig und rauchend wie eh und je durch die Gegend und trinkt morgens bei uns Kaffee, wenn er die Zeitung vorbeibringt. Dieses kleine Fleckchen Erde namens Oldenburg, dort, wo ich aufgewachsen und eine behütete Kindheit erlebt habe, wird immer mein Zuhause sein.

ANNA, 23. JANUAR 2021 – ZURÜCK AN BORD

So schnell die Zeit bei meiner Familie angefangen hat, so plötzlich ist sie auch wieder vorbei. Jetzt freue ich mich, wieder nach Malmö zurückzukehren, zur Hevandelli. Das Meer hat mir schon nach einigen Tagen auf dem Festland gefehlt. Das, was alltäglich und selbstverständlich ist, vermisst man zuallererst. So ist es mit Menschen, so ist es mit Gegenständen, so ist es mit Orten.

Die Zeit in Oldenburg war sehr intensiv, durch die Pandemie aber auch anders, als wir es uns früher einmal vorgestellt hatten. Freunde konnten wir nicht in die Arme nehmen, jeder kämpfte mit den Auswirkungen der Einschränkungen, einige hatten Existenzsorgen oder verloren sogar geliebte Menschen durch das Virus. Uns war klargeworden, dass wir in Schweden ganz anders gelebt, nicht in einem Lockdown festgesteckt hatten. In Deutschland wurden wir nahezu stündlich auf allen Nachrichtenkanälen über Corona informiert, es wurde unentwegt darüber berichtet und diskutiert, was noch alles eingeschränkt werden müsste, um dieses Virus zu überstehen. Die Menschen hatten auf uns ängstlich gewirkt, panisch, oder sie waren der sich ständig ändernden Regeln müde geworden. All das zu erfahren, war für uns ein kleiner Schock.

Offenbar hatten wir in einer anderen Welt gelebt.

Weil wir kaum Freunde trafen, unternahmen wir viele Spaziergänge, Spaziergänge mit maximal zwei Personen. Ohne Körperkontakt, mit Abstand. Ich war etwas enttäuscht, was vermutlich ziemlich naiv war. Auf der anderen Seite war ich froh, so viele verantwortungsbewusste Menschen um mich zu haben.

Nun sind wir zurück an Bord. Das, was wir bisher immer vor uns hergeschoben hatten, ist inzwischen unausweichlich geworden. Die Arbeiten am Boot, die zu tun sind. Im Sommer hatten wir sie auf den Winter geschoben, um uns nur auf das Segeln zu konzentrieren, welches manchmal überfordernd genug für uns war. Oder wir hatten unseren Segelsommer genossen. Die To-do-Liste wurde länger und länger. Jede Menge haben wir dazugelernt, trotzdem fühle ich mich des Öfteren, als hätte ich keine Ahnung. Auch wenn wir zum Festziehen einer Schraube gefühlt den halben Tag brauchen und sowieso nichts auf Anhieb klappt, verlieren wir nie unseren Optimismus. Hoffentlich. Opa Heiko sagte dazu auch: »Segeln und Leben auf dem Boot bedeutet eigentlich nur, an den schönsten Orten der Welt sein Schiff zu reparieren.« Dann mal los.

ANNA, 2. FEBRUAR 2021 – MALMÖ

Ich wälze mich in meiner Koje unter meinen zwei Decken – die zweite hatte ich mir für die besonders kalten Nächte aus Deutschland mitgebrach – hin und her. Malin ist wohl schon wach, der Wecker hat längst geklingelt. Mein Kopf ist kalt. Ich schätze, es sind um die fünf Grad Celsius im Schiff. In den letzten Tagen komme ich nur schwer aus den Federn. Woran das liegt, kann ich noch nicht so richtig sagen. Aber es nervt mich. Eigentlich müsste ich freudestrahlend aufspringen und fröhlich in den Tag starten. Schließlich lebe ich ja meinen Traum. Liegt es daran, dass wir nicht weitersegeln können? Dafür ist es einfach zu kalt.

Ich drehe mich nochmals um. Darf ich überhaupt schlecht gelaunt sein? Die meisten Menschen sitzen momentan im Homeoffice, eingesperrt in ihren eigenen vier Wänden, und wünschen sich vermutlich nur eines: Endlich wieder unbeschränkt unterwegs sein zu können. Wie auch immer, ich will mich nicht gerade so fühlen, als wenn ich in einer anderen Situation wäre. Jede Menge Aufgaben sind an Bord zu erledigen, sie werden sogar von Tag zu Tag mehr. Wieder einmal höre ich Opa Heikos Stimme in meinem Hinterkopf: »Am Schiff ist immer was zu tun.« Ja, Opa, du hast ja recht. Es darf einem doch auch mal die Decke auf den Kopf fallen, oder? Egal wie schön der Ort ist.

Vor unserem Abenteuer habe ich oft auf Instagram herumgescrollt und die Schlanken und Schönen beneidet. Die, die scheinbar das so perfekte Leben führen. Die alles haben, die in der dauerhaften Sonne leben, auf einer paradiesischen Insel, in einem luxuriösen Haus. Oder die Profifußballerinnen, weil sie die Karriere hingelegt haben, die ich mir immer gewünscht hatte. Heute weiß ich, der Perfektionismus ist neben Corona die Epidemie des 21. Jahrhunderts.

»Wir wollen schlanker, schöner, besser sein als alle anderen ... Heute verfügen wir durch die mediale Daueraussetzung aber auch über mehr Wissen als je zuvor. Sei es über Ernährung und Sport, über jedes erdenkliche Thema und trotzdem sind wir die übergewichtigste, gestressteste und depressivste Gesellschaft seit Beginn der Menschheit.« Das habe ich in dem Buch »Starkes weiches Herz« von Madeleine Alizadeh gelesen, einer österreichischen Podcasterin und Influencerin. Nicht ohne Grund macht Social Media krank. Selbst wenn man nicht möchte, ertappt sich bestimmt jeder mal dabei, sich zu vergleichen. Ich vergleiche mich ständig. Der Vergleich ist bekanntlich ja der Dieb der Freude. Wieso will ich überhaupt so sein wie eine andere Person? Was habe ich davon? Dass ich mich vergleiche, ist sinnfrei, das weiß ich inzwischen selbst, trotzdem geschieht es immer wieder. Doch dann sage ich mir: »Hey Anna, du bist gut so, wie du bist. Niemand ist wie du. Konzentrier dich auf dich selbst und auf dein Leben.«

Hinzu kommt, dass uns materielle Güter und Leistung Erfüllung suggerieren. Wir bekommen diese Werte im Netz tagtäglich vorgelebt. Ich bin froh, dass ich dieser Norm durchs Reisen ein wenig entfliehen konnte. Materielle Güter bringen kein Glück, und unentwegtes Schuften in Form einer Sechzig-Stunden-Woche ist kein Statussymbol, auch wenn uns das vermittelt wird. Sie sind für mich der Entzug unserer Freiheit. Das wichtigste Gut, was wir besitzen.

ANNA, 15. FEBRUAR 2021 – IMMER NOCH MALMÖ

Es ist eisig. Schon seit Tagen pfeift und jault der Wind. Was bin ich froh, bei so einem Wetter nicht segeln zu müssen. Mein Handy zeigt 9:00 Uhr, das kann doch nicht sein. Schon wieder den Wecker überhört. Im Schiff ist es dunkel. Richtig dunkel. Keine Sonne. Schade. Wobei ich wahrscheinlich sowieso nicht viel draußen sein werde. Bei minus zehn Grad und diesem Wind macht es nicht besonders viel Spaß, das Schiff zu verlassen. Insgeheim wünsche ich mir endlich wieder Wärme und Sonne. Der Frühling könnte langsam mal kommen. Irgendwie habe ich das Gefühl, dass er noch sehr lange auf sich warten lassen wird. Denn auch der Wetterbericht der nächsten Tage verspricht keinen Sonnenschein.

Aber was nützt das Gejammer. Ich habe mir den Winter im Norden ja selbst ausgesucht. Auf dem Schiff bei zugefrorener Wasseroberfläche zu überwintern, ist eben auch ein Abenteuer. Ich krabble aus meiner Koje und gucke aus dem Fenster. Ich kann nichts erkennen. »Malin, unsere Fenster sind zugeschneit.« Sie blickt von ihrem Laptop auf, nickt. Es ist das erste Mal, dass es hier so geschneit hat, dass der Schnee auf Deck liegen bleibt. Obwohl ich mit Mütze geschlafen habe, entscheide ich mich in

Der erste Schnee – ab jetzt geht der Winter erst richtig los.

meiner Freude über den Neuschnee, barfuß nach draußen zu klettern. Die schlechte Laune, mit der ich aufgewacht bin, ist beim strahlenden Weiß schnell verflogen.

Inzwischen sind auch die Bootsarbeiten erträglicher geworden – oder die Gedanken daran, denn wir haben einen Bootsladen gefunden, der uns mit Materialien unterstützen will. Über unsere Sozialen Medien hatten wir nach Tauwerk gesucht, worauf sich der kleine Familienbetrieb meldete. Ralf, der Inhaber, steht uns seitdem mit Rat und Tat zur Seite. Die einzelnen Projekte erscheinen uns dadurch nicht mehr ganz so problematisch, und manche lösen sich fast schon in Luft auf, denn sie gehen uns unfassbar leicht von der Hand. Wie toll ist es doch, dass sich durch unsere Videos und Fotos eine kleine Community gebildet hat, es ergeben sich daraus so viele Möglichkeiten. So viele Kontakte. So viele Begegnungen. Seien es Segler, die wir unterwegs treffen, oder Leute, die uns einfach helfen wollen – finanziell oder mit Sachgütern –, weil sie unsere Reise unterstützenswert finden.

Manchmal kann ich gar nicht fassen, wie hilfsbereit und selbstlos Fremde sein können.

Diese Tatsache erfüllt mich mit Dankbarkeit. Und das Allerbeste daran ist, es entstehen Freundschaften.

Und so werkeln wir uns mit Ralf wieder einmal durch unsere Liste. Tauschen das Tauwerk für unsere Segel aus, reparieren kaputte Fenstergriffe, kümmern uns um die Kabel am Motor und nähen die Segel. Inzwischen freuen wir uns über ein neues Massekabel für unsere Motorbatterie so sehr, wie ich mich früher über ein neues Kleidungsstück gefreut habe. Es ist nicht so, dass mich Mode nicht mehr interessiert, aber meine Prioritäten liegen jetzt ganz woanders. Ich schneidere nicht mehr nur an meinen Kleidern herum, sondern repariere unsere Segel. Ich lackiere mir meine Fingernägel nicht mehr, sondern wechsle mit meinen Händen den Filter unseres Motors. Meine geliebte Designerhandtasche pflege ich nicht mehr, sondern putze das Schiffsdeck.

ANNA, 27. FEBRUAR 2021 – MALMÖ

Malin hat Geburtstag. Früher hat sie mir immer erzählt, dass sie ihren Geburtstag gar nicht gerne mag, ihre Oma sei an diesem Datum verstorben. Seitdem ich jeden ihrer Geburtstage miterlebe – also mindestens seit den letzten sieben Jahren –, habe ich es mir zur Aufgabe gemacht, dass sie diesen Tag genießt.

Ich zünde Kerzen auf dem Kladdkaka an, ein Kuchen, der bestimmt zu 80 Prozent aus Schokolade besteht. Die Schweden essen ihn neben den Zimtschnecken gerne zur Fika, ihrer Kaffeepause. Die Girlanden hängen quer durchs Schiff und das Geburtstagsfrühstück steht bereit. Selbst gebackene Pancakes mit Ahornsirup, Blaubeeren, Erdbeeren und Nutella. Das Strahlen in Malins Augen, als sie das Schiff endlich betreten darf, spricht für sich. Sie ist happy, ich bin happy. Meine Mission ist geglückt.

Daniel, der uns nur einmal gesehen hat, schmeißt für Malin eine Party.

Nach dem Frühstück und dem Auspacken der Geschenke offenbare ich ihr die Tagesplanung. »Jetzt geht's an den Strand, Spaziergang, und danach Aufwärmen in dem traditionellen Saunahaus von Malmö. Bist du dabei?« Die Sonne strahlt und wir stoßen mit Sekt an.

Nach dem herrlich entspannten Tag sind wir am Abend bei Daniel eingeladen. Der Polizist wohnt in der Nähe des Hafens in einem kleinen Apartment, er ist breit gebaut, Ende dreißig und sieht auf den ersten Blick eher gefährlich aus. Doch lernt man den Schweden erst mal kennen, kommt eine herzensgute Seele zum Vorschein. Wir begegneten ihm an Bord von Milan und Petra, die schon seit vielen Jahren auf ihrem Schiff in Malmö leben. Petra, eine kleine Finnin mit langen weißen Haaren und einer bezaubernd weichen Stimme, unterrichtet in Malmö ihre Landessprache. Milan ist Kroate, aber in Schweden aufgewachsen. Sein graues Haar trägt er auch lang, aber nicht so lang wie Petra, die meiste Zeit steckt er in einer abgerockten Lederjacke, auf seiner Nase sitzt eine Ray-Ban-Brille. Und er spielt genial Gitarre. Unsere zwei Gitarren hat er schon gestimmt, auch versucht er, uns etwas beizubringen. Doch das ist ein anderes Thema. Heute veranstalten wir zu fünft eine kleine Party für Malin, mit Hüten und Luftballons.

Daniel hat sich viel Mühe gegeben und für ein festliches Essen gesorgt: Smörgåstårta, eine Sandwichtorte mit Shrimps und Lachs. Zum Nachtisch serviert er, obwohl wir alle schon kugelrund sind, eine Prinsesstårta, eine Sahnetorte mit grünem Marzipan, eine weitere kulinarische Reise ins Herz von Schweden. Jedes Mal, wenn ich zu Malin schaue, sieht sie zufrieden aus. Wir trinken, singen, quatschen, tanzen und feiern, lernen etliche schwedische und finnische Begriffe und liegen erst zu sehr später Stunde, besser gesagt erst am nächsten Morgen in unserer Koje. »Danke, Anna« höre ich noch, kurz bevor ich einschlafe.

MALIN, 1. MÄRZ 2021 – QUER DURCH SCHWEDEN

Wir befinden uns in einem Nachtzug, der durch das Innenland von Schweden braust. So nördlich war ich noch nie gewesen, und morgen früh werde ich sogar über dem Polarkreis aufwachen. Anna sitzt mir gegenüber, mit uns in der Kabine sind drei Slowenen. Es gibt sechs Betten. Als wir die Tickets am Hauptbahnhof von Malmö buchten, waren unsere beiden Betten die letzten noch verfügbaren Plätze im Zug gewesen. Günstig waren sie nicht, aber wir wollten, bevor wir weitersegelten, unbedingt zum Polarkreis, in der Hoffnung Polarlichter zu sehen, Wölfe und Rentiere zu treffen und mit Huskys Schlitten zu fahren. Es war eine spontane Aktion gewesen. Die Idee kam Anna, als sie über mögliche Geschenke für mich nachdachte, und natürlich hatte sie mich direkt eingeweiht. Und mir war sofort klar: Da bin ich dabei! Was für eine geniale Idee. Am nächsten Tag waren wir dann zum Bahnhof gefahren, um die Zugtickets zu besorgen.

Und jetzt haben wir eine einundzwanzigstündige Fahrt vor uns, nein, nicht ganz, denn sieben haben wir davon schon geschafft. Mein Hintern tut jedoch schon weh, ich kann nicht mehr stillsitzen und freue mich schon, wenn wir die Betten im Abteil ausklappen können, natürlich in Absprache mit den anderen Passagieren. Jeder von den drei Slowenen hat einen Flasche Wein in der Hand, sie erwecken nicht den Anschein, als würden sie demnächst schlafen wollen.

Die lange Zugfahrt hat sich bisher schon gelohnt. Auf der Strecke zwischen Malmö und Stockholm haben wir jede Menge kleine Holzhäuser vorbeiziehen sehen, die alle so ausschauten, als ob Pettersson und Findus sie bewohnten und Michel gleich nebenan. Mitten im Wald hatten sie gestanden, mit weißen Fensterrahmen. Ach ja, ganz vergessen, an meinem Geburtstag haben wir herausgefunden, dass der Michel aus Lönneberga in Schweden gar nicht Michel, sondern Emil heißt. Auch der Sonnenuntergang war unbezahlbar. Ganz Stockholm erleuchtet in einem strahlenden Orange.

Schon seit Stunden blicke ich aus dem Fenster, und es wird nicht langweilig. Es ist ein wenig so, als würde das ganze Leben an mir vorbeirauschen und jede Station sieht anders aus. Unsere Reisegeschwindigkeit ist mir viel zu schnell, meine Augen kommen gar nicht hinterher. Ich denke daran, dass ich früher oft geflogen bin, dem Klima zuliebe geht das gar nicht mehr. Als ich noch in der Ausbildung war, habe ich zwei, manchmal sogar drei Flugreisen im Jahr gemacht. Eine Woche Griechenland, zwei Wochen Malta und im Herbst noch irgendwo ins Warme. Ich war eine typische Flugreisende. Schnell mal eben dem Alltag entfliehen. Drei oder auch sechs Stunden Flugzeit – und schon war ich in einer anderen Welt gelandet. Oft war ich bei der Ankunft erschlagen von den vielen neuen Eindrücken und brauchte den ersten Tag, um mit dem neuen Umfeld klarzukommen. Die meiste Zeit habe ich dann am Strand verbracht, ab und zu noch einen Ausflug in die Umgebung gemacht. Das war's. Danach ging es wieder ab ins Flugzeug, quetschte mich in die engen Reihen, der Platz vor meinem Sitz war meistens zu klein für meine langen Beine. Aus dem zerkratzten Guckloch beobachte ich dann die Wolken. Und am nächsten Tag kehrte ich zurück in meinen Arbeitsalltag. Viel zu rasch und viel zu wenig Zeit, um Veränderungen wahrzunehmen. Das ist auch einer der Gründe, warum wir mit dem Schiff reisen. Jede einzelne ersegelte Seemeile ist spürbar, jede kleine Veränderung bekommen wir mit. Und am Ende eines Segeltörns wissen wir genau, was wir geleistet haben.

Der Blick aus dem Zugfenster am Morgen – und plötzlich Schnee.

Der Massentourismus, wie wir ihn früher praktiziert haben, hat Folgen für die Umwelt. Es erschreckt mich, wie langsam die Politik hierbei reagiert, nachhaltigeres Reisen scheint keine Option zu sein, dabei ist ein Segeltörn sechsmal ökologischer als eine Fährfahrt, ein Segelurlaub sechzehnmal weniger umweltschädlich als eine Kreuzfahrt. Mir ist aber auch bewusst, dass unser Reisestil, also Slow Travel, nur für Menschen mit viel Zeit möglich ist. Eine weitere Lösung wäre das Nahreisen, die Entdeckung der unmittelbaren Umgebung. Die Ziele des nachhaltigen Reisens sind so sinnig und würden vielen vermutlich enorm guttun. Es geht dabei ja darum, die Natur möglichst nah, intensiv und ursprünglich zu erleben, ihr so wenig wie möglich zu schaden und sich der Kultur im bereisten Land möglichst anzupassen. Ich hoffe sehr, dass bei vielen Menschen dieses Umdenken stattfinden. Diese wunderschöne Erde soll doch erhalten bleiben.

ANNA, 3. MÄRZ 2021 – KIRUNA

Der Himmel über uns strahlt, dabei ist es dreiundzwanzig Uhr. Die letzten Tage haben mich total umgehauen. Erst die lange Zugfahrt, dann die Schneemassen. So viel Schnee habe ich das letzte Mal in Norwegen gesehen, und da war ich zehn Jahre alt gewesen. Dieses Weiß hier in der nördlichsten Stadt Schwedens, ist überwältigend, dabei ist die Luft ungemein klar und der Blick weit. Unsere Unterkunft besteht aus einem mit rotem Holz verkleideten Haupthaus, wir selbst schlafen in einer kleinen Hütte dahinter. Ohne fließendes Wasser und mit Plumpsklo nebenan. Und als wenn das noch nicht genug wäre, leben auf dieser wunderbar einsam gelegenen Farm nicht nur Menschen, sondern auch fast dreißig Huskys – ein Schlittenhund eleganter als der andere. Mit eisblauen Augen und dickem Fell.

Meterhohe Schneeberge, rote Holzhäuser – wie gemalt!

Die Landschaft ringsherum liegt völlig unberührt da. Es gibt lediglich einige Tracks, die von Schneemobilen oder Schlitten stammen, auf ihnen kann man spazieren gehen. Verlässt man diese Pisten, versinkt man bis zur Hüfte im Pulverschnee.

> *Und diese Stille, das Einzige, was ich höre, sind mein eigener Atem und die Geräusche vom Stapfen durch den Schnee.*

Mitten in der Nacht bahnen wir uns gerade einen Weg durch die atemberaubende Natur. Malin hat schon angemerkt, ob ich gar keine Angst vor wilden Tieren hier draußen hätte. Doch mich treibt dieses unbe-schreibliche Leuchten am Himmel. Je weiter wir in die Dunkelheit vor-dringen, desto besser kann ich es sehen. Nichts Faszinierenderes haben meine Augen jemals zu sehen bekommen. Wenn das nicht Magie ist, was dann? Grüne Bänder spannen sich über den Horizont, von Westen nach Osten. Langsam bewegen sie sich. Verändern ihre Formen. Fan-gen an zu tänzeln. Sie kommen auf uns zu, werden länger, und an den unteren Spitzen färbt sich das Grün unerwartet violett. Gänsehaut habe ich nicht wegen der Kälte und dem eisigen Wind, sondern dem Natur-spektakel, das sich gefühlt nur für uns abspielt. Ich halte den Atem an. Auch Malins Atem höre ich nicht. Es ist totenstill, fast schon unheim-lich. Selten war ich so ergriffen gewesen, die Tränen steigen mir in die Augen. Dieser Moment ist einzigartig und unvergesslich, ich werde ihn für immer festhalten.

MALIN, 4. MÄRZ 2021 – KIRUNA

Ich wandere zum kleinen Plumpsklo. Es ist mitten in der Nacht. Am Abend hatten wir es nicht mehr geschafft, uns etwas zu kochen, so fix und fertig waren wir von all den vielen neuen Eindrücken. Mein Blick wandert nach oben. Ich fass es nicht. Grün. Der ganze Himmel leuch-tet wieder grün. Ein grüner Teppich aus Polarlichtern. In drei von drei Nächten besuchen uns hier die Nordlichter. Das kann doch kein Zufall sein. Aber was ist es dann? Glück? Schicksal? Egal. Ich könnte weinen. Trotz der Minusgrade läuft mir ein heißer Schauer über den Rücken. Mir wird ganz warm in meinem Schlafanzug und ich stehe bestimmt einige Minuten einfach da und beobachte den Himmel, bis mich etwas am Bein steift. Vor Schreck springe ich einen Schritt zur Seite. Was war das? Meine Augen gewöhnen sich nur langsam an die Dunkelheit über dem Boden. Ich bin nicht allein. Dort unten antwortet mir jemand mit einem Jaulen. »Lucky«, flüstere ich erleichtert »Du hast mir einen ganz schönen Schrecken eingejagt.« Lucky ist einer der Huskys und streunt lieber über die Farm, als einen Schlitten zu ziehen. Er sieht sich eher als Hofhund. Ich fahre durch sein dichtes Fell, was mich daran erinnert, dass mein Schlafanzug nicht länger die Kälte abhält. Wir zwei wandern Richtung Toilettenhäuschen, und vor der Tür verabschiede ich mich mit einer aus-giebigen Knuddeleinheit von meinem haarigen Freund.

Zurück unter meiner warmen Decke, kann ich nicht wieder einschlafen, zu viele Gedanken strömen auf mich ein. Die Hundeschlittenfahrt heute war eines der vielen Highlights. Die rennenden Hunde. Der eisige Fahrtwind. Die in Weiß getauchte Landschaft bei einer Geschwindigkeit von zwanzig Stundenkilometer. Zehn Hunde voraus, die uns durch den tiefen Schnee gezogen haben, geführt von einem Musher. Ich höre den Schlittenführer jetzt noch rufen: »Vänster!« Oder: »Höger!« – »Links!« Oder: »Rechts!« So hatte er den Hunden angesagt, wo es langgehen soll. Einmal, in einer Kurve, versanken die Huskys samt dem Schlitten tief im Schnee. Aber sie schafften es zurück auf den Track.

Manchmal kann ich die Einzigartigkeit unserer Erlebnisse einfach nicht fassen. Nicht fassen, wie intensiv ich mein Leben führe. Wie viel ich an einem Tag und sogar in einer Nacht erleben kann. Zweiund-

Eins der magischsten Naturspektakel dieser Erde: die Polarlichter

siebzig Stunden über dem Polarkreis. Zweiundsiebzig Stunden
in atemberaubender Umgebung.
Die letzten beiden Nächte haben
wir kaum geschlafen. Und auch
diese Nacht wird kurz. Um fünf
Uhr wird mein Wecker klingeln.
Dann, wenn die Sonne hinter
den schneebedeckten Bergen in
der Ferne aufgeht und die ersten
Strahlen zunächst die Baumkronen der hohen Tannen und dann
die großflächigen, zugefrorenen
Seen in ein warmen, orangefarbe-
nen Ton tauchen. Dann lasse ich
die Drohne steigen, höher als jede
Baumkrone, hundert Meter hoch,

*Mit dem Wind im Gesicht
den Huskys hinterher*

und versuche die malerische Schönheit dieser Landschaft einzufangen.
So einen weiten Blick wie hier hat man sonst nur auf See. Und diesen
möchte ich unbedingt unserer Community zeigen. Das hier sind Orte,
hier kommt nicht jeder Mensch hin. Vielleicht ist es auch gerade deshalb so unbeschreiblich schön. Unberührt.

Die Reise zum Polarkreis hat meinen Horizont erweitert. Hier leben
Menschen den Extremen ausgesetzt, im Winter ist es vierundzwanzig
Stunden dunkel, im Sommer vierundzwanzig Stunden hell, weit weg
von der Zivilisation. Im Winter geht's mit dem Schneemobil über den
schneebedeckten, im Sommer mit dem kleinen Boot über den glaskla-
ren See zum nächsten Dorf. Wilde Tiere im Vorgarten. Eingefrorene
Wasserleitungen, kein fließendes Wasser.

Ich schwöre mir, hier noch einmal herzukommen. Nicht nach
Kiruna, aber über den Polarkreis. Nicht mit Zug, sondern mit unserem
Segelschiff. Um eines der magischsten Naturspektakel der Welt mitten
auf dem Meer zu erleben.

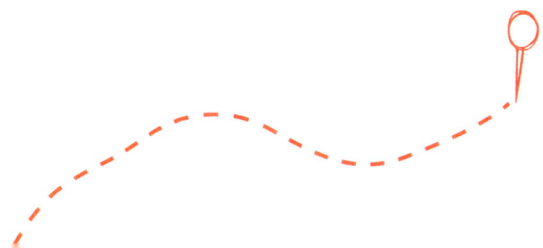

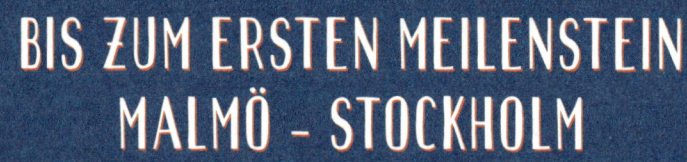

BIS ZUM ERSTEN MEILENSTEIN
MALMÖ – STOCKHOLM

Langsam wird es Frühling und wärmer. Wir können es gar nicht erwarten, zurück auf dem Wasser
zu sein. Aber der Motor teilt nicht unsere Wünsche, er stottert und plagt uns. Es wird ein holpriger
Start, aber die Reise geht schließlich doch weiter – in die Schären und nach Gotland. Als wir
Stockholm erreichen, unser neues Ziel, begreifen
wir, was wir geschafft und wie wir uns durch
das Reisen verändert haben.

MALIN, 15. MÄRZ 2021 – MALMÖ

»Ich habe alles verlernt, Malin«, sagt Anna mit strahlenden Augen. »Was müssen wir noch alles erledigen, bevor wir ablegen?«

»Puh, lange ist es her …«, sage ich, ebenfalls überlegend, was noch zu tun ist, bevor wir morgen das Winterlager verlassen. Malmö, Westschweden, Dänemark, das Kattegat und den Öresund hinter uns lassen. Unsere neuen Freunde, Petra, Milan, Daniel, Sebastien, Benjamin und Stu. Unseren Alltag, der kein wirklicher Alltag war, sondern jeden Tag mit neuen, herausfordernden Projekten gefüllt. Den Komfort mit Strom und Wasser am Steg, mit warmen Duschen und Waschmaschinen. Unseren Liegeplatz, an dem wir nun über drei Monate vertäut waren und das Schiff nicht einmal bewegt haben. Wir können nun wirklich sagen, dass wir mal in Malmö gelebt haben.

Ich bin aufgeregt und räume Dinge von A nach B und zurück nach A. Die meisten Punkte auf unserer To-do-Liste sind abgehakt. Weil wir sie erledigt, für unwichtig empfunden haben, sie finanziell nicht stemmen können oder wir schlicht keine Lust darauf hatten, uns mit ihnen zu befassen. Auch dann wurden die Punkte gestrichen. Wir fühlen uns bereit. Der Wind für morgen passt. Wir wollen weiter, auch wenn es nur zehn Seemeilen zum nächsten Hafen sind.

Eigentlich hat sich nicht viel geändert. Wir haben keinen Plan, wo wir morgen Abend sind, keinen Plan, ob die Häfen überhaupt offen sind und wo wir 2021 überhaupt hinwollen. »Ostküste Schweden, Finnland, vielleicht Polen, Estland, Litauen, und im Winter eigentlich ins Warme, ins Mittelmeer« – das ist seit Monaten die Antwort auf die Frage nach unseren Reiseplänen. Insgeheim wissen wir, dass es zeitlich ziemlich knapp wird, all diese Länder in ein paar Monaten zu besegeln, gerade weil wir uns im vorherigen Jahr nicht gerade beeilt haben. Es ist nicht unser Ziel, alle Länder der Ostsee zu bereisen. Unser Ziel ist: der Weg irgendwohin.

»Schmeiß mal die Rettungswesten rüber. Ich lege sie schon mal bereit.« Anna weckt mich aus meinen Gedanken. Ich habe gerade die Backskiste offen, um sie aufzuräumen, und gebe Anna die Rettungswesten, die hinter der großen, schweren Werkzeugkiste gelagert waren.

»Endlich wieder segeln und nicht werkeln!« Ich freue mich und schiebe die Werkzeugkiste symbolisch ein paar Zentimeter nach hinten.

»Wir sind abfahrbereit. Mehr gibt es nicht zu tun«, sagt Anna.

Wir müssen nur noch das Hafengeld, quasi unsere Miete der letzten sechs Wochen, beim Hafenmeister bezahlen. Pro Tag 7,50 Euro. Dazu kommen noch rund 20 Euro pro Woche für Strom. Das sind circa 300 Euro im Monat. Der Gang zum Hafenbüro fällt nicht leicht, daher haben wir ihn uns bis zum Schluss aufgehoben.

»Sorry, it doesn't work. You don't have to pay. Take it as a gift from me«, sagt der Hafenmeister. Er bekommt das Kartenlesegerät nicht in die Gänge und schenkt uns die letzten fünfzig Nächte im Hafen. Wir bedanken uns mindestens zehnmal bei ihm, auch dafür, dass wir in seinem Hafen überwintern durften. Dann verabschieden wir uns.

»Das Segelabenteuer 2021 kann kommen. Was für ein Start«, freue ich mich, wahrscheinlich deutlich mehr als Anna, stecke die EC-Karte ein und klettere zurück vom Steg an Deck.

ANNA, 16. MÄRZ 2021 – MALMÖ

Noch vor einer Stunde war ich das bestimmt glücklichste Mädchen in ganz Schweden, gemeinsam mit Malin. Endlich, nach ungefähr vier Monaten, verließen wir gemeinsam mit Hevandelli den Hafen von Malmö. Die letzten Tage waren extrem stressig gewesen. Wir hatten alles darangesetzt, die finalen Dinge, die noch vor unserer Abreise zu tun waren, zu erledigen. Und dann war wirklich alles geschafft. Um zehn Uhr waren wir abfahrbereit. Winkend hatten wir das Hafenbecken verlassen, es war uns nicht leichtgefallen, Lebewohl den Menschen zu sagen, mit denen wir uns angefreundet hatten. Aber der Ruf der Freiheit war von Tag zu Tag stärker geworden. Es wurde Zeit, die Leinen loszuschmeißen und die Segel zu setzen, um wieder auf dem Wasser unterwegs zu sein.

Jetzt weiß ich vor Enttäuschung nicht mehr weiter. Wir hatten doch alles überprüft. einige Dinge erneuert – und trotzdem will unser Motor nicht starten. Die guten alten Motorprobleme, sie waren immer noch da. Obwohl wir so oft gedacht hatten, wir hätten sie endlich gelöst und beseitigt. Unser Start in neue spannende Abenteuer ist soeben wortwörtlich ins Wasser gefallen. Der Frust sitzt tief. Ich bin wütend. Worauf eigentlich? Weil ich geglaubt habe, wir hätten keine Motorprobleme mehr?

Nachdem wir nach mehreren Versuchen den Motor mithilfe eines Hammers wieder in Gang bekommen haben, kehren wir um und steuern schweigend die Docks der Marina Malmö an. Ich fühle mich wie eine Verliererin. Mit hängendem Kopf lasse ich all die negativen Gedanken zu. Als wir uns dem sehr vertrauten Anleger nähern, winkt uns Antje, die ihr Schiff am selben Steg liegen hat. Erstaunt nimmt sie unsere Leinen an und will wissen, was passiert ist. Geknickt erzählen wir von unserer Problematik. »Oh, das tut mir so leid. Mit Hilfe der anderen finden wir sicher eine Lösung.«

Wir nicken und sagen: »Wir brauchen eher einen findigen Mechaniker.«

»Kriegen wir auch hin. Ich bestelle uns inzwischen für heute Abend Pizza, und ihr lasst den Kopf nicht hängen.

An eine Lösung kann ich langsam nicht mehr glauben, aber eine Pizza bei Antje und ihrem Mann Stephan ist eine schöne Aussicht. Wir nehmen dankend an. Antje sieht mit ihren kurzen weißen Haaren wie das warmherzige Oberhaupt einer Großfamilie aus. Dass sie bereits um die Welt gesegelt ist, hätte ich niemals vermutet.

Wir verbringen einen lustigen Abend an Bord ihres Motorboots, das so viel mehr Wohnraum bietet als ein Segelschiff. Als ich in das erste Pizzastück beiße, sind die Sorgen um den Motor fast schon vergessen, und die Tatsache, dass wir den ganzen Tag einen Bootsservice nach dem anderen in der Gegend abgeklappert haben, uns aber keiner helfen konnte, verdränge ich auch schnell. Morgen soll Jorgen vom Marina-Service in Skåre da sein, angeblich soll er uns helfen können. Wenigstens ein kleiner Hoffnungsschimmer.

Später, in der Koje, tröste ich mich mit dem Gedanken, dass ein Tag im Hafen immer noch besser ist als ein Tag irgendwo an Land.

ANNA, 17. MÄRZ 2021 – SKÅRE

Mit neuer Kraft und Motivation sind wir in den Tag gestartet. Als dann noch Jorgen sagt, dass wir nur ein Kabelproblem hätten und er es lösen könne, habe ich wieder Vertrauen, dass unsere Reise fortgesetzt werden kann. Doch so einfach ist es nicht, auch nach dem Kabelaustausch will der Motor nicht anspringen. Warum geht er bloß immer noch nicht? Nachdem nun schwedisches und dänisches Fachpersonal unseren

Motor unter die Lupe genommen hat, frage ich mich, wer dieses Problem lösen soll. Malin und ich etwa? Ich bin mit meinen Ideen längst am Ende, zumal der Motor für uns weiterhin ein Gebiet ist, auf dem wir uns nicht genug auskennen. Doch anscheinend will er, dass wir uns ausgiebig mit ihm auseinandersetzen.

Es ist ein so schöner Segeltag. Auf der Strecke nach Skåre hatten wir grandiosen Wind gehabt. Wir konnten unser neues Segel testen, die neuen Reffleinen ausprobieren und uns ganz langsam wieder an die Bewegungen von Hevandelli gewöhnen. Wir waren tatsächlich etwas aus dem Training gekommen, denn ich erwischte mich dabei, wie ich über die einzelnen Schritte beim Segelsetzen nachdachte. Auch mein Gleichgewichtssinn hatte noch wie eingeschlafen gewirkt. Statt einfach loszusegeln, sitzen wir am Kai von Skåre fest, mitten in einem Hafen, der wie eine Baustelle aussieht. Offenbar ist der Hafen noch geschlossen. Doch wie soll es jetzt weitergehen? Ich sitze an Deck, nach dem fünften, sechsten oder vielleicht war es auch schon der siebte Versuch, den Motor zu starten, laufen mir Tränen über die Wangen. Ratlos vergrabe ich mein Gesicht in den Handflächen.

»Hej, is everything okay?«

Ich wische mir die Tränen aus den Augen und blinzle der Sonne entgegen. Ich erkenne eine Strickmütze, wie Malin sie immer trägt, Boots, Mantel, weißes Haar. Ein waschechter Seemann.

»Nein, nicht wirklich«, erkläre ich dem Mann. Nach und nach erzähle ich ihm, was es mit unserem Motor auf sich hat.

»Das kenne ich gut«, sagt er, als ich mit dem Reden aufgehört habe. »Unser Schiff hatte auch immer Probleme mit dem Motor, bis wir ihn schließlich austauschen mussten.« Nein! »Soll ich euch einen Mechaniker rufen?«

Ich überlege kurz, sehe aber keine andere Lösung. »Gerne, das wäre sehr nett.« Ich will nicht an die Kosten denken, denn uns bleibt keine andere Wahl.

ANNA, 22. MÄRZ 2021 – YSTAD

Toi, toi, toi. Um einiges ärmer verlassen wir unseren Hoffnungshafen unter laufender Maschine vor Sonnenaufgang. Es ist so gut wie gar kein Wind angesagt, wir wollen heute auf Nummer sicher gehen und lassen den Motor durchgehend laufen. Nach diversen Startversuchen, meist alle zwei Stunden, bei denen er immer ansprang, wagen wir es nun, uns vom kleinen Fischerdorf Skåre zu verabschieden.

Im Osten steigt die Sonne aus dem Wasser. Sonnenaufgänge sind magisch, sie erwecken die Welt zum Leben. Ergreifende Momente, obwohl sie ja alltäglich und selbstverständlich sind. Die Sonne steigt immerhin jeden einzelnen Tag zuverlässig am Horizont auf. Mal ist sie gut zu sehen, mal weniger. Meine Sehnsucht nach ihr ist groß, nicht ohne Grund ist der Sommer meine Lieblingsjahreszeit. Das Sonnenlicht im Sommer ist Lebenselixier.

Wir sind unterwegs nach Ystad, einer Stadt an Schwedens äußerster Südküste. Nachdem wir im Hafen angelegt haben, bekommen wir Besuch von zwei Jungs aus Deutschland, die hierher ausgewandert sind. Auch sie kennen uns übers Internet. Es ist verrückt, sich nach so langer Zeit wieder auf Deutsch unterhalten zu können. Zu viert stoßen wir auf den netten Abend an, doch insgeheim stoßen Malin und ich darauf an, dass unser Motor heute einwandfrei lief und wir die Segelsaison hoffentlich beginnen lassen können. Ohne Motorsorgen, mit dem Drang, die Welt zu sehen. Und viele, viele Seemeilen zurückzulegen.

Am nächsten Morgen schlägt Malin die Schotten auf und ruft: »Hinter uns liegt ein Segelboot unter deutscher Flagge.« Die Häfen in Schweden sind bisher noch sehr leer, die Segelsaison beginnt erst ab Mitte April oder sogar noch später. Und die ausländischen Gäste bleiben aufgrund der weltweiten Pandemie auch weitgehend aus. Da freut uns dieser Anblick natürlich umso mehr. Der Einhandsegler schlendert mit einer Tasse Kaffee schon in unsere Richtung, und wenig später finden wir uns mit vollen Tassen aus der Nespresso-Maschine im Wohnraum seiner Yacht wieder.

Franky verfolgt unsere Reise im Netz, hat aber auch einen eigenen Segelblog und momentan zwei Wochen Urlaub. Er nutzt die Zeit zum Ansegeln. Franky, groß und schlank und in einem Printshirt mit Segelbooten drauf, ist eine ruhige, entspannte Seele. Und weil sein Segelrevier die Ostsee ist, löchern wir ihn mit unseren Fragen: Was tun bei schwerem Wetter? Wie trimme ich die Segel richtig? Welche extremen Segeltörns hast du schon gehabt? Was war der schönste Ort, an dem du je gewesen bist? Wenn wir unsere Horrorstorys auspacken sollen, erzählen wir von unserer Nacht mit Fiete im Mittelmeer, in der wir das Leck entdeckt hatten.

Voller Euphorie laden wir Franky abends zum Grillen ein. Unsere Saison ist schließlich gestartet, da kann auch endlich wieder gegrillt werden. Doch jetzt geht es für mich erst einmal zum Strand. Nach einer Woche ohne Dusche wird es Zeit, mich endlich wieder zu waschen. Wäre es nicht noch so kalt, könnte das Meer vor mir richtig einladend aussehen. Ich will trotzdem schwimmen. Das habe ich mir vorgenommen. Den Badeanzug schon untergezogen. Während ich Mütze und Winterjacke ausziehe, erklärt Malin mich für verrückt. Doch ohne Wenn und Aber geht's ab ins kühle Nass. Drei Grad Wassertemperatur, das hatte ich vorhin nachgesehen, die Lufttemperatur liegt bei sieben Grad Celsius, und die Sonne hat sich auch noch nicht blicken lassen.

Im ersten Moment kribbelt meine gesamte Haut. Als ich bis zu den Schultern im Wasser stehe, merke ich, wie das Atmen immer schwerer fällt. Als würde ich keine Luft mehr bekommen. Ich versuche, meine Atmung zu kontrollieren. Langsames Ein- und Ausatmen. Konzentrier dich, Anna. Drei, zwei, eins, ich stecke meinen Kopf unter Wasser. Puh.

Auch wenn es nicht so aussieht: das Wasser war eiskalt!

Mit ein paar Zügen schwimme ich Richtung Strand, wo Malin mit dem Handtuch auf mich wartet. »Juhu! Das war herrlich. Ich bin so lebendig!« Der Schmerz auf der Haut lässt langsam nach. Ich hab's gepackt! Fast wie Eisbaden. Ich freue mich auf den Sommer, denn ab jetzt geht es nur noch bergauf. Ansegeln, Angrillen, Anbaden – das Segeljahr 2021 ist nun offiziell eröffnet.

MALIN, 27. MÄRZ 2021 – SIMRISHAMN

»Fährst du gegen den Wind und ich berge die Segel, Anna?«

»Okay, dann schnapp dir deine Sicherheitsleine und leine dich an.«

»Mach ich, und du kannst schon mal in den Wind fahren. Ich gehe nach vorne.«

Ich stehe am Mast, schaue zwölf Meter in die Höhe und sehe das riesige Großsegel mir entgegenfallen. Ich versuche das unhandliche, feste Segeltuch zusammenzufalten und auf den Baum zu binden. Wir befinden uns in der Hafeneinfahrt von Simrishamn. Franky ist noch ungefähr eine halbe Seemeile hinter uns und fängt ebenfalls an, die Segel zu bergen.

»Bin ich froh, dass der Motor wieder angesprungen ist. Jedes Mal, wenn er das tut, habe ich ein wenig Vertrauen in die Maschine«, sage ich zu Anna, die ebenfalls spürbar erleichtert ist. Seit wir Ystad verlassen haben, haben wir uns wieder getraut, den Motor mitten auf dem Wasser auszustellen, um unter Segeln zum nächsten Hafen zu fahren. Immer mit dem Risiko, dass er vor der Hafeneinfahrt nicht angeht und wir in eine brenzlige Situation geraten. Doch er ließ uns nicht mehr im Stich, und so hatten wir drei wundervolle Segeltörns, die ersten richtigen in diesem Jahr. Mit moderatem Wind, moderater Welle und sogar ein wenig Sonnenschein ging es von Ystad über Kåseberga nach Simrishamn. Jetzt weiß ich, was mir im Winter gefehlt hat. Das Rauschen des Meeres, das Anrollen der Wellen, die das Schiff samt Besatzung bis zum Wellenkamm anheben und danach sanft ins Wellental fallen lassen. Der Wind, der konstant ins Segel drückt, und die Böen, die das Schiff plötzlich beschleunigen und den Druck aufs Ruder verdoppeln. Die Langeweile, die positive Langeweile, die wir nur auf dem Wasser haben. Wenn die Segel justiert sind, sich der Körper an die Bewegungen gewöhnt hat und der Kurs steht. Einfach nur in die Weite gucken.

Nichts machen. Nicht miteinander sprechen, nicht essen, nicht trinken, nicht aufräumen, nicht aufs Handy schauen.

Nur träumen und die Gedanken wie die Wellen an sich vorbeirauschen lassen. Das schaffe ich nur beim Segeln. Im Hafen schnappe ich mir mein Handy, meinen Laptop, ein Buch, Anna zum Reden oder meine Sneaker, um den Ort zu entdecken. Nicht, dass das schlimm ist. Meiner Meinung nach sollte man sich auch mal langweilen, nichts machen, keiner Ablenkung widmen.

Ich habe auch den Sport am Segeln vermisst. Mit aller Kraft an den Leinen ziehen, mithilfe der Winschen die Segel hissen, die Segelstellungen verändern. Immer und immer wieder. Trotzdem ist mir dabei nicht warm geworden. Trotzdem trage ich noch immer den Zwiebellook. Drei Schichten unten herum. Fünf Schichten oben herum. Es waren nie mehr als fünf Grad Celsius, nachts friert es noch zuverlässig und der Holzofen knistert ebenso zuverlässig bis in die tiefe Nacht. Die Abläufe der Manöver klappen schon wieder fast so flüssig wie letztes Jahr, trotzdem brauche ich manchmal noch ein paar Sekunden, um zu überlegen, was der nächste Schritt ist.

Das Großsegel ist auf dem Baum festgezurrt, jetzt die Fender aushängen und die Anlegeleinen vorbereiten. Dann Anna auf der Karte zeigen, wie sie am besten in den Hafen steuert, anschließend einen Anlegeplatz gegen den Wind aussuchen.

»Zum Glück habe ich nichts verlernt. Im Winterlager hatte ich befürchtet, dass wir wieder bei Null anfangen«, rufe ich Anna zu.

»Quatsch, Segeln ist wie Fahrrad fahren. Das verlernt man nicht. Nur mein Mut ist nicht mehr so groß. Bei der Welle gestern hatte ich schon Respekt. Daran muss ich mich erst wieder gewöhnen.«

»Stimmt. Auch an das Geschaukel, den pfeifenden Wind durch den Mast und die Schräglage.«

»Aber wenn wir wieder jeden Tag segeln, kommen der Mut und das Vertrauen in uns, in unser Gelerntes und ins Schiff wieder. Ganz sicher, Malin.«

Wir liegen fest am Holzsteg. Oder ist es doch Beton? Ich kann es nicht erkennen, denn er ist lückenlos mit den Hinterlassenschaften von Möwen besetzt.

»Hoffentlich sieht unser Schiff morgen früh nicht so aus wie der Steg«, rufe ich Franky zu, der mit seinem zwei Meter längeren Schiff hinter uns anlegt und dessen Leinen ich annehme.

»Sonst schaut's hier ja ganz nett aus«, antwortet er.

»Ja, ein grandioser Blick aufs offene Meer und den kilometerlangen Strand. Morgen wollen wir trotzdem weiter, das gute Wetter müssen wir nutzen. Bist du dabei?«

»Klar, da komm ich mit. Macht echt Spaß, zusammen mit euch unterwegs zu sein.«

MALIN, 28. MÄRZ 2021 – ÅHUS

In dieser kleinen Stadt wird der bekannte Absolut Vodka hergestellt. Die Stege am Hafen sind nagelneu, bisher ist noch kein Hafenmeister in Sicht. Schon seit ein paar Tagen segeln wir gemeinsam mit Franky, er mit seiner Ostwind einhand und wir mit unserer Hevandelli zweihand. Es macht jede Menge Spaß, in Gesellschaft zu segeln. Morgens sind wir bei Franky zum Frühstück und zum leckeren Kaffee aus der Espressomaschine eingeladen. Natürlich nehmen wir dankend an und freuen uns darüber, nicht abwaschen zu müssen. Der Luxus auf seinem Schiff erstaunt mich, es ist nicht nur top ausgestattet, was die Navigation angeht, sondern auch ein Toaster und die Hightech-Kaffeemaschine sind mit an Bord. Wir dagegen rösten unsere Toasts in der Pfanne. Funktioniert auch.

Am Abend essen wir Pizza bei einem schwedischen Italiener. Schmeckt göttlich, verrückt ist, dass es noch einen Salat als Beilage gibt. Das ist aber nicht etwa ein Salat der italienischen Art, sondern ein gewöhnlicher Krautsalat, gewürzt mit Oregano. Die Schweden sind schon ein uriges Volk, und mit jeder Kleinigkeit, die ich über sie herausfinde, werden sie mir sympathischer. Dass das überhaupt noch geht, wo ich mich doch sowieso schon über beide Ohren in dieses Land verknallt habe. Trotz kalter Temperaturen und für meine Vorstellungen zu wenig Sonnenschein.

ANNA, 29. MÄRZ 2021 – HÄLLEVIK

Ich sitze am Tisch mit acht Menschen, vor mir ein voller Teller mit Blaubeerkuchen und Vanilleeis. Diese acht herzlichen Menschen kennen uns erst seit ungefähr zwei Stunden, und nun sitzen wir in ihrem Wohnzimmer in einem gelben Holzhaus, das direkt am Strand liegt. Drei Generationen sitzen an diesem reich gedeckten Tisch, darunter

Antje und Stephan, die wir im Hafen von Malmö kennengelernt hatten. Heute Motorbootbesitzer, früher Segler. Antje sagt: »Heute kann ich keine Segel mehr sehen.«

Eigentlich wohnen sie zu zweit in diesem Haus am Strand, doch durch Corona sind es sechs Mitbewohner mehr. Der Sohn von Antje und Stephan ist mit seiner Familie im November vergangenen Jahres nach zehn Jahren in Australien in seine Heimat zurückgekehrt. Auch die Tochter hat mit ihrem Mann die Heimreise angetreten, sie hatten zuvor in Island gelebt. Alle vier Erwachsenen hatten wegen der Pandemie ihre Jobs verloren, hatten im Ausland in der Tourismusbranche gearbeitet. So ist die ganze Familie wieder vereint, und Antje freut sich, ihre Kinder und Enkelkinder wieder um sich zu haben.

Die Häfen sind immer noch leer. Meistens sind nur wir da.

Antje erzählt uns nun in einem perfekten Englisch von ihrer Weltumseglung 2014/2015. Von Schießereien in Venezuela genau vor ihren Augen, von Gewittern am Kap der Guten Hoffnung, bei denen in das Schiff ihrer mitsegelnden Freunde sogar ein Blitz einschlug und die gesamte Elektronik des Schiffs außer Gefecht setzte. Richtige Abenteuergeschichten. Ich weiß nicht, ob ich neidisch oder froh darüber sein soll, so etwas noch nicht erlebt zu haben. Das Segeln um die Welt ist eine Träumerei, aber sie macht mir auch gehörige Angst. Bin ich dafür überhaupt der Typ? Reicht Europa nicht?

An diesem Abend merke ich, dass ich meine Familie vermisse.

Morgen hat mein zwei Jahre älterer Bruder Jan Geburtstag, er ist früher die meiste Zeit von uns fünf Enkelkindern mit Opa Heiko und Oma Elli gesegelt. Jan war auch im Segelverein gewesen und hat seine Sportbootführerscheine gemacht, da hatte ich noch gar kein Interesse am Segeln. Doch inzwischen ist seine Welt der Garten und nicht mehr das Wasser. Ich weiß, dass sie morgen alle zusammenkommen und Spaß haben werden. Meine Lieblingsmenschen. Deshalb genieße ich das schwedische Familienleben am heutigen Abend auch besonders. Ich stelle mir vor, was für ein schönes Bild wir für jemanden abgeben müssen, der draußen am Fenster vorbeiläuft und in dieses in Kerzenschein getauchte Wohnzimmer blickt. Das kleine Fünkchen Wehmut schiebe ich schnell beiseite und nehme einen Löffel von dem Blaubeerkuchen mit Vanilleeis. Zum Abschied laden wir alle auf unser Boot ein. Morgen zur Fika – mit Kaffee und Kanelbullar.

MALIN, 31. MÄRZ 2021 – INSEL HANÖ

»Stopp«, zische ich Anna zu. Denn das, was zehn Meter weiter auf uns wartet, soll sie auf keinen Fall erschrecken. Ein, zwei, nein zehn, zwanzig, dreißig Rehe, Hirsche oder was auch immer. Wahnsinn! In Deutschland habe ich noch nie Rehe aus nächster Nähe beobachten können.

Das Damwild von Hanö.
Es hatte keine Angst vor uns.

Auch Anna ist völlig aus dem Häuschen, als sie die prachtvollen Tiere erblickt. Wir halten unseren Atem an und schleichen den kleinen Trampelpfad entlang. Viele dunkle Augenpaare beobachten jeden unserer Schritte. Auf einmal trabt eines der Rehe erschrocken ein paar Meter weiter, steckt dann aber wieder den Kopf ins Gras, um weiter zu äsen. Viel Angst scheint das Damwild (später recherchiert) nicht vor uns zu haben.

Wir setzen uns auf eine Bank und beobachten diese eleganten Tiere in der Abendsonne. Damit hatte ich nicht gerechnet, als wir uns gegen achtzehn Uhr dazu entschieden, einen kleinen Spaziergang hoch zum Leuchtturm zu machen. Hanö liegt im Südosten Schwedens und ist eine gerade zwei Quadratkilometer große oder besser gesagt kleine Küsteninsel. Der Rundweg über die gesamte Insel soll zirka sechs Kilometer umfassen. Immer am Wasser entlang, einmal im Kreis, bis man wieder dort ankommt, wo man gestartet ist. Am Hafen stehen einige Häuser, sie alle scheinen aber unbewohnt zu sein. Vermutlich sind es nur Sommerwohnsitze. Bisher haben wir noch keine Menschenseele gesehen. Nur Anna, Franky und ich sind hier offenbar im Paradies unterwegs.

Wir lauschen den Geräuschen der Natur, dann ziehen wir weiter, lassen die eigentlichen Bewohner der Insel, die Hirsche und Rehe, zurück. Vom höchsten Punkt der Insel, direkt beim Leuchtturm, schauen wir über das von der Sonne im Westen orangerot gefärbte Wasser, das immer dunkler wird.

Da Franky uns morgen verlässt, planen wir ein kleines Grillen und wollen anstoßen auf die letzten Tage, die wir gemeinsam gesegelt sind.

ANNA, 4. APRIL 2021 – KARLSKRONA

Der Frühling klopft vorsichtig an, die Tage werden immer länger und die Temperaturen steigen langsam an. Wir erkunden Karlskrona, eine Hafenstadt, in jedem Schaufenster ist »Glad Påsk« zu lesen, »Frohe Ostern«. Karlskrona ist auch die erste Stadt, die wir an der Ostküste anlaufen und die sich über mehrere Inseln erstreckt. Auf der Insel Trossö befinden sich das Zentrum und auch der Hafen.

Wir kaufen in einem Supermarkt jede Menge Osterschokolade, wir wollen sie überall auf dem Schiff verstecken. Früher wollten wir möglichst cool sein, die coolsten Klamotten tragen, möglichst nice Musik hören und die krassesten Hauspartys schmeißen. Ich zog so was von mit. Ich wollte möglichst erwachsen sein oder wenigstens so rüberkommen. Wollte bewundert werden. Kaufte mir viel zu teure Sachen und schminkte mich viel zu stark. Bis ich erkannt habe, dass diese Werte für mich keine Bedeutung haben, hat es einige Zeit gedauert. Erst durch Malin habe ich so richtig gelernt, dass es wichtig ist, das

Kind in sich zu bewahren. Auch mal albern zu sein. Und sich selbst nicht zu ernst zu nehmen. Und was soll ich sagen: Ich denke, ich bin auf einem guten Weg.

MALIN, 9. APRIL 2021 – KARLSKRONA

Seit einer Woche sind wir am selben Ort. Was soll's, das Wetter und den Wind können wir nicht beeinflussen. Der April macht, was er will, und bei maximal fünf Grad Celsius und Schnee, Hagel und Regenschauern im Wechsel, da kann ich gut und gerne auf einen Segeltörn verzichten. Hinzu kommt ein stürmischer und eisiger Wind. Wir vertreiben uns die Zeit am Laptop, beantworten E-Mails, arbeiten am Videoschnitt, schließen eine Auslandskrankenversicherung ab. Ja, richtig gelesen, bis heute waren wir im Ausland nicht krankenversichert gewesen. Ups. Noch eine der leichtsinnigen Nachwirkungen unserer Fiete-Reise. Wer hat schon Lust, sich mit ungeliebtem Bürokram zu beschäftigen? Ich hatte gestern über eine Stunde in einer Warteschlange gehangen und daraufhin eine weitere Stunde mit einer Mitarbeiterin des Bürgerbüros in Oldenburg telefoniert, nur um herauszufinden, ob meine Eltern meinen neu beantragten Personalausweis abholen können. Was für ein unnötiger Zeitaufwand. Auch das muss erledigt werden.

Mittlerweile haben Anna und ich sogar ein Gewerbe angemeldet, für unseren Onlineshop, wir werden noch richtige Geschäftsfrauen. Es ist toll, wie sich alles entwickelt hat. Inzwischen können wir mit unserer Reise Geld verdienen, wenigstens ein bisschen. Wir decken damit zumindest unsere laufenden Kosten.

Anna blickt von ihrem Laptop hoch. »Mich macht es nicht glücklich, den ganzen Tag auf den Bildschirm zu gucken und irgendwelche E-Mails zu beantworten«, sagt sie. »Ich bin ein Hand-Mensch, ich liebe es, Dinge mit den Händen zu erschaffen, am Boot rumzutüddeln, mich zu bewegen.«

»Dann klapp den Laptop für heute zu. Du hast doch den Luxus, selber zu entscheiden, wann du arbeitest. Mach für heute Feierabend! Schätz dich glücklich, dass du die Möglichkeit hast, mit diesem Teil dein Geld zu verdienen, um dir deinen Traum zu finanzieren.«

Bei mir ist es anders. Von zu Hause aus arbeiten, nur für mich, ist Teil meines Traums. Nach zwölf Stunden vor dem Bildschirm zu sehen, was man geschafft hat, was man erschaffen hat, das erfüllt mich. Mehr, als nur zu reisen.

Mein Handy klingelt, »Ralf Bootsladen« erscheint auf dem Display. Ein Videoanruf. Ralf ist der Eigner eines uns unterstützenden Bootsladens in Berlin, inzwischen ist er ein guter Freund geworden. Anfang des Jahres hatte er uns mit Tauwerk und weiteren Materialien geholfen, seitdem steht er uns immer wieder mit Rat und seiner Expertise zur Seite. Inzwischen telefonieren wir fast täglich. Malin und ich hatten erst gestern darüber gesprochen, dass viele der Menschen, denen wir durch unsere Reise begegnet sind, wesentlich älter sind als wir, oft um die fünfzig, oft männlich, oft Segler. Ein Segelboot ist Luxus, aber vor allen Dingen bedeutet es Verantwortung und jede Menge Arbeit. Vielleicht liegt es daran, dass es beim Fahrtensegeln nur wenige junge Segler gibt, zumindest sind wir erst wenigen begegnet.

Und noch seltener sind uns reine Frauencrews oder gar eine weibliche Skipperin aufgefallen.

Woran auch immer das liegen mag. Dabei sollte das Langfahrtensegeln nicht aussterben, daran zu arbeiten, das haben wir uns inzwischen ein bisschen zur Aufgabe gemacht.

Die Kommunikation mit älteren Seglern hat den enormen Vorteil, von den alten Seebären zu lernen. Selbst bei Dingen wie der Bootselektrik. Ralf sagt zu Recht: »Das Schiff ist ein komplexes System.« Viele Bereiche greifen ineinander und müssen gemeinsam funktionieren. Wer sein Schiff wirklich kennen und verstehen will, muss eigentlich Klempner, Elektriker, Tischler, Bootsbauer, Segelmacher und Steuermann zugleich sein.

Nach einem kurzen Austausch mit Ralf als Experten rufe ich in den Hörer: »Wir müssen weitermachen, schließlich muss noch ein ganzes Video für übermorgen fertiggestellt werden.«

»Dann tschüss ihr zwei! Bis demnächst. Ihr macht das super«, verabschiedet sich Ralf.

Anna sagt: »Freundschaft kennt echt kein Alter.«

MALIN, 15. APRIL 2021 – ÖLAND

Endlich wieder Insel-Vibes. Öland ist etwas sehr Besonderes, es ist die zweitgrößte Insel Schwedens, und auch wenn sie nur wenige Kilometer vom Festland entfernt liegt, soll dort ein wesentlich milderes Klima herrschen. Davon merken wir im April bisher noch nichts, aber das kann ja noch kommen. Bis wir im Norden der Insel angelangt sind, kann es noch dauern. Öland ist nämlich 137 Kilometer lang, und wir befinden uns momentan im südlichsten Hafen an der Westküste, in Grönhögen. Hier gibt es einen Supermarkt, vielleicht ist er eher ein gut sortierter Kiosk, ein paar kleine Häuser sowie einen älteren, nicht sehr groß gewachsenen Hafenmeister. Seit Malmö ist er der erste, dem wir begegnen. Bisher waren die Häfen geschlossen, doch meistens waren Strom und Wasser angestellt. Hafengeld mussten wir dennoch nicht bezahlen. Aber jetzt scheint es langsam wieder loszugehen.

Winkend steht der Mann am Rand des großen und leeren Hafenbeckens und weist uns einen der rund dreißig freien Plätze zu. Nicht dass wir noch einen falschen Platz besetzen. Vielleicht kommt der große Ansturm ja am Wochenende. Anschließend hilft er beim Anlegen, danach präsentiert er uns die Sanitäranlagen. »Ihr seid das zweite Boot in diesem Jahr«, gratuliert er uns. Wir bezahlen für zwei Nächte, insgeheim wissen wir, dass wir in diesem Hafen wohl länger bleiben müssen, denn für die nächsten vier Tage ist starker Sturm angesagt.

»Hier ist ein guter Ort, hier kann man es aushalten«, sagt Anna. »Endlich mal wieder duschen, und zudem soll der Süden von Öland eine Menge zu bieten haben.«

Vom kleinen Hafenbüro laufen wir zurück zum Boot, und Anna erzählt mir, was sie über Öland recherchiert hat.

»Im Norden steht das Sommerschloss der schwedischen Königsfamilie.«

»Fünfundsiebzig Naturschutzgebiete.«

»Über ein Drittel ist zum UNESCO-Welterbe deklariert worden.«

»Viele Windmühlen, Badestrände.«

»Noch mehr Vögel und noch mal doppelt so viele Vogelbeobachter.«

»Morgen fahren wir zur Südspitze, zum Leuchtturm Langer Jan. Das ist der höchste Leuchtturm Schwedens, entstand von 1784 bis 1785. Fünf Kilometer mit dem Fahrrad.«

»Anna«, unterbreche ich sie, »wollen wir erst frühstücken oder erst unseren Schlaf nachholen?«

»Erst schlafen. Ich bin hundemüde«, erklärt sie.

»Ach so, deswegen redest du so viel«, sage ich und steige über die Reling an Deck.

Wir sind heute um vier Uhr in tiefster Finsternis bei minus zwei Grad Außen- und gefühlten plus zwei Grad Innentemperatur aufgestanden, und dann bei Sonnenaufgang vom Festland, von Kristianopel, nach Öland gesegelt. Es war ein kurzer und wunderschöner Törn Richtung Osten. Kurs 90 Grad. Dem brennenden Himmel und dem Sturm, der ab heute Nachmittag wüten soll, entgegen. Jetzt ist es acht. Wir dunkeln die Koje mit den nachtblauen Stoffgardinen von innen ab und legen uns aufs Ohr.

MALIN, 18. APRIL 2021 – GRÖNHÖGEN

Wir stehen vor dem instabilen Schreibtisch aus dunklem Holz, an dem der entzückende Hafenmeister über seine tief sitzende Brille auf seinen Computerbildschirm schaut, der mindestens genauso alt ist wie der Schreibtisch.

»Tack så mycket!«, bedanken wir uns auf Schwedisch. Wir wollten bei ihm für drei Nächte bezahlen, doch er schenkte uns zwei Nächte, weil es, wie er meinte, noch Anfang der Saison sei. Vielleicht auch, weil er Mitleid mit uns hatte, denn er hatte uns vorgestern auf unseren Mini-Rädern morgens mit dem Wind und nachmittags gegen den Wind an seinem Haus vorbeistrampeln sehen. Da grüßte er nett und hielt einen Daumen hoch. An diesem Tag hätte er es wahrscheinlich nicht mal seinem alten, weinroten Volvo, mit dem er täglich mehrmals zum Hafenbüro düst, obwohl kein neues Schiff angekommen ist, zugemutet, an die Südspitze Ölands zu fahren. Doch Anna hatte es uns und unseren Fahrrädern zugemutet. Als wir auf der einzigen Straße des Orts vom Rückenwind nur so dahingepustet wurden, ohne ein einziges Mal in die Pedale zu treten, prüfte Anna erneut die Route.

»Oh, es sind doch nicht fünf Kilometer, es sind über neun.«

»Achtzehn Kilometer auf diesen Fahrrädern?«, rief ich. Als ich zu Anna blickte, rauschte der Wind so laut in meinen Ohren, dass ich vor Schmerz zusammenzuckte und fortan nur noch geradeaus schaute.

»Egal, wir machen es trotzdem. Die ersten neun Kilometer mit Rückenwind werden wir eh nicht spüren.«

»Dafür werden die anderen neun Kilometer mit Gegenwind doppelt so anstrengend.« Es machte enormen Spaß, über die unbefahrene, gut asphaltierte Landstraße zu sausen. Rechts von uns Felder und die dunkelblaue Ostsee, links von uns Wälder, über uns blauer Himmel und der Wind mit seinen mindestens sieben Beaufort, das sind fünfunddreißig Stundenkilometer, von hinten. Mit jeder Böe überholten wir uns abwechselnd und erreichten schnell unser erstes Etappenziel.

»Hier befindet sich die Mauer, die quer über die ganze Insel verläuft und vom König erbaut wurde. Das war 1785. Eigentlich war sie zum Schutz der landwirtschaftlichen Flächen gegen das vom König importierte Damwild aus England erbaut worden, doch die Tiere interessierten sich kaum für die Mauer. Sie sprangen einfach hinüber und ernährten sich weiterhin vom Eigentum der Landwirte«, erzählte ich Anna, nachdem ich diese wirklich interessante Info-Tafel neben der brusthohen, teilweise zerfallenen Mauer durchgelesen hatte.

Der nächste Stopp war nach weiteren vier Kilometern. Plötzlich hatte die Umgebung einen steppenartigen Look. Vereinzelte freistehende kahle Bäume, trockenes und beige-gelbes Gras schenken uns einen weiten Blick über die flache Landschaft.

Und ganz gleich, wo wir hinschauten: Vögel.

Vögel, die wir nie zuvor gesehen hatten. Später, angekommen beim Langen Jan, lernten wir im Ausstellungszentrum, dass Öland das ganze Jahr über ein bevorzugter Platz von Millionen von Zugvögeln aus der ganzen Welt ist.

»Wahnsinn, diese Vögel legen jedes Jahr so viele Kilometer zurück, wie wir wahrscheinlich nicht mal in den nächsten Jahren. Obwohl wir auch Reisende sind. Zugmenschen, die dahin reisen, wo es uns gefällt«, flüsterte ich Anna zu, während wir beide auf die Weltkarte starren, auf der die Routen der verschiedenen Vögel eingetragen sind. Sie verlaufen über den ganzen Erdball.

Und dann, nach einer hinausgezögerten Pause im Windschatten des Leuchtturms, ging es zurück nach Grönhögen. Neun Kilometer auf Fahrrädern, die so groß sind wie ein BMX-Rad und sich schlechter fahren als ein Skateboard über Schottersteine. Wir kamen und kamen nicht voran. Bei einigen Böen geschah sogar das Gegenteil: Der Wind drückte das Fahrrad samt mir einfach rückwärts, sodass ich vom Fahrrad springen musste, um nicht zu stürzen. Wir testeten verschiedene Taktiken aus, um die neun Kilometer nicht schieben zu müssen. Ich fuhr im Windschatten von Anna, anschließend Anna im Windschatten von mir. Doch nach einer halben Stunde konnten wir immer noch den Leuchtturm sehen. Wir kamen ins Schwitzen. Trotz der sieben Grad und des eisigen Windes von vorne, zog ich meine Jacke und meinen Troyer aus.

»Das zählt nun wirklich als Sporteinheit. Für den März bin ich durch!«, schrie Anna gegen den Wind.

Ich verbot es mir, zu grinsen, denn hätte ich es getan, hätte ich den aufgewehten Sand nicht nur in meine zusammengekniffenen Augen bekommen, sondern auch in den Mund. Der Sand peitschte schmerzhaft ins Gesicht und gegen die fest um den Lenker gekrallten Fäuste. Immer wieder stieg eine von uns ab, um sich mühselig die Sandkörner aus den tränenden Augen zu reiben. Mühselig war auch unser Vorankommen. Als eine anrauschende Staubwolke uns zwang, von den Pedalen zu springen, entschlossen wir uns zum Schieben. Wir lachten uns gegenseitig aus, wenn eine von uns es verpasste, sich rechtzeitig vor dem nächsten Sandsturm wegzudrehen. Und irgendwie machte es auch Spaß.

»Diese Fahrradtour wird uns in Erinnerung bleiben. Zum Glück wussten wir vorher nicht, dass es achtzehn Kilometer sind und dass es so stürmisch wird«, schrie Anna, als wir in Grönhögen angekommen waren und im Windschutz der kleinen, alten Häuschen wieder radeln konnten.

»Ja, dann hätten wir die Tour ganz sicher nicht gemacht«, bestätigte ich. »Sowie die ganzen Abenteuer mit Fiete und Hevandelli. Hätte ich vorher gewusst, dass wir mit Fiete nach drei Monaten ein Leck im Mittelmeer haben und dass ich mit Hevandelli den ein oder anderen wilden Ritt haben werde, also hätte ich mir all das am Anfang vorgestellt, dann hätte ich es bestimmt nicht gewagt. Zum Glück waren wir so naiv.«

»Ja, die Naivität hat uns eine ganz neue Tür geöffnet.«

»Hätte mir jemand vor zwei Jahren erzählt, dass er nach seiner Ausbildung mit einem Boot durch die Weltgeschichte segeln möchte, ohne zuvor auf einem Schiff gewesen zu sein, dann hätte ich ihm wahrscheinlich einen Vogel gezeigt.«

»Und jetzt machen wir genau das, Malin, und ich kann mir nichts Besseres für uns vorstellen!«

MALIN, 21. APRIL 2021 – BERGKVARA

Ich sehe Anna in Vollmontur fest an die Holzpinne der Hevandelli geklammert. Winterstiefel, Segellatzhose, Rettungsweste und darunter die rote Segeljacke, die Wind und Regen abweisen soll. Heute ist an Regen nicht zu denken, dafür mehr an Wind. Der Himmel ist strahlend blau und die Sonne scheint herunter auf unsere stramm gesetzten Segel. Heute wollten wir uns herausfordern. Die Windvorhersage ähnelt der von gestern, und da wir es gestern meisterten, sollte es heute doch keine Probleme geben. Nach einem anstrengenden Segeltörn, bei dem wir mehrere Stunden gegen den Wind und die unangenehmen kurzen Wellen gekreuzt sind, waren wir am Abend nur stolz gewesen, ein Gefühl, das wir sehr lange nicht mehr gehabt hatten. Gerade in der kalten Jahreszeit hatten wir bisher vermieden, bei stärkeren Winden zu segeln. Aber wir wollten es versuchen.

»Geht's, Anna?«, frage ich, als sie immer wieder besorgt zur Seite schaut und die anrollenden Wellenberge beobachtet.

»Es ist sehr schwierig zu steuern. Jedes Mal, wenn eine Welle gegen das Ruder unterm Schiff schlägt, entreißt es mir die Pinne und ich komme vom Kurs ab. Bei jeder Windböe passiert dasselbe.«

»Dann müssen wir die Segelfläche verkleinern. Soll ich das Großsegel ganz bergen?« Ich zittere. Mir ist kalt und ich habe Angst. Wir schauen uns an – und wissen, was zu tun ist. Ich muss das sichere Cockpit verlassen, um das Segel zu bergen.

Das Schiff stampft in die Wellen und der Bug taucht ins Wasser ab. Das eiskalte, salzige Wasser spritzt bis zu Anna. Ich krabble auf allen vieren zum Mast, um mich aufzurichten und mich um ihn zu klammern.

»Jeeeeetzt!«, schreit Anna und ich lasse die Leine mit dem Großfall aus meinen Händen rauschen.

Das Großsegel fällt mir entgegen, ich kriege es nur schwer gebändigt. Ständig schlägt es zur Seite, und mit jeder Welle werde ich in meiner Arbeit unterbrochen und muss mich mit beiden Händen am Mast festhalten, um kein Risiko einzugehen. Ich will nicht über Bord fallen. Verzagt starre ich auf die weißen, schaumigen Wellenkränze, die das Schiff umgeben. Ein bedrückendes Gefühl, dass zwei Meter neben uns der Tod wartet. Vergleichbar mit dem, das man hat, wenn man an einem Abgrund steht, Hunderte Meter über der Tiefe.

»Malin, lass es sein! Den Rest machen wir im Hafen!«, schreit Anna.

Eine gute Idee. Ich kehre ins Cockpit zurück und schaue auf den Seekarten nach einem Alternativhafen, denn eines steht fest: Heute schaffen wir es nicht bis nach Kalmar, unserem angepeilten Ziel, wir schaffen es nicht, noch über Stunden gegen die Wellen anzustampfen.

»Wir müssen uns eingestehen, dass wir uns überschätzt haben«, sagt Anna, nachdem wir die Kursänderung akzeptiert haben. »Diese Bedingungen hätte ich hier im geschützten Kalmarsund nicht erwartet.«

Die Welle kommt nun mehr von hinten, sodass das Schiff nicht mehr so extrem in die Wellen schlägt. Anna wirkt erleichtert.

»Ich finde es stark, dass wir uns überhaupt rausgetraut haben«, bestärke ich sie. »Ich muss zugeben: Als ich heute Morgen in der Koje den Wind pfeifen hörte und auf dem Wasser kein einziges Schiff sah, wäre ich am liebsten dort liegen geblieben.«

> „Aber so haben wir an einem normalen Dienstag
> unsere persönlichen Grenzen ausgelotet.

Das hat auch was!«

Als wir sicher im Hafen von Bergkvara liegen, einer Gemeinde mit 900 Bewohnern, besprechen wir noch einmal den heutigen Törn und stellen fest, dass solche Tage uns zeigen, dass wir uns genau richtig entschieden haben. Nämlich erst in der Ostsee zu segeln, bevor wir uns auf die Weltmeere wagen, auf denen man nicht einfach den Kurs ändern kann, um angenehmer voranzukommen. Wir wachsen mit unseren Aufgaben, und irgendwann werden wir uns für solch anspruchsvolle Routen bereit fühlen. Bis dahin wollen wir uns nicht durch Angsterlebnisse traumatisieren, sondern uns nur in kleinen Schritten mehr herausfordern. Wir wollen ja auch den Spaß am Segeln nicht verlieren. Im Gegenteil: Mit den Herausforderungen, denen wir uns stellen, wächst der Spaß sogar.

»Anna, ich will dich jetzt nicht nerven, aber …«, sage ich vorsichtig, nachdem ich mal wieder einen Blick in den Motorraum geworfen habe.

»Was ist?« Anna schaut mich fragend an.

»Es steht Wasser im Schiff. Nicht wenig sogar. Salzwasser.«

Überstürzt klettert Anna zu mir nach unten.

»Verdammt, wo kommt das her, Malin? Schließ alle Seewasserventile!«

»Hab ich schon. Keine Panik, ich glaube, ich weiß, woher es kommt. Aus diesem Ding hier vorne am Motor. Da tropft es raus. Ich rufe Ulf an und frage, was das ist.«

Salzwasser im Schiff erinnert uns immer wieder an unser traumatisches Erlebnis mit Fiete – da ist es nicht leicht, ruhig zu bleiben.

»Alles klar, Ulf. Danke«, sage ich, als ich Ulf am Telefon unser Problem beschrieben habe. »Wir werden uns in Kalmar um einen neuen Dichtungsring für die Wasserpumpe kümmern. Und sonst ist dort auch ein Marine-Service, der uns helfen kann.« Nachdem ich aufgelegt habe, drehe ich mich zu Anna: »Nichts Schlimmes. So schnell werden wir nicht sinken. Wir müssen nur immer wieder die Bilgen auspumpen.«

ANNA, 5. MAI 2021 – KALMAR

Kalmar sollte uns ursprünglich nicht mehr als ein paar Tage behalten. Höchstens eine Woche. Zunächst wollten wir nur auf die Wasserpumpe warten. Die hatten wir aus Deutschland zu Jana geordert, weil der schwedische Marineservice Volvo Penta nicht besonders kooperativ war und für ihre Arbeit eine Menge Geld haben wollten. Natürlich muss deren Tun auch entlohnt werden, aber das Vertrauen in professionelles Marine-Fachpersonal haben wir nach all unseren Negativ-erfahrungen inzwischen verloren. Wir möchten nicht mehr Menschen bezahlen, die sich keine Zeit nehmen, um sich unserer Problematik anzunehmen und uns nicht für voll nehmen. Zwei unerfahrene Mädels auf einem Segelboot – die kann man doch ausnehmen wie eine Weihnachtsgans (ich weiß, nicht alle denken so). Inzwischen können wir uns auch selbst helfen und brauchen nur das passende Material. Besser gesagt, Malin kann uns selbst helfen. Sie ist mit vollem Einsatz dabei. Hat unsere alte Pumpe immer eigenhändig ausgebaut und auseinandergenommen. Doch jetzt benötigen wir eine neue. Dass der Versand über eine Woche dauert, damit hatten wir nicht gerechnet. Ich meine, so weit weg sind wir auch nicht. Da kann doch ein Versand innerhalb von vierundzwanzig Stunden möglich sein, oder?

Na ja, nun sind jedenfalls schon mehr als zehn Tage in Kalmar vergangen und wir haben gestern das Paket mit der neuen Pumpe bei Jana abgeholt, eine Zugfahrt von zwei Stunden. Jetzt ist die Pumpe eingebaut und nach einigen Hindernissen angeschlossen.

Die einladende Hafeneinfahrt von Kalmar

Beim Motorstart sagte Malin noch im Scherz: »Stell dir vor, der Motor will, aus was für Gründen auch immer, wieder nicht anspringen. Was machen wir dann?« Und was passierte? Er wollte nicht. Wieso denn nur? Fest war ich davon ausgegangen, dass dieses Problem beim Starten nie wieder auftreten würde. Wieso ärgert uns der Motor immer noch?

In unserer Verzweiflung rufen wir wieder einmal Ulf an. Ulf ist unser Motorspezialist geworden, wir hatten ihn und seine Frau Gaby auf der Bootsmesse in Düsseldorf kennengelernt, seitdem waren wir in Kontakt geblieben. Die beiden besitzen zwar kein eigenes Schiff, haben aber ein großes Interesse am Segelsport. Immer wieder haben sie uns bei unseren Deutschland-Touren besucht. Ich finde, die zwei geben ein verrücktes Paar ab, beide sind Ende vierzig und übersät mit Tattoos. Gabys Haare sind ziemlich dunkel gefärbt, ihr Lidstrich ist auffällig breit und Piercings verzieren nicht nur ihre Ohren. Ulf sieht wie ein Rocker aus, seine Lieblingsfarbe ist Schwarz. Wie auch immer, seine Expertise ist unbezahlbar. Gaby und Ulf haben mir ebenfalls gezeigt, wie wenig man Menschen nach ihrem Äußeren beurteilen sollte und wie wichtig es ist, offen zu sein und jeden neuen Kontakt wertzuschätzen.

Dank einiger Telefonate mit unserem Motorspezialisten – unterstützt von unserem Berliner »Seelsorger« Ralf – wissen wir nun, was zu tun ist. Nach einigen Handhabungen am Motor springt er auch wieder an. Nun warten wir noch auf besseren Wind, und außerdem hat Jana heute Geburtstag und wir wollen sie überraschen. Durch die Pandemie hat sie nach ihrem Umzug nach Schweden nur schwer Kontakte finden können, und sie hatte uns gestern am Telefon erzählt, dass sie ihren Geburtstag allein verbringen wird. Meine Geburtstags-Alarmglocken hatten natürlich sofort geläutet. Fix hatten wir eine Torte und Sekt besorgt.

Nun sitzen wir im Zug nach Älmhult. Zum dritten Mal in den letzten zehn Tagen. Die Fahrt durch die schwedische Landschaft des Smålands ist jedes Mal ein Erlebnis. Mit Moos bewachsene Felsen und dicke Tannen ziehen an uns vorbei. Und von den roten Holzhäuschen mit den weißen Fensterrahmen kann ich sowieso nicht genug bekommen. Moment mal. Habe ich das gerade richtig gesehen?

»Malin, ich fass es nicht. Da standen gerade zwei Elche am Waldrand.«

»Das kann nicht sein …«, sagt sie ungläubig.

Doch zu schnell sind die Elche schon nicht mehr in Sichtweite, als dass ich sie ihr hätte zeigen können. Der Zug rauscht einfach weiter.

Bei Jana ist die Freude riesig, als sie uns sieht. »So etwas hat noch nie jemand für mich gemacht. Ihr seid verrückt!«, erklärt sie. Ja, vermutlich sind wir das.

Wir lassen den Abend mit bestellter Pizza, Sekt und jeder Menge Torte ausklingen. Als Malin und ich in der Gästekoje von Janas kleinem weißen Häuschen liegen, wissen wir beide, dass es nicht schön ist, einsam zu sein und es manchmal notwendig ist, anderen Menschen eine Freude zu bereiten. Es gibt einem selbst auch so viel zurück.

MALIN, 7. MAI. 2021 – KALMAR

»Morgen sind wir hier endlich weg!«, jubele ich und balle die Fäuste.

Anfangs hatte ich mich auf Kalmar gefreut, doch wenn man lange an einem Ort festhängt, an dem man nicht mehr sein möchte, genießt man es nicht mehr. Dabei sollten wir uns glücklich schätzen, in einem schönen Hafen einer kleinen schwedischen Stadt zu liegen und auf einem gemütlichen Boot zu leben. Aber die letzten Tage haben an unseren Nerven gezerrt. Vor allem an meinen. Noch vor zehn Tagen wusste ich nicht einmal, wo die Wasserpumpe am Motor sitzt, und ein paar Stunden später hielt ich sie abgeschraubt in den Händen, ohne einen Plan, wie man sie nun auseinanderbaut. Noch zwei Tage später war sie in allen Einzelteilen auf unserem Holztisch ausgebreitet. Bei der Demontage hatte ich sie kaputt gemacht. Ich bin immer noch frustriert, denn statt einem neuen Dichtungsring für 100 Euro benötigten wir nun eine komplett neue Pumpe für 300 Euro.

Die Vorgeschichte: Wir hatten nicht das passende Werkzeug an Bord gehabt, und so fuhren wir mit einem Bus zum nächsten Baumarkt, in der Hoffnung, dass man uns helfen könne. Ich hatte mich zuvor informiert, welche Tools ich benötigte, aber als ich einem Baumarkt-Mitarbeiter jedes aufzählte, reagierte dieser mit einem Kopfschütteln.

»Haben wir alles nicht da, sorry«, sagte er, ohne eine Miene zu verziehen.

Über schlechtes Verkaufspersonal kann ich mich so was von aufregen. Das hat damit zu tun, dass ich es in meiner Ausbildung zur Einzelhandelskauffrau anders gelernt habe. Ich war auch hier voller Zorn und sagte: »Anna, das kann nicht sein. Das hier ist ein Baumarkt, und ein Baumarkt muss dieses Werkzeug im Sortiment haben.«

Wütend schleppte ich Anna hinter mir her – und siehe da: Im nächsten Regal fanden wir alles, was wir benötigten. Ich setzte den Rucksack ab, holte die Wasserpumpe heraus und schnappte mir das Werkzeug.

»Malin, was hast du vor? Lass uns das doch kaufen und wir machen es in Ruhe auf dem Schiff.«

»Ich kauf hier gar nichts. Stell dich mal bitte vor mich hin, damit man mich nicht sieht. Und sag Bescheid, wenn jemand kommt.«

Ich setzte mich auf den Betonboden und werkelte grimmig los. Zügig und ohne lange zu überlegen. Anna schämte sich. Ihr war es total unangenehm, dass uns andere Kunden dort sahen. Sie wäre am liebsten abgehauen.

»Mist!«, schrie ich. »Ich hab's versaut! Die Schraube ist verbogen. Hinüber. Wir können die ganze Pumpe in die Tonne kloppen!«

Ich wünschte mir von Anna, dass sie mich tröstet und beruhigt, aber das war wohl zu viel verlangt. Sie nahm das Werkzeug, räumte es zurück ins unaufgeräumte Regal und ging aus dem Laden. Ich folgte ihr mit gesenktem Kopf und fühlte mich schuldig.

Wir redeten bis zum Abend nicht miteinander,

setzten uns dann aber zusammen an den Laptop und bestellten eine neue Wasserpumpe. Ich entschuldigte mich für mein Verhalten.

»Du bist echt eine! Du kannst doch nicht im Laden rumschrauben, ohne etwas zu kaufen.« Anna schüttelte den Kopf. »Ich hoffe, das machst du nie wieder.«

»Doch, Anna, bei so einer schlechten Beratung würde ich es immer wieder tun. Nur viel geschickter. Nächstes Mal schnappe ich mir noch einen Tisch, sodass ich nicht auf dem Boden arbeiten muss und mir etwas kaputtgeht«, sagte ich und merkte, wie meine Stimme lauter wurde. Ich hatte erneut anfangen, mich aufzuregen. »Die 200 Euro gehen natürlich auf mich«, fügte ich demütig hinzu. An sich machte das keinen Unterschied. Es ist egal, wer von uns bezahlt, denn wir haben ein gemeinsames Konto. Alles andere ist uns zu kompliziert.

Mittlerweile ist die neue Wasserpumpe angebaut, und sie ist dicht. Wir haben kein Salzwasser mehr im Schiff und das bekannte Anlasser-Problem hat sich wieder in Luft aufgelöst.

Soeben haben wir beschlossen, nicht hier in Kalmar darauf zu warten, bis unser Problem zurückkommt. Wir segeln seit November damit herum, auch wenn wir mehrmals dachten, es gelöst zu haben. Dann können wir auch weitersegeln und uns erst wieder darum kümmern, wenn es erneut auftaucht.

Es klopft am Schiff. »Das muss Lilly sein. Die Lilly, die uns übers Internet kennt und hier in Kalmar wohnt«, sagt Anna erfreut und klettert den Niedergang hoch. »Hey Lilly, komm an Bord«, höre ich sie.

Lilly hat zufällig in einem unserer Videos gesehen, dass wir in Kalmar sind. Nun sitzt die brünette Siebenundzwanzigjährige in unserer Kajüte und erzählt von ihrem Masterstudium.

»Mir gefällt das akademische System in Schweden deutlich besser«, sagt sie. »Man behandelt nicht wie in Deutschland sechs Themen gleichzeitig, sondern nur eines sehr intensiv, erst dann folgt das nächste.«

Wir können wenig dazu sagen, und weil Lilly das merkt und aufgeschlossen ist, berichtet sie noch von vielen anderen schwedischen Eigenheiten.

»Schade, dass du uns erst am letzten Abend hier besuchst, obwohl wir so lange hier waren«, bedauert Anna. »Vielleicht kommst du uns ja noch mal an Bord besuchen. Wir werden in den nächsten Wochen bestimmt in Reichweite sein.«

»Du kannst auch gern mehrere Tage mitsegeln«, füge ich hinzu.

Lilly haben wir hier noch mal gesehen – und einen Elch.

ANNA, 11. MAI 2021 – BYXELKROK AUF ÖLLAND

Ich schlürfe den Rest der Weißweinflasche, die schon seit Ewigkeiten bei uns im Kühlschrank steht. Heute ist der erste richtige Sommertag dieses Jahres, deshalb die ungewohnte Lust auf diesen abgestandenen Wein. Schließlich muss man auf so einen herrlichen Segeltag mit endlich gutem Wetter doch anstoßen.

Wir waren den ganzen Tag auf dem Wasser unterwegs gewesen. Sind bei wenig Wind mit dem Blister, unserem bunten Leichtwindsegel, vorangetrieben und konnten bei Sonnenschein erstmals ohne die dicken Jacken und unsere Winterschuhe überleben. Na ja, bei Malin sind es ihre geliebten Sneaker, die sie das ganze Jahr über trägt.

Ich habe meine Fellboots gegen Barfuß eingetauscht. Opa Heiko würde jetzt mit mir schimpfen,

denn wenn man nicht aufpasst, kann man sich auf dem Boot gefährlich an den Füßen verletzen. Doch an diesem lang ersehnten ersten Sommertag nehme ich das in Kauf. Sogar im T-Shirt war es gegen Mittag aushaltbar.

Vor ungefähr einer Stunde sind wir in diesem verträumten Fischerort Byxelkrok angekommen. Fischkutter und rote Holzhütten am Kai, in denen sich Cafés, Restaurants und kleine Läden verbergen. Auf dem Asphalt haben Kinder mit Kreide bunte Spiele aufgemalt, und neben dem Hafenbecken beginnt ein breiter Kieselstrand, an den ein öffentlicher Grillplatz mit Picknickbänken angrenzt. Ach, was liebe ich die Schweden dafür. Und genau hier sitzen wir nun. Die Wasseroberfläche ist spiegelglatt und die Sonne steht tief. Und während ich den letzten Schluck des Weißweins trinke, dreht Malin die Maiskolben und Spargelstangen auf dem Grill um. Die Luft ist wunderbar mild und nicht mehr so eisig wie in den letzten Monaten. Ich lausche dem Knistern der Kohlen auf unserem Minigrill, dem Rauschen der leichten Wellen am Kieselstrand und dem Kreischen der Möwen. Es könnte nicht besser sein. Das ist das wahre Leben! So würde ich mir jeden Tag wünschen, aber ohne die schlechten Tage weiß man die guten ja bekanntlich nicht zu schätzen.

Mein Blick wandert in die andere Richtung, ich sehe Hevandelli am Steg liegen. Sie bewegt sich so gut wie gar nicht, liegt ganz ruhig im Wasser. Der Gedanke, dass wir heute genau hier wohnen, im Hafen von Byxelkrok, gefällt mir sehr. Heute ist dieser wunderschöne Ort an diesem perfekten Tag unser Zuhause.

MALIN, 13. MAI 2021 – VÄSTERVIK

Am Steg winkt uns ein Mann freudig entgegen. Er ist mittelgroß, seine grauen Haare sind gewellt und gehen ihm bis auf die Schultern, er steckt in einem roten Pullover und seine Füße in Stricksocken und Clogs. Anna steht an der Pinne, während ich vorne am Bug die Boje greife. Eine Ankerboje. Der Mann auf dem Steg ist nicht irgendein Mann, es ist Peter. Peter hat uns im Internet entdeckt und auf seinem Weg von Deutschland nach Västervik bei uns in Kalmar spontan vorbeigeschaut, um uns hierher einzuladen. An seine Ankerboje, vor dem Ferienhaus, welches er im Sommer mit seiner Frau Henriette und dem Hund Emil bewohnt. Und nun sind wir hier. Bei immer noch sonnigem Wetter, es scheint so, als würde es anhalten. Wir hatten heute wenig Wind und haben eine längere Strecke unter Motor zurückgelegt. Umso wärmer war's auf dem Wasser, die Sonne hat auch Gas gegeben. Und das Allerbeste ist, dass wir heute in den Schären angekommen sind. Das bedeutet: kleine und große Inseln so weit das Auge reicht. Geschützte Ankerbuchten inmitten von friedlichen Landschaften. Tannen, Felsen, Wasser und wir auf unserem Schiff.

»Hej, schön, dass ihr da seid. In einer halben Stunde könnt ihr zu uns zum Essen kommen«, ruft Peter vom Ufer zu uns herüber.

»Wow, danke«, entgegne ich. »Wir beeilen uns!«

Denn bevor es an Land gehen kann, müssen wir den Segeln noch die Segelkleider, das sind Überzüge, die die Segel vor Sonneneinstrahlung schützen, anziehen, alles aufräumen und uns frisch machen, denn wir haben seit drei Tagen nicht mehr geduscht. Und zu guter Letzt und zum allerersten Mal in diesem Jahr müssen wir noch unser Dinghi aufpumpen. Ohne Gummiboot würden wir schwimmen müssen, aber wir wollen trocken zum Abendessen erscheinen.

Mittlerweile bin ich wahnsinnig hungrig, Anna ebenso. Schon vor zwei Stunden, noch draußen auf dem Wasser, hatte sie sich aufs Essen gefreut, in der Hoffnung, wir würden eingeladen werden.

Also los! Nach nicht einmal fünfzehn Minuten sind wir fertig. Ich schnappe mir noch unsere Flasche Rotwein, die wir für solche Fälle immer an Bord haben, und eine Tüte Chips. Schließlich wollen wir nicht mit leeren Händen bei unseren Gastgebern auftauchen.

Dann sitzen wir auf der Terrasse vor dem kleinen Sommerhaus, von der aus man auf die Bucht schauen kann, in der Hevandelli ruhig an der Boje hängt. Die Gemüselasagne schmeckt herrlich, Peter und Henriette erzählen, wie begeistert sie von Schweden sind und von Västervik, auch »Perle der Ostsee« genannt, von den Fischerhäusern, bei denen man vor Betreten den Kopf einziehen müsse. Es ist ein Abend, wie wir ihn uns nach diesem langen Segeltag wünschen.

ANNA, 17. MAI 2021 – VÄSTERVIK

»Was hat das Reisen oder besser gesagt, diese Reise bisher mit euch gemacht? Wie habt ihr euch verändert?« Henriette guckt mich durch ihre Brille erwartungsvoll an, wir sitzen wieder auf der schönen Terrasse.

Ich bin kurz sprachlos, in meinem Kopf rattert es. Ja, was hat das Reisen mit uns gemacht? Gute Frage, aber ich finde so schnell keine Antwort.

»Puh, das kann ich dir so unvorbereitet gar nicht beantworten«, sage ich schließlich. »Nicht in einem Satz oder zwei. Diese Reise hat alles verändert, sie hat uns verändert.«

Aber irgendwie sind wir noch immer Malin und Anna. Die Frage scheint so simpel, bei genauerer Betrachtung jedoch äußerst komplex. Mir fehlt der direkte Vergleich. Wie war es vorher und wie ist es jetzt? Zu weit weg ist das Vorher.

»Wir lernen jeden Tag etwas Neues dazu«, hilft Malin. »Sei es über das Boot, über das Segeln oder über uns selbst. Jeden Tag wachsen wir. An manchen Tagen mehr und an manchen Tagen weniger. Wenn ich dir in wenigen Worten sagen soll, was es mit mir gemacht hat, wäre meine spontane Antwort: Ich bin reifer, mutiger und spontaner geworden. Ich lebe im Jetzt und nehme das Leben, wie es kommt. Ich mache genau das, was ich machen möchte.«

Ich kann nur zustimmen. Mir geht es ähnlich.

Seitdem wir unterwegs sind, war jeder Tag ein Lerntag. Mit vielen Aha-Momenten, am Anfang mehr als jetzt. Ich meine inzwischen zu wissen, wie Hevandelli funktioniert. Was ich in den unterschiedlichsten Situationen tun muss, wenn das Segel nicht steht, der Wind zunimmt, der Anker nicht hält oder der Motor nicht anspringt. Ich habe viel über den Umgang mit Menschen gelernt.

Offen zu sein, Kontakte zu suchen, keine Vorurteile zu entwickeln.

Denn jede einzelne Begegnung war bislang eine Überraschung, ein Geschenk. Ich habe gelernt, spontan zu sein, einfach Ja zu sagen, wenn uns etwas angeboten wird oder wir eingeladen werden, selbst wenn man gerade nicht in der Stimmung dazu ist oder eigentlich etwas anderes geplant hatte. Früher habe ich mich oft dabei erwischt, fast aus einem Reflex heraus, solche Angebote abzulehnen, doch das habe ich schon während unserer Reise ins Mittelmeer abgelegt. Denn aus einem einfachen Ja ergeben sich ganz neue Möglichkeiten und meistens auch die spannendsten Abende. Spontane Aktionen sind die, die uns am Ende häufig begeistern. Es sind Handlungen, die wir nicht überdenken oder planen.

Ich weiß jetzt, dass mir meine Familie extrem wichtig ist und ich niemals ganz weit weg und für sehr lange Zeit von ihr getrennt sein möchte. Mindestens ein- bis zweimal im Jahr will ich sie sehen und mit ihnen Zeit verbringen.

Ich habe gelernt, dass Arbeit nicht unbedingt negativ behaftet sein muss, dass es möglich ist, etwas zu tun, das einem Spaß bereitet, dass man mit diesem Tun oder gerade deswegen Geld verdienen kann. Ich habe gelernt, dass Zeit so viel wertvoller ist als alles andere. Dass sie unsere Grenze ist und wir sie nie, niemals verschwenden sollten. Denn wir können nicht wissen – und vielleicht ist das auch das Gute daran –, wie viel Zeit wir noch zur Verfügung haben.

Ich bin entspannter, weniger perfektionistisch geworden. Nehme die

Dinge so, wie sie sind. Mag mich sogar mit ungewaschenen Haaren und ungeschminkt. Denn so bin ich ich.

Das Reisen hat mich verändert. Definitiv. In vielen Punkten. Einige Ansichten und Einstellungen habe ich aufgegeben, manche haben sich gefestigt. Die Liebe zur Natur ist stärker geworden. Ich fühle mich in ihr zu Hause und geerdet, aber auch klein. Der Wille, irgendwann in eine Großstadt zu ziehen, ist in den Hintergrund gerutscht. Ich weiß, dass dieses Leben, welches ich gerade führe, genau das ist, was ich möchte. Hier gehöre ich hin. Aufs Boot, mit Malin. Frei.

Noch die ganze Nacht grüble ich über Henriettes Frage. Über ihre Inspiration, einfach mal in mich hineinzuschauen und zu reflektieren.

Die Tage mit Henriette, Peter und Emil sind so schnell vergangen – und wieder einmal sind wir länger geblieben, als eigentlich geplant. Einfach, weil es uns gut gefallen hat. Heute ist der letzte gemeinsame Abend. Seit vier Tagen haben wir nicht mehr selbst an Bord gekocht. Jeden Tag hatten uns die beiden zum Abendessen zu sich ins Häuschen eingeladen, in ihre Stuga. So nennen Schweden ihre kleinen Sommerhäuser. Wir durften bei ihnen unsere Wäsche waschen, unser Trinkwasser auffüllen und haben Feuerholz geschenkt bekommen – und frischen Thymian aus dem Garten gab es noch obendrauf. Peter und Henriette haben uns mit ihrem Hund per Rad, mit dem Auto oder zu Fuß die wunderschöne Umgebung gezeigt. Ganz selbstlos. Sie haben uns willkommen geheißen, obwohl sie uns nur aus dem Internet kannten. Ich frage mich, womit wir diese Gastfreundschaft verdient haben – und nehme mir fest vor, ihre Selbstlosigkeit für mich zu übernehmen, um anderen auf diese Weise zu begegnen und hoffentlich eine Freude zu bereiten.

MALIN, 18. MAI 2021 – ÜBERFAHRT NACH GOTLAND

Der Wecker klingelt. Ich stelle ihn mit zusammengekniffenen Augen aus, blicke dann doch auf die Uhr: 3:45. Durch die Gardine fällt Licht ein. Mein Handy hat mich also gestern nicht angelogen. Die Sonne geht tatsächlich schon so früh am Morgen auf. Trotzdem würde ich am liebsten liegen bleiben. Oder doch nicht? Denn mich erwartet ein aufregender Segeltörn, vielleicht der spannendste überhaupt. Jedenfalls wird es die längste Strecke, die wir bislang am Stück gesegelt sind. Es geht über fünfzig Seemeilen raus auf die Hohe See. Wir wollen nach Gotland. Hundert Kilometer vom Festland entfernt soll einer der wertvollsten Schätze der Ostsee liegen. Eine Insel, über die wir mehrere Dokumentarfilme angeschaut haben, um unsere Vorfreude zu steigern.

Morgens aufzustehen, um sich für die Arbeit fertigzumachen, die einen ziemlich langweilt, ist das Eine. Morgens aufzustehen für etwas Unbekanntes, etwas, was man noch nie getan hat, etwas, das einen nachts vor lauter Neugier wachhält und einen definitiv aus der Komfortzone herauslockt, ist das Andere. Ich realisiere, wie dankbar ich sein sollte, steige aus der Koje und reiße die Bettdecke zur Seite. Dabei ziehe ich sie ein wenig hinter mir her, sodass ich Anna aufdecke. Ich weiß, dass sie weiterschlafen würde, wenn ich sie jetzt nicht nerve. Einmal auf der ganzen bisherigen Reise war nicht ich die Erste, die den Wecker ausgestellt hat und aufgestanden ist. Ich habe es darauf ankommen lassen. Ich habe so getan, als würde ich den Wecker nicht hören. Und was machte sie? Sie stellte den Wecker aus, drehte sich zur Seite und schlief weiter. Obwohl wir früh losmussten, bevor der Wind zu stark wurde. Daraufhin folgte ein weiterer Hafentag. Das darf heute nicht passieren.

Für eine Überfahrt, bei der man über zwölf Stunden auf dem Wasser ist, benötigt man ein stabiles Wetterfenster. Und das ist heute nur bis zum späten Nachmittag gegeben. Danach wird es mit fünf Windstärken von vorne wehen. Das wollen wir umgehen. Merinohose an, Merinoshirt an, Thermoshirt an, Wollsocken an, noch ein paar Wollsocken – und los geht's.

Wir legen von der Boje in Västervik ab und segeln aus dem Schärengarten Richtung Osten. Richtung Sonnenaufgang und der Sonneninsel Schwedens entgegen. Auf Gotland soll es angeblich 300 Sonnentage im Jahr geben. Das haben wir in einer der Dokus gelernt, doch glauben tun wir es noch nicht. Denn der Himmel ist bedeckt. Graue, tiefe Wolken, die gefühlt auf unseren Mast drücken. Ich merke, wie ich mir Sorgen mache, denn die Decke über uns wirkt bedrohlich. Obwohl wir drei verschiedene Wettervorhersagen prüften, habe ich Angst davor, dass diese am Ende alle nicht stimmen.

Auf dem Plotter wird mir angezeigt, wie lange wir noch bis zum Hafen von Visby, der Hauptstadt Gotlands, benötigen: achtzehn Stunden. Malin, reiß dich zusammen. Du kannst dir nicht achtzehn Stunden lang

Gedanken um einen plötzlichen Wetterumschwung machen. Und erst recht nicht kannst du jetzt schon auf die Zeit schauen. Denn eigentlich ist es wunderschön auf dem Meer. Spiegelglattes Wasser, keine Schiffe unterwegs und damit auch keine Menschen zu sehen. Und die gerade noch gut erkennbare Landmarke von Västervik, der hohe weiße Zollturm, rückt mehr und mehr in die Ferne und wird bald hinter dem Horizont verschwinden. Kein Land in Sicht. Das hatten wir in diesem Jahr bislang nur bei Regen oder Nebel.

Aber heute ist die Sicht gut trotz grauer Wolkendecke. Inzwischen ziehen Containerschiffe in großer Distanz an uns vorbei. Riesige Schiffe, die schon weite Strecken hinter sich haben. Das eine kommt laut AIS aus Sankt Petersburg. AIS heißt »Automatic Identification System«, und über dieses Gerät registrieren wir alle Schiffe, die auf AIS senden, auf unserem Kartenplotter. Das Gerät dient der Kollisionsverhütung.

»Frühstück?« Anna lugt hinter dem weißen Stoffvorhang hervor.

»Was gibt's denn?«

»Vielleicht gebackene Bohnen in Tomatensauce mit sauren Gurken und Toastbrot?«

»Nee. So etwas vertrage ich so früh am Morgen nicht. Aber ein Tee wäre klasse.«

»Kommt gleich. Und ein paar Bohnen lasse ich dir auch über. Für später.«

Diese Bohnen in Tomatensauce sind Annas neues Lieblingsessen und wahrscheinlich der einzige Grund, warum sie nach ein bisschen Gemaule morgens aus der Koje steigt. Und mich belächelt sie wegen meiner Leidenschaft für Nudeln mit Ketchup. Das Kulinarische leidet oft an Bord, denn auf dem Wasser muss es schnell gehen. Unter Deck wird einem gerade bei höheren Wellen schnell mal übel. Dann hat sich das Thema Essen sogar ganz erledigt.

Langsam lehne ich mich zurück und versuche, mich zu entspannen. Mittlerweile sind wir auf hoher See, ein Zurück gibt es sowieso nicht mehr.

Wir müssen uns den Bedingungen anpassen, egal was passiert.

Die Windsteueranlage hat mich von der Pinne abgelöst und steuert das Schiff besser, als ich es getan habe. Der Wind wird mehr. Die Welle wird mehr. Wir reffen. Die Welle wird noch mehr. Aber bislang ist es okay. Jede Welle, die von der Seite anrollt, beobachte ich, wie sie teilweise am Schiffskörper zerschellt und hochspritzt, teilweise unter dem Rumpf hindurchläuft. Dann kommt die nächste. Und noch eine. Und noch eine.

Huch, ich bin eingeschlafen. Das kann man sich hier auf Hoher See aber erlauben. Keine Steine, keine Hindernisse, keine Segler, kein Land. Nur Containerschiffe in immer noch weiter Ferne.

Wir beschließen, einen Plan zu erstellen, wer wann Wache hält. Jeder muss für eine Stunde ins Cockpit und alles aufmerksam verfolgen, diejenige trägt dann auch die Verantwortung. Die andere darf schlafen, kochen, am Bug sitzen, arbeiten, was auch immer. Das funktioniert super. Zuvor haben wir nach Lust und Laune gesteuert, und hatten beide keine Lust, habe meist ich es übernommen. Aber das mit dem Plan gefällt mir. Ich weiß so, wie lange ich noch Zeit habe, um mich für die nächste Wache auszuruhen, um Dinge zu erledigen, die einem während der letzten Wache eingefallen sind. Anna reinigt in ihrer ersten Pause die Teppiche und fegt den Boden. So etwas würde mir im Leben nicht einfallen.

Es läuft hervorragend und meine Angst verschwindet. Aber plötzlich, nur noch vier Stunden bis zur Hafeneinfahrt von Visby, rückt eine dichte Nebelwand auf uns zu und verschluckt uns innerhalb weniger Minuten. Wir sehen gerade noch unseren Bug. Ich schaue am Mast hoch, der die Nebelmassen durchtrennt. Es sieht fantastisch aus, und ich könnte es richtig genießen, wäre da nicht die Gefahr einer Kollision mit einem nicht mit AIS ausgestatteten Schiff, etwa einem Container. Ich denke sogar an einen Buckelwal.

Sobald ich Angst habe, spielt mein Kopf verrückt und hält die unrealistischsten Dinge für nahezu geschehen. Übrigens, das mit dem Buckelwal ist in der Ostsee wohl eher möglich als eine Kollision mit einem Container. Vor zwei Wochen strandete an der Ostküste von Öland, gerade einmal fünfzig Seemeilen südlich von uns, ein riesiger Buckelwal, der sich traurigerweise verirrt hatte. Da er tot war, entschied man sich dafür, ihn zu verbrennen und nicht in der Ostsee zu versenken, man

Die Steilküste von Gotland hat uns sehr beeindruckt.

war der Meinung, das Ökosystem sei für einen Kadaver dieser Größe nicht vorgesehen.

Seitdem denke ich immer wieder an ein eventuelles Zusammentreffen mit einem Wal und was ich in einem solchen Fall tun würde. Opa Heiko erzählte einmal von seiner Begegnung mit einem Buckelwal mitten auf dem Atlantik, das war 1973 gewesen. Nachdem er seinen Augen nicht traute und ein Video von dem Meeressäuger mit seiner Super-8-Kamera gedreht hatte, trampelte er auf dem Holzboden seines Schiffs herum, blies durchs Nebelhorn und klatschte in die Hände. »Man muss ganz viel Lärm machen, dann hauen sie ab«, sagte er. »Sie können ein Segelboot zum Kentern bringen, also nicht zögern. So schade es auch ist, diese Könige der Meere zu verscheuchen.«

Obwohl Anna gerade Wache hält, schaue ich mit raus. Wenn in dem dichten Nebel unerwartet ein Schiff auftaucht, müssen wir schnell reagieren.

»Komisch, nur noch zwei Seemeilen bis nach Visby«, überlege ich laut und Stunden später. »Man müsste doch langsam mal Land sehen. Heute Morgen haben wir noch nach zwanzig Seemeilen das Festland hinter uns erkennen können.«

»Hätten wir unsere GPS-Daten nicht und müssten so navigieren wie Opa Heiko damals, würde ich langsam vermuten, dass wir an der Insel vorbeigesegelt sind«, sagt Anna.

Lustig, auch sie denkt anscheinend viel an ihren Opa. Gerade bei anspruchsvolleren Touren sprechen wir oft über ihn und seine Ratschläge.

Auf einmal taucht eine riesige, von der Sonne angestrahlte Steilküste vor uns auf. Erleichterung macht sich breit, denn auch das GPS kann ausfallen. Langsam fahren wir aus der Nebelfront heraus. Was für eine Faszination, nach dreizehn Stunden auf Hoher See eine wie aus dem Nichts auftauchende Insel anzusteuern. Mitten auf der Ostsee, wo man nichts erwartet, nur den Himmel, der auf endloses Wasser trifft. Wir können es kaum glauben, wir haben es auf eigene Faust nach Gotland geschafft, nicht mit einer der Fähren, die hier zuhauf im Hafen liegen, zwei Stunden für die Überfahrt benötigen und die Umwelt mit Schweröl verpesten. Wir sind gesegelt. Mit all unserem Besitz, unserem Zuhause. Und wir haben es gepackt, bevor es draußen ungemütlich wird.

Meine Befürchtungen waren umsonst gewesen: Was können wir tun, wenn wir einen Wassereinbruch auf Hoher See haben? Was ist zu machen, wenn ein Sturm wütet, wenn ich seekrank werde, wenn wir mit einem Schiff kollidieren? Stattdessen hätte ich denken sollen: Wie ist es, einen der schönsten Segeltörns deiner Segellaufbahn zu haben? Was wirst du fühlen, wenn du in Richtung Horizont starrst und Himmel und Meer aufeinandertreffen und dich zum Träumen bringen? Was geschieht mit dir, wenn dich Nebel umschließt, alles um dich herum feucht wird und sich sogar Tropfen in deinen kurzen Haaren sammeln? Ich weiß nun, nach dieser Erfahrung auf Hoher See, dass ich mir nicht mehr so viele Gedanken machen sollte, was alles passieren könnte.

Ich habe das Hochsee-Segeln für mich entdeckt und bin schon gespannt auf die Rückfahrt. Aber jetzt geht es erst einmal in den Stadthafen von Visby.

»Klatsch ein, Anna! Das haben wir großartig gemacht!«

ANNA, 22. MAI 2021 – VISBY

Ich hätte nicht gedacht, dass ich auch mal traurig sein werde, einen Ort zu verlassen. Bisher hatte mir die Zeit immer gereicht, um ein Dorf oder eine Stadt kennenzulernen und mir einen Eindruck zu verschaffen. Spätestens nach vier Tagen im selben Hafen meldet sich mein innerer Kompass. Er gibt mir zu verstehen, weiterzuziehen, ich will wieder segeln. Aber hier in Visby hat alles von Anfang an gepasst.

Seitdem wir die Nebelwand vor Gotland hinter uns gelassen hatten, starteten wir ein neues Kapitel. Das Kapitel Visby. Die Sonne schien durchgehend – das mit den vielen Sonnentagen stimmt wohl doch.

Nach dem unendlichen Grau war ein einziges Leuchten angesagt. Wie eine Parallelwelt, ein eigener Kontinent.

Nach mehr als zwölf Stunden unter Segeln machten wir noch einen Spaziergang durch die schmalen Gassen Visbys. Es ist eine Stadt, die gar nicht schwedisch ausschaut, eher ein mediterranes Flair besitzt und an diesem Abend in ein flammendes Sonnenuntergangs-Rot getaucht war. Wir kamen an alten Steinhäusern mit roten Ziegelsteindächern vorbei, die vom Hafen ansteigend am Hang lagen. Wir entdeckten Burgruinen, die von einer Stadtmauer eingerahmt waren. Große Parks, unzählige Cafés mit Leuten und einen schönen Wanderweg direkt am Wasser entlang. Dort saßen Alt und Jung zusammen und grillten. So viele Leute hatten wir schon lange nicht mehr gesehen.

In den nächsten Tagen liefen wir kreuz und quer durch die Stadt, bummelten durch moderne Geschäfte und mieteten ein Elektroauto, um damit über die Insel zu fahren. Die Abende ließen wir gemeinsam mit Jörg ausklingen, einem Einhandsegler, der ebenfalls mit seinem Schiff im Hafen lag

Irgendwie trug ich eine rosarote Brille, aber vielleicht war es auch der Stolz, diese Strecke auf eigenem Kiel geschafft zu haben, der die positiven Gefühle gegenüber Visby zusätzlich befeuerte. Es war unsere bislang weiteste Distanz, die wir mit dem Segelboot am Stück zurückgelegt hatten. Ein Gefühl, das ich wiederhaben will.

Na ja, und nun Wehmut. Wir wollen morgen weiter, weil der Wind passt, nicht weil wir genug von Visby haben. Es ist das erste Mal, dass ich nicht weiterwill. Ich weiß genau, hierher werden wir nicht so schnell zurückkommen, dabei kann ich mir kaum vorstellen, dass es irgendwo besser sein kann als hier. Doch ich tröste mich mit dem Gedanken, dass man ja gehen soll, wenn es am schönsten ist.

ANNA, 29. MAI 2021 – ÜBER FÅRÖ ZUM FESTLAND

Bis zum Horizont nichts als Wasser. Wir sind allein. Zwei Mädels, ein Boot. Eigentlich hatten wir später am Tag unsere erste Nachtfahrt starten wollen, aber die Windvorhersage hatte sich so geändert, dass der gute Wind sich früher gemeldet hatte, nachts sollte er jedoch verschwunden sein. Also klingelte unser Wecker heute Morgen gegen halb vier, und wenig später hatten wir die Leinen losgeschmissen.

Seit zehn Stunden sind wir nun unterwegs. Der Horizont scheint endlos, und der Wind schiebt uns tatsächlich schnell voran. Die Wellen hingegen schütteln uns von der Seite ganz schön durch. Hoch und runter geht es. Hevandellis Backbordseite liegt schräg im Wasser, doch die Windsteueranlage ist ein verlässlicher Partner. Nur windiger sollte es nicht werden, denn das bedeutet mehr Schräglage und noch höhere Wellen.

Die anfängliche Anspannung bei so einem langen Schlag ist inzwischen verflogen. Heute segeln wir rund fünfundsiebzig Seemeilen, das entspricht 139 Kilometern. Wenn es so weitergeht, sind wir gegen einundzwanzig Uhr im Hafen von Oxelösund. Das wären dann siebzehn Stunden am Stück auf See.

Meine Vorfreude aufs Ankommen ist groß. Denn seit Visby haben wir keinen Einkaufsladen mehr gesehen. Bisher hatten wir immer einen Supermarkt in erreichbarer Nähe gehabt und mussten uns über frische Lebensmittel an Bord keine Gedanken machen. Doch inzwischen brauchen wir unsere Vorräte auf, essen Nudeln mit Dosengemüse. Da ich zu den Menschen gehöre, die sich mit Essen belohnen, am liebsten mit frischen Zutaten, waren die letzten Tage eine kleine Qual für mich gewesen. Wenn ich nicht das esse, worauf ich Lust habe, bin ich weder satt noch happy. Dementsprechend war meine Laune im Keller. Ich sehne mich nach frischem Salat und einem leckeren Smoothie. Ständig muss ich daran denken. Das ist gerade mein größtes Problem. Ein First-World-Problem.

Ich blicke mich um. Malin liegt dösend neben mir auf der Sitzbank, es ist still. Alles, was ich höre, sind das Rauschen der Wellen und das Blasen des Windes in unseren Segeln. Hevandelli bewegt sich munter und quietscht und knarzt.

MALIN, 2. JUNI 2021 – IRGENDWO IN DEN SCHÄREN

Das Schiff voraus ist bunt bemalt. Man sieht, dass es besprayt wurde. Die Form des Boots erinnert mich sehr an Fiete. Ein Stahlkahn. Um die acht Meter lang. Voll bepackt. Vorne liegen Segelsäcke und hinten schaukelt hochkant ein Fahrrad am Achterstag, dem hinteren Drahtseil, das hoch zum Mast verläuft. Neben dem Fahrrad weht eine kleine Deutschlandflagge. Es segelt uns entgegen.

212 Bis zum ersten Meilenstein

»Heeeeejjj, liebe Grüße von Jens. Wo wollt ihr hin?«

Okay. Anscheinend kennen die uns. Zwei Männer an Bord, schätzungsweise um die dreißig. Zumindest kennen sie offensichtlich Annas Onkel Jens, sonst ist mir noch kein Jens untergekommen.

»Wir wollen dort vorn irgendwo ankern. Und ihr?«, antworte ich.

»Zwei Meilen weiter gibt es eine richtig tolle Bucht. Begleitet uns doch!«

Malin und ich gucken uns kurz an. Ohne lange weiter zu überlegen, rufe ich: »Super Idee«, während ich das Ruder zur Seite lege und wir unseren Kurs um 180 Grad ändern. Gemeinsam segeln wir nun Richtung Ankerbucht.

»Ist das wirklich in Ordnung für euch?« Fragend schaue ich Anna und Lilly an. Lilly, die Studentin aus Kalmar, hatte unsere Einladung, ein paar Tage mit uns zu segeln, spontan angenommen. Zu ihren braunen langen Haaren trägt sie Prada-Schühchen und ein Ralph-Lauren-Shirt. Ihr Herz hat sie aber am rechten Fleck und das Zusammenleben an Bord klappt hervorragend.

»Klar«, antworten Lilly und Anna einstimmig.

»Es gibt keinen Zufall«, fügt Anna hinzu. »Und dann noch Grüße von Jens, das hat was zu bedeuten.«

In der Bucht liegen unsere beiden Schiffe fast nebeneinander. Wir haben vorn am Felsen festgemacht und den Heckanker im Meeresgrund vergraben. Wenig später finden sich Ole und Tim, so heißen die zwei Jungs, bei uns an Bord ein.

»Woher kennt ihr denn nun Jens?«, fragt Anna.

»Aus Kiel«, antwortet Ole. »Dort, wo Jens sein Schiff liegen hat, habe ich auch mal gelegen. Er hat mir von euch erzählt, dass ihr hier oben unterwegs seid.« Ole ist ein Mix aus Naturbursche und Punker, das bunte Boot ist also sein Schiff. Tim ist für ein paar Tage mit von der Partie, ein großer Blonder, der uns durch eine Sonnenbrille mit verspiegelten Gläsern anblickt.

Beide haben viel zu erzählen. Tim war vor zwei Jahren mit einem eigenen Schiff in dieser Gegend gewesen, dafür hatte er sich ein Jahr freigenommen. Als das Jahr um war, verkaufte er das Boot allerdings wieder. Seitdem segelt er ab und zu bei Ole mit. Ole lebt seit mehreren Jahren auf seinem kleinen Kahn und bastelt ständig daran herum.

»Ich halte meine Lebenshaltungskosten möglichst gering«, sagt Ole. »Das ermöglicht mir das Reisen im Sommer, und im Winter arbeite ich als Altenpfleger. Sechs Monate reisen, sechs Monate jobben.«

»Was meinst du damit, dass du deine Lebenshaltungskosten so gering wie möglich hältst? Und wie machst du das?«, frage ich interessiert nach.

»Na ja, beispielsweise verbringe ich die meisten Nächte nicht im Hafen, sondern vor Anker. Außerdem gehe ich seit zehn Jahren durchgehend containern.«

»Containern?«

»Ich durchsuche die Müllcontainer von Supermärkten nach noch guten Lebensmitteln. Manchmal frage ich auch den Marktleiter oder in Restaurants nach, ob sie was übrighaben, was sie sowieso wegschmeißen würden.«

»Wow, wie spannend«, bemerkt Anna. »Hast du da noch nie negative Erfahrungen gemacht? Also mit den Sachen und den Leuten.«

»Nein, noch nie. Ich nehme ja nichts, was schon verschimmelt ist. Die meisten Menschen sind supernett, hilfsbereit und großzügig. Es ist wirklich jedes Mal traurig, zu sehen, was alles weggeschmissen wird. Vor Kurzem habe ich Hunderte von Schokoladentafeln und jede Menge Kaffee gefunden, dabei war das Mindesthaltbarkeitsdatum nicht einmal abgelaufen. Nur die Werbeaktionen auf der Packung waren veraltet.«

»Ist das nicht illegal?«

»Schon, aber ich finde, es sollte nicht verboten sein. Ich nehme ja niemandem etwas weg. Ich sorge lediglich für weniger Foodwaste.«

Das könnten wir auch machen, um unsere Kosten zu drücken, überlege ich. Aber wieso werden diese Lebensmittel nicht einfach verschenkt oder man gibt sie der Tafel? Absurd, dass es zudem noch eine Straftat sein soll.

»Letztes Jahr habe ich in den sechs Reisemonaten schätzungsweise«, Ole zögert kurz, um nachzurechnen, »600 Euro ausgegeben. Für Essen, Trinken und so weiter.«

600 Euro in einem halben Jahr. Das beeindruckt mich. Ich muss erst mal schlucken. Dabei hatte ich angenommen, wir würden schon sparsam leben.

»Anna, wir werden auf jeden Fall anfangen zu containern. Wir müssen es wenigstens einmal ausprobieren«, sage ich euphorisch.

Für Lilly wäre das wahrscheinlich nichts, trotzdem versteht sie sich super mit den eher alternativen Jungs. Würde sie uns etwa auch als alternativ bezeichnen?

»Jungs, ihr ahnt nicht, was wir gestern erlebt haben.« Lilly wechselt das Thema und erzählt begeistert von ihrem ersten Tag an Bord. »Nachdem mich die Mädels mit ihrem Schiff in Nyköping abgeholt haben, sind wir in die Schären gefahren. Atemberaubende Natur, aber die haben wir hier ja auch. In einer ruhigen Bucht, in der wir eigentlich ankern wollten, haben wir spontan an einem neu errichteten Steg angelegt. Er war noch nicht mal in den Seekarten eingetragen. Ein richtiger Geheimtipp für euch. Die verrückten Mädels sind dann ins eiskalte Wasser gesprungen, anschließend haben wir am Steg gegrillt.«

Schärenankern: Leinen an Bäumen und Steinen festmachen

»Wart ihr alleine?«, erkundigt sich Tim neugierig.

Lilly berichtet weiter. Sogar ich bin gespannt, was sie sagen wird, obwohl ich dabei war. »Ja. Keine Boote, keine Menschen, nicht mal bewohnte Häuser. Nach dem Grillen gab es sogar eisgekühlte Martinis. Leider ohne Eiswürfel, denn Anna und Malin haben keinen Gefrierschrank.«

Nun unterbricht Ole, nicht ohne einen Blick auf Lillys Prada-Schuhe: »Ach, keinen Gefrierschrank? Da würde ich an deiner Stelle ja nicht mitsegeln.«

Alle lachen laut. Ole hat nicht einmal einen Kühlschrank an Bord, wie wir einen solchen auf Fiete auch nicht besaßen. Lilly hatte auf ihrer letzten Charter-Yacht anscheinend eine Gefriertruhe gehabt und wer weiß was noch alles.

»Also, mit dem Martini in der Hand, lauter Musik am verlassenen Steg und umgeben von unbewohnten Inseln«, fährt Lilly unerschrocken fort, »sehen wir auf einmal etwas, das in Eile von einer Insel zur anderen schwimmt. Ich rief sofort Malin, die gerade auf dem Schiff war. Sie stellte die Musik aus und holte das Fernglas. Jungs, und jetzt hört zu: Es war kein Seehund, wie ihr vielleicht angenommen habt. Es war ein Elch! Mit seinem riesigen Kopf über dem Wasser schwamm er zur Nachbarinsel. Er muss dort die Nacht verbracht haben. Zumindest haben wir ihn nicht noch einmal gesehen, als wir bis tief in die Nacht am Steg tanzten.«

Es war wirklich ein wunderschöner Abend gewesen.

ANNA, 4. JUNI 2021 – TROSA

Malin und ich haben uns in der Koje wieder einmal einen Inga-Lindström-Film angeschaut. Viele davon wurden in Trosa gedreht, vermutlich, weil es so ein verträumtes kleines Örtchen ist. Wie auch immer, in dem Film sagte ein alter Mann zu seinem Sohn beim Abschied: »Zu meiner Beerdigung kommst du aber wieder, oder?« Superkitschig. So emotional wie ich bin, flossen bei mir natürlich die Tränen. Aber was viel wichtiger ist: Diese wenigen Worte haben mir eine Erkenntnis gebracht, letztlich wurde sie nur gefestigt, denn sie ist mir nicht fremd: Ich möchte bei meiner Familie sein. Ich möchte nicht irgendwann vor meinen Eltern oder Großeltern stehen und sie verabschieden, ohne zu wissen, ob wir uns wiedersehen werden. Ich bin auf Reisen, und das ist grandios, berauschend, wunderbar. Doch ich will auch Zeit mit meinen Liebsten verbringen. Ich möchte mich an gemeinsame Momente erinnern können und später glücklich auf sie zurückblicken. Deshalb: Ich muss nicht in die große weite Welt, ich muss in Reichweite reisen.

In festen Abständen muss ich in meiner Heimat sein, denn: Im Heimathafen bin ich sicher.

Jeder Mensch ist auf seiner eigenen Lebensreise, und jeder Einzelne bestimmt selbst, wohin und wie weit die Reise gehen soll. Ich habe meine ganz persönliche Reise gefunden, und ich steckte mittendrin. Es muss nicht unbedingt das andere Ende der Welt sein. Mir reicht erst mal der eigene Kontinent. Denn es geht nicht darum, wie viele Länder ich am Ende auf der Weltkarte abhaken kann oder was für eine beeindruckende Seglerin ich doch bin. Mir geht es vielmehr um das Gefühl des Segelns, um das Lebensgefühl, das mir diese Art des Reisens gibt.

ANNA, 7. JUNI 2021 – STOCKHOLM

Wir kommen aus dem Staunen nicht mehr heraus. Ein pompöses Anwesen reiht sich an das nächste. Und je dichter wir der Hauptstadt Schwedens kommen, desto weiter öffnen sich unsere Kinnladen.

»Dort drüben könnte auch die schwedische Königsfamilie residieren«, sagt Malin.

Manche Häuser wirken wie Paläste. Symmetrisch aufgeteilte Fassaden, ellenlange, zum Wasser führende Treppen und große Statuen. Und das inmitten der sonst unberührt wirkenden Schärenlandschaft. Doch plötzlich taucht vor uns die Skyline von Stockholm auf, von der Stadt, die wir an der Ostküste unbedingt erreichen wollten. Hatte uns jemand nach unserem nächsten entscheidenden Ziel gefragt, war unsere Antwort »Stockholm« gewesen. Irgendwie sind es die großen Städte, die wir als Bestimmungsorte festlegen. Ganz am Anfang, noch mit Fiete, war es Groningen gewesen, es folgten Amsterdam, Rotterdam, Antwerpen und, als eines der größten Highlights, Paris. Mit Hevandelli war es zunächst Oslo gewesen, dann kamen Kopenhagen und Malmö. Und in diesem Jahr ist Stockholm ein Meilenstein. Stockholm, das Venedig des Nordens, erbaut auf vierzehn Inseln.

»Wow, wir haben es geschafft!«, rufe ich begeistert. »Wir sind mit unserem eigenen Schiff nach Stockholm gesegelt. Kaum zu glauben. Kannst du mich bitte mal kneifen?«

»Gerne.«

»Aua!«, schreie ich. »Was soll das?«

»Du hast mich doch darum gebeten, dich zu kneifen.« Malin grinst.

War ja klar, dass sie es wirklich macht.

Die Sonne lässt die alten hohen Gebäude erstrahlen, während wir weiter staunen. Ich bin gespannt auf die mir noch unbekannte Metropole und freue mich, sie mit Malin entdecken zu können.

»Ich bin so stolz auf uns. Ich glaube, das hätte uns vor einigen Jahren noch keiner zugetraut.«

»Mädels, ihr seid viel zu naiv!«, ruft mir Malin mit gehobenem Zeigefinger und künstlich hoher Stimme zu. »Wie oft haben wir diesen Satz gehört?«, ergänzt sie.

»Puuuh, ich habe aufgehört zu zählen. Aber gib es zu: Wir waren es auch.«

»Ja, zum Glück«, sagt Malin mit feuchten Augen.

Bei dem Anblick muss auch ich, überwältigt von meinen Gefühlen, ein paar Tränen wegwischen und Malin anschließend fest drücken.

Malin stößt mich plötzlich weg und sagt ernst: »Mist! Anna!«

»Mist? Was ist denn das Problem?«

»Was antworten wir denn jetzt auf die Frage, wo wir hinwollen?«

»Uns wird schon was einfallen.«

Eine Metropole und unser großer Meilenstein ist erreicht: Stockholm.

ANNA UND MALIN, UND EIN PLAN, DER KEIN PLAN IST

Wie es weitergeht, wissen wir noch nicht. Aber das spielt auch keine Rolle. Wir leben im Jetzt. Doch eines ist klar, noch längst ist bei unserer Reise kein Ende in Sicht.

Irgendwann werden wir uns langsam auf den Weg Richtung Deutschland machen, vermutlich mit einem Umweg über die Åland-Inseln und Finnland. Bevor wir unsere Reise ins Mittelmeer antreten, wollen wir unser Schiff in unserer Heimat gründlich durchchecken, unsere Ausrüstung ergänzen und das Unterwasserschiff bearbeiten.

Wie wir dann ins Mittelmeer kommen, ob über die Kanäle wie mit Fiete oder außen herum, über die anspruchsvollere Atlantikroute, ob dieses oder nächstes Jahr, das wird sich zeigen. Ebenso, ob uns danach die anderen Weltmeere offen stehen. Ob wir uns eine Ozeanüberquerung mit uns und der Hevandelli überhaupt zutrauen. Ob dieses Leben auf dem Boot auf lange Sicht finanziell möglich ist. Pläne bringen nichts, bis dahin ist sowieso alles wieder ganz anders.

Vielleicht ist diese Reise gar kein Aussteigen auf Zeit, vielleicht ist es unsere Art zu leben. So wie wir unser Leben führen möchten. Es ist unser Alltag geworden, auf diese Weise starten wir gerne in den Tag. Es ist ein Alltag, für den wir uns jeden Tag neu entscheiden können. Dabei können wir darauf vertrauen, dass unser Bauchgefühl uns den Weg weist.

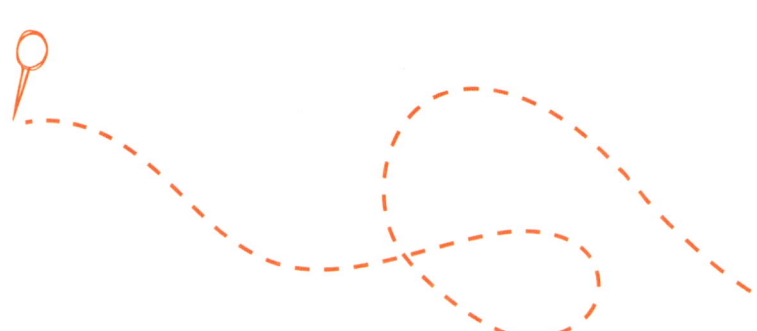

Folgen wir also mutig weiter unserer inneren Stimme.

→ DANKE ←

Danke an (Opa) Heiko und (Oma) Elli. Ihr habt uns eine Chance gegeben, unseren Traum vom Reisen mit dem Segelboot zu verwirklichen und wart von Anfang an eine große Inspiration und Unterstützung für uns. Ein riesiges Dankeschön an unsere Eltern, an die anderen Großeltern und unsere Geschwister, an all jene, die uns immer und in jeder Phase unseres Lebens unterstützt und bestärkt haben. Ihr seid unsere Anker, unser Heimathafen – das, wofür es sich lohnt, irgendwann nach Hause zurückzukommen.

Danke an die Menschen, die uns auf unserer bisherigen Reise begegnet sind und uns noch begegnen werden. Ohne euch wäre unsere Geschichte nicht das, was sie jetzt ist. Ihr macht einen großen Teil von diesem Buch aus. Ihr habt unseren Weg beeinflusst, ihr seid bei uns an Bord jederzeit herzlich willkommen. Wir freuen uns, euch irgendwo mal wieder zu treffen.

Danke an jede Person, die unsere Reise begleitet, verfolgt und unterstützt. Schön, dass es euch alle da draußen gibt und wir unsere Erlebnisse mit euch teilen können. Denn Freude ist das Einzige, das sich verdoppelt, wenn man es teilt. Wir hoffen, wir können eine Inspiration sein, den eigenen Träumen mutig zu folgen und den Weg aufs Wasser zu finden. Aber Vorsicht: Es lässt einen nicht mehr los!

Dankeschön an den Gräfe und Unzer Verlag, der uns darin ermutigt hat, unsere Geschichte festzuhalten. Danke an Silke Tauscher und Regina Carstensen. Ohne euch wäre dieses Buch nicht das, was es jetzt ist. Ihr habt es noch viel besser gemacht!

Danke Malin. Für jede geteilte Minute. Für jede Herausforderung. Für jede geteilte Angst. Besonders für deine ansteckende Begeisterung und Motivation. Ohne dich würde ich dieses verrückte Leben nicht führen. Danke Anna, dass ich all diese Erlebnisse mit dir teilen darf. Es ist die Zeit meines Lebens, von dem du der größte Teil bist.

→ GLOSSAR ←

ANKERWINSCH/ANKERWINDE: Vorrichtung zum Heben des Ankers.

AUFLANDIGER WIND: Der Wind kommt aus Richtung des offenen Wassers – er weht aufs Land.

VOR ANKER: Das Schiff wird nicht im Hafen angelegt, sondern mithilfe des Ankers auf Grund festgemacht, um nicht durch Wind, Wellen oder Strömung abgetrieben zu werden. Ein wenig so wie parken. Meist in schönen Buchten mitten in der Natur.

BACKBORD: Linke Seite eines Schiffs.

BACKSKISTE: Ein von oben zu öffnender, fest eingebauter Verstauraum, meist unter Sitzbänken.

BEAUFORT: Einheit zur Beschreibung der Windstärke. Die Beaufortskala geht von null (Windstille) bis zwölf (Orkan).

BILGE: Tiefster Punkt eines Schiffs, befindet sich unter den Fußbodenbrettern im Wohnbereich.

BUG: Der vorderste Bereich des Schiffs.

COCKPIT/PLICHT: Offener Teil des Decks, also des oberen Bereichs des Schiffs, meist mit Sitzbänken und dem Steuer ausgestattet. Für uns wie ein Balkon oder eine Terrasse.

DINGHI: Mit Paddeln oder kleinem Motor ausgestattetes Beiboot.

ECHOLOT: Tiefenmesser, misst die Unterwassertiefe.

EINHAND: Bezeichnet das Segeln eines Schiffs nur von einer Person an Bord.

FENDER: Meist runde, aus Gummi bestehende Körper, die zum Schutz des Rumpfs dienen und aufgehängt werden, wenn man das Schiff am Anleger oder an einer Mauer festmacht.

GROSSSCHOT: Da es an Bord mehrere Schoten gibt, tragen sie meist die Namen der Segel. Schoten sind Leinen zum Bedienen der Segel. Die Großschot ist somit für das Großsegel zuständig.

GROSSSEGEL: Hauptsegel eines Boots.

HECK: Der hinterste Bereich des Schiffs.

HECKANKERN: Der Anker wird am Heck des Schiffs ins Wasser gelassen, um es vorne am Bug an Land mit Leinen festzumachen.

KAJÜTE: Innenbereich des Schiffs.

KATTEGAT: Teil der Ostsee zwischen Jütland und schwedischer Westküste. Das Kattegat grenzt im Norden an das Skagerrak (Teil der Nordsee).

KNOTEN: Geschwindigkeitsmaß für Schiffe: eine Seemeile pro Stunde oder 1,852 Kilometer in der Stunde.

KOJE: Das meist schmale und fest eingebaute Bett auf einem Schiff.

KREUZEN: Sich unter Segeln einem Ziel gegen den Wind im Zickzack nähern.

MAST: Ein in der Mitte des Schiffs vertikal aufgestellter Bestandteil, meist aus Holz oder Metall. An ihm sind die Segel befestigt.

MOLE: Steinerne Mauer, die einen Hafen vom Meer trennt.

NAUTISCHE MEILE: Standardisierte feste Länge, die in der Schiff- und Luftfahrt als Maßeinheit Gebrauch findet. Eine Seemeile entspricht 1852 Metern.

NIEDERGANG: Meist steile, schmale Treppe, die in den Innenraum des Schiffs führt.

PEILUNG (BEIM ANKERN): Methode zur Überprüfung, ob der Anker hält und das Schiff nicht vertreibt. Dazu werden am Ufer zwei übereinanderlappende feste Punkte an Land bestimmt und beobachtet. Verschieben sich diese, hält der Anker nicht.

PINNE: Hiermit steuern wir das Schiff, es ist ein waagerechter Hebelarm, der mit den Rudern im Wasser verbunden ist. Ähnlich wie ein Lenkrad beim Auto, bei manchen Schiffen gibt es auch ein Steuerrad.

PLOTTER: Navigationsgerät, nur nicht für den Landbereich, sondern für das Wasser.

REFFEN: Verkleinerung der Segelfläche. Wird in der Regel gemacht, wenn der Wind sehr stark ist , um den Druck auf die Segel zu verringern.

RELING: Eine Art kniehohes Geländer rund ums Schiff.

SCHOTTEN: Wir bezeichnen so unsere Türen zum Innenraum des Boots.

SEGELKLEID: Überzug, der zum Schutz des Segels vor UV-Strahlung dient.

STEUERBORD: Rechte Seite eines Schiffs.

TIDE: Steigen und Fallen des Wassers im Ablauf der Gezeiten.

VORSEGEL: Ein Segelboot hat in der Regel zwei Segel, ein Groß- und ein Vorsegel. Das Vorsegel befindet sich im vorderen Bereich des Schiffs.

VORWINDSEGEL: Ein Segel mit größerer Segelfläche und aus leichterem Material als das Vorsegel. Wird gesetzt, um bei wenig Wind von Achtern schneller zu segeln.

WENDE FAHREN: Das Schiff mit dem Heck durch den Wind drehen.

WINDANZEIGER: Ein an der Spitze des Masts angebrachter Pfeil, der durch die Anströmung vom Wind die Windrichtung anzeigt. Die Pfeilspitze zeigt dabei Richtung Wind.

WINDSTEUERANLAGE: Sie steuert mithilfe des Windes das Schiff unter Segeln von selbst, wie eine Art Autopilot, nur ohne Stromverbrauch.

ZWEIHAND: Ein von uns ausgedachter Begriff für das Segeln eines Schiffs von zwei Personen an Bord.

ZITATNACHWEIS

S. 70: Aus: John Strelecky, Big Five for Life. Was wirklich zählt im Leben. Aus dem Englischen übersetzt von Bettina Lemke. Mit freundlicher Genehmigung von dtv Verlagsgesellschaft mbH & Co. KG © 2009 dtv, S. 126

S. 161: Aus: Madeleine Alizadeh (dariadaria), Starkes weiches Herz © 2020 Ullstein Taschenbuch, S. 49

BILDNACHWEIS

Coverfoto und Umschlagrückseite: Jule Dirks
Foto Innenklappe: Jannes Rix

Alle Fotos Anna Lange und Malin Knodel, außer:
S. 5 Mitte (Jule Dirks); S. 9 (Tim Schamborski);
S. 15 (privat)

IMPRESSUM

© 2021 GRÄFE UND UNZER
VERLAG GmbH, Postfach 860366,
81630 München

POLYGLOTT

POLYGLOTT ist eine eingetragene
Marke der GRÄFE UND UNZER
VERLAG GmbH

ISBN 978-3-8464-0866-7

1. Auflage 2021

Autorinnen: Anna Lange,
Malin Knodel
Redaktion und Projektmanagement:
Silke Tauscher
Lektorat: Regina Carstensen
Satz: Mediendesign Anne Tegler,
Nadine Thiel
Bildredaktion: Silke Tauscher
Kartographie: Favoritbüro Gbr,
Bettina Arlt
Schlusskorrektur: Heidemarie Herzog
Umschlaggestaltung und Layout:
Favoritbüro Gbr, Bettina Arlt
Herstellung: Gloria Schlayer
Repro: Repro Ludwig, Zell am See
Druck und Bindung: Livonia Print,
Lettland

GRÄFE
UND
UNZER

Ein Unternehmen der
GANSKE VERLAGSGRUPPE

Wichtiger Hinweis
Die Daten und Fakten für dieses Werk
wurden mit äußerster Sorgfalt recherchiert und geprüft. Wir weisen jedoch
darauf hin, dass diese Angaben häufig
Veränderungen unterworfen sind und
inhaltliche Fehler oder Auslassungen
nicht völlig auszuschließen sind, zumal
zum Zeitpunkt der Drucklegung die
Auswirkungen von Covid-19 auf das
Hotel- und Gastgewerbe vor Ort noch
nicht vollständig abzusehen waren.
Für eventuelle Fehler oder Auslassungen können Gräfe und Unzer und die
Autoren keinerlei Verpflichtung und
Haftung übernehmen. Aus Gründen der besseren Lesbarkeit wird in
diesem Buch bei Personenbezeichnun-
gen das generische Maskulinum ver-
wendet. Es gilt gleichermaßen für alle
Geschlechter.

**Ansprechpartner für den
Anzeigenverkauf:**
KV Kommunalverlag GmbH & Co.
KG, MediaCenter München, Tel.
089/928 09 60

**Bei Interesse an maßgeschneiderten
B2B-Produkten:** roswitha.riedel@
graefe-und-unzer.de

Leserservice
GRÄFE UND UNZER Verlag
Grillparzerstraße 12, 81675 München
www.graefe-und-unzer.de

Umwelthinweis
Nachhaltigkeit ist uns sehr wichtig.
Der Rohstoff Papier ist in der Buch-
produktion hierfür von entscheiden-
der Bedeutung. Daher ist dieses Buch auf
PEFC-zertifiziertem Papier gedruckt.
PEFC garantiert, dass ökologische,
soziale und ökonomische Aspekte in
der Verarbeitungskette unabhängig
überwacht werden und lückenlos
nachvollziehbar sind.